城市轨道交通列车牵引计算

主　编　王海燕
副主编　陈聪聪　王清秋

北京理工大学出版社
BEIJING INSTITUTE OF TECHNOLOGY PRESS

内 容 简 介

城市轨道交通列车牵引计算以力学为基础，以轨道上纵向运动的列车为研究对象，以科学实验和先进操纵经验为依据，研究列车运行过程中一系列实际问题的解算方法，为列车运行时分和能耗数据、新线设计、既有线改造、列车优化操纵提供数据支撑，用以解决轨道交通运营和设计上的一些技术问题和经济问题。

本书主要研究直接作用在列车上的、与列车运行方向相平行的各种外力（包括机车牵引力、列车阻力、列车制动力），以及这些力与列车运行的关系，进而解算一系列与列车运行有关的实际问题，如：列车运行速度、时分的解算，列车制动距离的计算，牵引重量的计算及列车策划运行能耗的计算等。

本书适合作为本科院校城市轨道交通相关专业和课程的教材，也可供相关工程技术人员参考。

版权专有　侵权必究

图书在版编目（CIP）数据

城市轨道交通列车牵引计算 / 王海燕主编. -- 北京：北京理工大学出版社，2022.7
　ISBN 978-7-5763-1448-9

　Ⅰ. ①城… 　Ⅱ. ①王… 　Ⅲ. ①城市铁路-轨道交通-列车-牵引-计算-高等学校-教材 　Ⅳ. ①U260.13

中国版本图书馆 CIP 数据核字（2022）第 114803 号

出版发行 / 北京理工大学出版社有限责任公司
社　　址 / 北京市海淀区中关村南大街 5 号
邮　　编 / 100081
电　　话 /（010）68914775（总编室）
　　　　　（010）82562903（教材售后服务热线）
　　　　　（010）68944723（其他图书服务热线）
网　　址 / http：//www.bitpress.com.cn
经　　销 / 全国各地新华书店
印　　刷 / 河北盛世彩捷印刷有限公司
开　　本 / 787 毫米×1092 毫米　1/16
印　　张 / 12.5　　　　　　　　　　　　　　　　责任编辑 / 王晓莉
字　　数 / 291 千字　　　　　　　　　　　　　　文案编辑 / 王晓莉
版　　次 / 2022 年 7 月第 1 版　2022 年 7 月第 1 次印刷　责任校对 / 周瑞红
定　　价 / 65.00 元　　　　　　　　　　　　　　责任印制 / 李志强

图书出现印装质量问题，请拨打售后服务热线，本社负责调换

前　言

为了使铁路运输做到安全、高效，在每年修订列车运行图时，需要进行大量牵引计算和必要的牵引试验。列车运行图中区间运行时分、区间目标速度、列车牵引重量、列车限制坡度、列车制动能力等运营必需的技术数据，都需要由列车牵引计算和牵引试验确定。

城市轨道交通列车牵引计算是一门铁路应用学科，它以力学为基础，以轨道上纵向运动的列车为研究对象，以科学实验和先进操纵经验为依据。研究列车运行过程中一系列实际问题的解算方法，可以为列车运行时分、能耗数据、新线设计、优化操纵提供数据支撑，用以解决轨道交通运营和设计上的一些技术问题和经济问题。

本书主要研究直接作用在列车上的、与列车运行方向相平行的各种外力（包括机车牵引力、列车运行阻力、列车制动力），以及这些力与列车运行的关系，进而解算一系列与列车运行有关的实际问题，如列车运行速度、时分的计算，列车制动距离的计算，牵引重量的计算及列策划运行能耗的计算等。本书由山东交通学院王海燕任主编，山东交通学院陈聪聪和中铁二院工程集团有限责任公司王清秋任副主编。其中，第一章、第二章、第三章、第四章、第五章、第六章由王海燕编写；第八章、第九章由陈聪聪编写；第七章由王清秋编写。

在本书的编写过程中，编者参阅了国内外大量优秀教材和学术论著，在此，向诸位学者表示由衷的感谢！

由于作者水平有限，书中不足之处，恳请广大读者批评指正！读者在使用过程中有任何问题，欢迎与作者联系，E‑mail：whywhywanghaiyan@163.com。

编　者
2022 年 3 月

目　　录

第一章　城市轨道交通列车牵引计算总论

1.1 概述 ………………………………………………………………………………… (1)
 1.1.1 "城市轨道交通列车牵引计算"学科性质与内容 ………………………… (1)
 1.1.2 "城市轨道交通列车牵引计算"的特点和用途 …………………………… (1)
1.2 《列车牵引计算规程》的意义和发展 ……………………………………………… (3)
 1.2.1 《列车牵引计算规程》 …………………………………………………………… (3)
 1.2.2 《列车牵引计算规程》的发展历程 …………………………………………… (3)
 1.2.3 《列车牵引计算规程》的主要内容 …………………………………………… (3)
1.3 列车运行计算方法与技术的进展 ………………………………………………… (4)
1.4 列车运行过程受力分析 …………………………………………………………… (5)
 1.4.1 影响列车运行过程的因素 ……………………………………………………… (5)
 1.4.2 列车运行过程计算模型 ………………………………………………………… (6)

第二章　列车牵引力

2.1 牵引力的形成及分类 ……………………………………………………………… (7)
 2.1.1 概述 ……………………………………………………………………………… (7)
 2.1.2 黏着牵引力 ……………………………………………………………………… (9)
 2.1.3 黏着牵引力计算 ………………………………………………………………… (10)
2.2 内燃机车的牵引特性与计算标准 ………………………………………………… (11)
 2.2.1 内燃机车牵引特性 ……………………………………………………………… (11)
 2.2.2 内燃机车牵引力计算标准 ……………………………………………………… (12)
 2.2.3 内燃机车牵引力计算修正 ……………………………………………………… (15)
2.3 电力机车的牵引特性与计算标准 ………………………………………………… (23)
 2.3.1 电力机车牵引特性 ……………………………………………………………… (23)
 2.3.2 电力机车牵引力计算标准 ……………………………………………………… (24)
2.4 牵引力计算的线性插值法 ………………………………………………………… (52)

第三章　列车运行阻力

3.1　概述 (54)
3.2　基本阻力 (55)
    3.2.1　基本阻力的分析 (55)
    3.2.2　基本阻力的计算 (58)
3.3　起动阻力 (63)
3.4　附加阻力 (63)
    3.4.1　坡道附加阻力 (64)
    3.4.2　曲线附加阻力 (65)
    3.4.3　隧道附加阻力 (66)
    3.4.4　加算附加阻力 (67)
    3.4.5　考虑列车长度的附加阻力计算 (67)
    3.4.6　其他附加阻力 (69)
3.5　列车运行阻力计算 (69)

第四章　列车制动力

4.1　列车制动方式 (71)
    4.1.1　摩擦制动 (72)
    4.1.2　动力制动 (72)
    4.1.3　电磁制动 (72)
4.2　列车制动力的形成及限制 (72)
    4.2.1　制动力的形成 (72)
    4.2.2　制动力的限制 (73)
4.3　闸瓦摩擦系数 (74)
    4.3.1　影响闸瓦实算摩擦系数的因素 (74)
    4.3.2　计算闸瓦摩擦系数的经验公式 (75)
4.4　闸瓦压力计算 (76)
    4.4.1　闸瓦压力计算公式 (76)
    4.4.2　基础制动装置计算传动效率 η_z (77)
    4.4.3　紧急制动时制动缸的空气压力 (77)
    4.4.4　常用制动时制动缸的空气压力 (78)
    4.4.5　列车管有效减压范围 (78)
    4.4.6　列车制动力计算 (79)
4.5　列车制动力的实算法 (79)
4.6　列车制动力的换算法 (79)

4.7 列车制动力的二次换算法 …………………………………………………………… (89)
    4.7.1 机车动力制动力及其限制 ……………………………………………………… (93)
    4.7.2 动力制动特性曲线与数据表 …………………………………………………… (94)
    4.7.3 动力制动控制 …………………………………………………………………… (111)
4.8 机车动力制动力 ……………………………………………………………………… (112)

第五章　列车运动方程与速度时分计算

5.1 列车合力与单位合力计算 …………………………………………………………… (113)
5.2 列车合力曲线图绘制 ………………………………………………………………… (115)
    5.2.1 单位合力曲线图的绘制 ………………………………………………………… (116)
    5.2.2 单位合力曲线图的应用 ………………………………………………………… (118)
5.3 列车运动方程 ………………………………………………………………………… (120)
5.4 计算列车运行速度、时分的分析法 ………………………………………………… (122)
5.5 计算列车运行速度、时分的图解法 ………………………………………………… (123)
    5.5.1 速度-距离曲线 $v=f(S)$ 的绘制 ……………………………………………… (124)
    5.5.2 时间-距离曲线 $t=f(S)$ 的绘制 ……………………………………………… (127)
    5.5.3 列车速度-距离及时分-距离曲线图 …………………………………………… (128)
5.6 线路纵断面化简 ……………………………………………………………………… (129)

第六章　列车制动问题解算

6.1 列车制动问题 ………………………………………………………………………… (133)
6.2 制动距离及其计算 …………………………………………………………………… (134)
    6.2.1 空走距离与空走时间的计算 …………………………………………………… (136)
    6.2.2 有效制动距离的计算 …………………………………………………………… (137)
    6.2.3 列车制动距离计算例题 ………………………………………………………… (140)
6.3 列车紧急制动限速计算 ……………………………………………………………… (142)
6.4 列车所需换算制动率计算 …………………………………………………………… (144)
6.5 列车紧急制动限速表及其应用 ……………………………………………………… (145)

第七章　牵引质量确定

7.1 概述 …………………………………………………………………………………… (155)
7.2 牵引质量的计算 ……………………………………………………………………… (156)
    7.2.1 按限制坡度计算 ………………………………………………………………… (156)
    7.2.2 按平直道最高运行速度下的保有加速度计算 ………………………………… (158)
    7.2.3 按起动地段的加算坡度计算 …………………………………………………… (158)
    7.2.4 按车站到发线有效长度计算 …………………………………………………… (159)

7.2.5 按小半径曲线"粘降"计算 …………………………………… (160)
7.3 牵引质量的验算 ……………………………………………………… (160)
　　7.3.1 按"动能闯坡"验算 …………………………………………… (160)
　　7.3.2 按长大下坡道缓解充气时间及制动空走时间验算 ………… (161)
　　7.3.3 按内燃机车隧道最低限速验算 ……………………………… (163)
　　7.3.4 列车追踪时间间隔的限制 …………………………………… (163)
7.4 区段内限制坡道的确定 ……………………………………………… (163)
7.5 牵引定数的确定 ……………………………………………………… (165)

第八章 列车运行能耗计算

8.1 电力机车耗电量计算 ………………………………………………… (166)
8.2 内燃机车耗油量计算 ………………………………………………… (176)

第九章 列车运行计算仿真系统综述

9.1 列车运行仿真计算 …………………………………………………… (182)
　　9.1.1 仿真计算方法 …………………………………………………… (182)
　　9.1.2 仿真计算模型 …………………………………………………… (184)
9.2 国外列车运行计算仿真系统 ………………………………………… (186)
　　9.2.1 TOM ……………………………………………………………… (187)
　　9.2.2 RailSim 与 TPC 系统 ………………………………………… (187)
　　9.2.3 OpenTrack ……………………………………………………… (187)
　　9.2.4 RailSys …………………………………………………………… (187)
9.3 国内列车运行计算仿真系统 ………………………………………… (188)
　　9.3.1 通用列车运行计算系统 ………………………………………… (188)
　　9.3.2 牵引电算程序 …………………………………………………… (188)
　　9.3.3 城市轨道交通牵引计算系统 …………………………………… (189)

参考文献 ………………………………………………………………… (190)

第一章 城市轨道交通列车牵引计算总论

1.1 概述

1.1.1 "城市轨道交通列车牵引计算"学科性质与内容

"城市轨道交通列车牵引计算"（或称城市轨道交通列车运行计算）是专门研究城市轨道交通列车在外力的作用下，沿轨道运行及其相关问题的一门实用学科。它以力学为基础，以科学实验和先进操纵经验为依据，分析列车运行过程中的各种现象和原理，并以此解算城市轨道交通运营和设计上的一些技术问题和技术经济问题，例如，城市轨道交通列车的运行速度、运行时间、制动距离，等等。

1.1.2 "城市轨道交通列车牵引计算"的特点和用途

城市轨道交通列车牵引计算最大的特点就是理论与实际紧密结合。计算应用到的数据、图表、经验公式都是根据大量实验得出的。没有实验作为基础，就没有列车运行计算学科的发展。

牵引计算工作仅仅是在线路方案稳定后所做的列车运行模拟计算。通过计算可以得出列车在各个区间内的走行时间、走行速度及能耗。但随着城市轨道交通项目综合技术要求的不断提高，如何从最经济合理的角度确定设计规模、以最小的投入获得最大的回报，这就存在各专业之间相互制约的一系列复杂关系，而牵引计算工作在其中所起的作用，就是从经济运行的角度，找出最合理的技术参数，从而指导线路、车辆、信号、供电及环控专业的设计工作。下面按照部门分别进行介绍。

1. 指导线路专业对平、纵断面的优化设计

选线就是选择轨道交通路线，是城市轨道交通工程设计的龙头。选线首先是经济选线，或称行车路线的选择，然后是技术选线。经济选线就是选择行车路线的起讫点和经济据点，主要目标是吸引客流量，切实解决交通拥挤状况。行车路线的选择应结合城市规划，符合客流产生、流动和消失的规律，并要符合城市客流发展的规划。技术选线就是按照行车路线，结合有关设计规范、平纵断面设计要求，落实线路位置的技术工作。在城市轨道交通项目的设计中，城市道路的既有条件不好，使得线路定线工作难度颇大。牵引计算工作主要是在技术选线过程中，根据列车在线路上的自由运行速度值，核算缓和曲线长度、夹直线长度的设置是否符合要求，以及曲线超高的设置是否满足速度要求，从而确定曲线超高的加宽值是否达到限界要求。反之，既会影响对缓和曲线长度、夹直线长度以及曲线超高、曲线超高的加宽值的核算结果，又会影响牵引计算中列车运行速度的确定。

2. 指导车辆专业对车辆技术参数的选择

由于城市轨道交通车辆选型工作难度较大，既要考虑车辆的技术性能，又要考虑车辆的美观舒适度，还要考虑经济合算，因此在设计中，车辆选型工作几乎贯穿整个设计过程。为了保证拟定车辆技术指标能满足设计要求，可在拟定车辆技术条件前提下，利用牵引计算，先核算部分车辆技术指标是否达到线路技术要求。例如，可以核算列车在定员或者超员状况下，如果失去一部分动力，能在多大的坡道上起动，能以多高的速度通过线路限坡等。还可以在拟定的列车牵引特性下，完成整个线路的牵引计算工作，再求算出整个列车运营范围内所需的等效发热电流，或称均方根电流值（IRM），如果满足以下关系式：$IRM \leqslant (0.8 \sim 0.9)I_m$（其中，$I_m$ 为车辆电机的额定电流值），则表示拟定车辆电机的额定功率选定是正确的、满足要求的。不能满足上式要求，则说明拟定车辆电机的额定功率选定是不够的、不能满足要求，需重新选定。

3. 指导信号专业进行闭塞分区的设计

轨道交通系统的能力大小，主要是由信号系统的制式来保证的。先进的信号系统能最大限度地缩短两列相邻列车的追踪距离，从而减少列车的折返时间，提高列车的追踪能力。同时，不同等级的轨道交通系统，其乘客输送能力差异大，线路、车辆条件有别，行车管理、运营组织方式也不同。因此，信号系统必须满足和适应这一特殊需要。在以上条件确定的前提下，我们要设计信号闭塞分区。信号闭塞分区长度的确定，以及信号速度码的确定必须在牵引计算工作的配合下完成。牵引计算不仅能直观地反映出列车在各个点所处的速度，而且可以反映线路要求限速的位置、范围，从而有效地划分出闭塞分区的长度及速度码。

4. 指导牵引供电专业对主变电所规模的确定以及各牵引降压所数量与分布的确定

主变电所是轨道交通能源核心部位，它的容量大小直接影响整个轨道交通系统的运输能力。为了节省能源，我们在设计中不能将它设计成无限大，要想正确合理地选定主变电所容量及牵引降压所数量与分布，必须依靠列车牵引模拟计算，即牵引计算。在牵引计算工作完成之后，根据列车在不同的位置上所处的工况，确定在该位置时间矢量的耗电量大小，进而计算出列车在整个运营线路上的耗电量大小，为牵引供电专业提供设计依据。

5. 指导环控专业对地下车站和地下区间的环控通风设计

列车在地下区间运行时，由于运动带动区间空气运动，所以便有了活塞风，如何利用活塞风，保持地下区间的温度，是环控专业需要解决的问题，为此必须在列车牵引计算工作完成后，才能有针对性地确定列车在不同的速度下通过地下区间造成活塞风的大小以及产生热量的大小，从而选定隧道风机和排热风机设置位置及风机功率的大小。根据列车通过地下区间的频率以及列车所散发的热量，来确定如何调剂地下区间的温度。

1.2 《列车牵引计算规程》的意义和发展

1.2.1 《列车牵引计算规程》

列车运行计算主要包括列车运行过程中的牵引和制动计算，直接涉及铁路的运输能力和运行安全性，是制定《铁路技术管理规程》（以下简称《技规》）的基本依据之一。历年来《列车牵引计算规程》（以下简称《牵规》）是我国铁路与轨道交通企业的主要技术规范，它规定了牵引计算的基本原则、方法、计算公式，并提供了大量计算数据资料，是进行列车运行计算的依据和准则。

1.2.2 《列车牵引计算规程》的发展历程

我国先后颁布过三部牵引计算规程。早在新中国铁路创建初期的1957年，我国第一部《牵规》就对列车蒸汽牵引和制动的计算方法做了明确的规定。此后随着我国铁路运输和牵引动力的发展，从1978年开始又由铁道部科学研究院等单位开展试验研究，对第一部《牵规》进行修订，于1983年制定并实施了第二部《牵规》。但从20世纪80年代以后，由于我国机车车辆及技术装备的迅速发展，该部《牵规》已不能适应铁路设计和运用部门的需要。因此，铁道部于1983年开始组织铁道部科学研究院等有关单位再次进行修订工作，并于1999年开始实施第三部《牵规》（TB/T 1407—1998）。

第三部《牵规》不仅根据我国铁路机车车辆的现状，充实了各种新型机车车辆和制动装备的计算数据和方法，可以适应于客、货列车提速的计算应用，而且实现了电算方法的重大改进，包括详细电算方法和简化编组的电算方法，还有丰富的人机接口和动画显示功能，可满足不同用户的要求。第三部《牵规》修改、增加的内容包括：全面采用了新的以国际单位制为基础的国家法定计量单位制；增加了新型机车车辆的数据和曲线，修改和增加了新型内、电机车的单位基本阻力公式；修订了内、电机车黏着系数和小半径曲线黏着系数的计算公式；修订和增加了内燃机车牵引力修正系数；修订和增加了牵引质量（牵引重量）计算公式；增加了滚动轴承货车和新型客车的单位基本阻力公式；增加了高磷铸铁闸瓦、低摩合成闸瓦、高摩合成闸瓦和客车盘形制动闸片的摩擦系数和闸瓦压力的计算公式；修订了客、货列车制动空走时间和机车单机空走时间的计算公式；明确地规定"以电算为主"。

随着我国铁路和城市轨道交通技术装备及运用技术的快速发展，《牵规》也要根据新的实验和运用经验不断地补充完善和修订。

1.2.3 《列车牵引计算规程》的主要内容

《牵规》规定了计算方法和使用数据的标准，包括：规范机车车辆的计算公式和图表，计算牵引质量，绘制速度线、时间线，确定区间运行时分的原则和方法等。进行列车运行计算，必须遵照《牵规》规定牵引计算方法及所用主要技术参数，《牵规》是确定牵引质量、运行速度和运行时间的依据,并且是计算机车用电、油、煤、水消耗量的基础。《牵规》适用于标准轨距 1 435 mm 列车的牵引计算。

列车运行计算过程中所涉及的所有参数的符号及计量单位均采用国家法定计量单位。主要物理量的单位及取值规定如表 1-1 所示。

表 1-1 列车运行计算所用主要物理量的单位及取值规定

主要物理量的名称	单位符号	取值的规定
区间距离	km	取至 2 位小数
城段长度	m	以整数计
坡道坡度	‰	取至 2 位小数
牵引力、制动力	kN	取至 1 位小数
单位牵引力、单位阻力、单位制动力	N/kN	取至 2 位小数
速度	km/h	取至 1 位小数
牵引质量	t	取 10 的整倍数
区间运行时间	min	取至 1 位小数
电流	A	以整数计
电力机车区段耗电量	kW·h	以整数计
单位时间耗电量	kW·h/min	取至 2 位小数
单位耗电量	kW·h/(10^4t·km)	取至 1 位小数
内燃机车区段燃油消耗量	kg	以整数计
单位时间燃油消耗量	kg/min	取至 2 位小数
单位燃油消耗量	kg/(10^4t·km)	取至 1 位小数

1.3 列车运行计算方法与技术的进展

列车运行计算以列车的纵向运动为计算对象,并以非稳态运动的牵引和制动工况作为重点,因此涉及列车编组条件、机车车辆的牵引和制动装置、线路状况、司机操纵方法等方面,是一个复杂的系统工程问题。其计算方法基本上可以分为下述 3 个发展阶段。

1. 人工计算和图解方法阶段

人工计算和图解方法的特点是采用单质点的简化物理模型,并且必须假设有各种换算的取值条件。例如,在计算起动牵引力、牵引质量甚至能耗时均不考虑列车的长度或编组辆数;对于曲线和坡道引起的附加阻力只能在假设条件下进行计算,而不能按实际线路条件详细计算;对制动力的计算,首先是将实际的列车制动过程假设分为无制动作用和有制动作用并且闸瓦压力恒定的 2 个阶段,为了不直接涉及摩擦系数与闸瓦压力的关系,又用换算闸瓦压力和换算摩擦系数来进行简化计算;基础制动传动装置效率等都是根据试验结果假设的取值,即采用来自试验、经验的等效原则的换算方法。计算结果和实际情况相比有很大的失真性,加上实际试验次数和列车编组、线路条件有限的局限性,该方法受试验误差影响严重,也不能反映机车车辆装置的发展情况,采用手工计算的效率也比较低。

2. 单质点列车模型的电算方法的发展阶段

20世纪80年代初，随着计算机技术的普及，人们开始进行列车运行模拟系统的研究与开发。早期的软件系统重点在于模拟手工计算过程，目的是将工程师手工的经验通过计算机再现出来，提高计算效率，减少手工计算的工作量。该方法只是在计算方式上以电算代替了手工计算，从而提高了计算速度和精度，但没有改变单质点列车模型的基本计算原理。

3. 新一代的列车运行计算系统

20世纪90年代后，通过同国内外模拟系统的交流，人们进一步考虑在精度和通用性等方面的问题。列车运行模拟系统的研究涉及机、车、工、电、辆的各个方面。作为通用的列车运行模拟系统，应当具有模拟列车运行行为、模拟列车运行环境、模拟驾驶员操纵机车、模拟列车运行监控、模拟铁路运营组织，以及模拟列车运行自动驾驶等方面的功能，同时它还可以应用在自动编制列车操纵示意图和交通工程设计等领域。

我国也开发了许多列车运行计算系统，开发了可分析城市间单列车条件下牵引计算的软件以及从工程设计角度探讨单列车条件下牵引计算的专用软件系统。目前研制的模拟器主要包括单列车与多列车两种。单列车模拟的目的在于牵引计算，即校验列车在不同运行条件下区间运行速度、时分、最大牵引质量、安全性等，也可以探讨列车运行过程中的最优操纵（节能）方法，以作为运营管理的参考单列车模拟器；还可用于对线路进行技术改造时的方案比选，评价降低限坡、改进机车类型或采用双机牵引等措施的运营效果。多列车仿真的重点是列车在相互作用下的移动轨迹，如验证列车在一定时刻表下运行的可行性和安全性，模拟列车在不同牵引类型、不同牵引质量、不同闭塞方式下保证列车运行安全的最小间隔，检验并确定区段运输能力等。

1.4 列车运行过程受力分析

1.4.1 影响列车运行过程的因素

列车的运行是在一个复杂多变的环境下，由多因素共同作用的结果。这些环境与作用既有静态的，也有动态的。在环境因素中，主要包括下列因素。

1. 线路条件

铁路线路是列车运行的基础，它既涉及坡道、曲线、桥梁、隧道、车站等土木方面的问题，也涉及轨道电路、分相绝缘器、变电所等电气方面的问题。

2. 列车条件

列车是列车运行计算与操纵优化模拟系统研究的主要对象之一，但列车编组本身又是一种多变的因素。它涉及机车类型（影响到牵引及制动能力）、车辆类型及数量（影响列车质量、长度及制动性能）等。

3. 信号条件

当存在多列车时，信号影响列车的运行，列车运行特性又是确定信号机位置的重要因素。

4. 供电参数

供电参数包括牵引供电方式、供变电所的位置及主要参数，重点针对电力牵引环境。

5. 计算原则

列车运行有许多计算前提条件，如注重运输成本的经济性节能操纵、注重效率的节时操纵，以及其他因素等。

1.4.2 列车运行过程计算模型

列车在运行过程中受到方向和不同大小的力的作用，受力情况非常复杂，但在进行列车运行过程的计算时，通常只考虑列车沿轨道前进方向（纵向）的作用力。与列车运行速度有关的纵向力有三种：机车牵引力（F）、列车运行阻力（W）、列车制动力（B）。

1. 列车牵引力（F）

列车牵引力是由动力传动装置引起的与列车运行方向相同的外力。这是司机可以控制的使列车发生运动或加速的力。

2. 列车运行阻力（W）

列车运行阻力是列车运行中由于各种原因自然发生的与列车运行方向相反的外力。它的大小是司机不能控制的，作用是阻止列车发生运动或使列车自然减速。

3. 列车制动力（B）

列车制动力是由制动装置引起的与列车运行方向相反的外力。它是人为的阻力，它的大小是司机可以控制的。它的作用是使列车产生较大的减速度或者在下坡道防止列车超速运行，还有就是防止列车在车站停车时由于坡度或大风而自然溜走。

列车在线路上运行时有3种工况：牵引、惰行及制动。牵引运行时，作用于列车上的力有列车牵引力和列车运行阻力，$C=F-W$；惰行时，作用于列车上的力只有列车运行阻力，$C=-W$；制动运行时，作用于列车上的力有列车运行阻力和列车制动力，$C=-(W+B)$。

任何情况下，列车运行阻力都作用于列车上，机车牵引力和列车制动力不能同时使用。当 $C>0$ 时，列车将加速运行；当 $C<0$ 时，列车将减速运行；当 $C=0$ 时，列车将匀速运行或静止不动。

思 考 题

1. "列车运行计算"的用途有哪些？
2. 对列车运行有直接影响的力有哪些？
3. 分析列车运行在牵引、惰行、制动三种不同工况时的受力情况。

第二章 列车牵引力

2.1 牵引力的形成及分类

2.1.1 概述

列车牵引力是由动力传动装置产生的、与列车运行方向相同、导致列车运行并且可由司机根据需要进行调控的外力。动力装置产生的机械能（热力牵引）或直接由接触网获得的电能（电力牵引），通过传动装置产生使动轮回转的扭矩，在动轮轮周上形成切线方向力，依靠轮轨间的黏着产生由钢轨作用于轮周上的反作用力，从而使列车产生平移运动，这种轨作用于动轮轮周上的外力就是列车牵引力。对于动车组、城市轨道列车而言，动力集中装置的力，可称为动车牵引力。根据机械功传递过程，牵引力分为车钩牵引力、轮轴牵引力。

一、车钩牵引力

机车牵引力为机车牵引客、货车辆的纵向力，此力通常也称为车钩牵引力或挽钩牵引力，以 F_g 表示，如图 2-1（a）所示。欧美一些国家以车钩牵引力作为牵引力计算标准，原因是其容易测量。计算牵引质量时用车钩牵引力也比较方便。但是在计算列车运行速度和运行时间的时候要以整个列车为分离体，而车钩牵引力是机车和车辆之间相互作用的内力。在机车牵引车辆时，车辆对机车还存在一个反作用力 F'_g，F_g 与 F'_g 大小相等，方向相反，如图 2-1（b）所示。因此车钩牵引力 F_g 不是使整个列车发生运动或加速的外力。

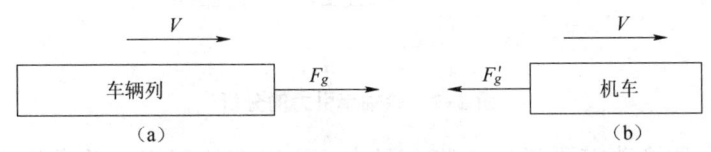

图 2-1 车钩牵引力

二、轮轴牵引力

在钢轨上运行的列车与外界接触的对象主要是空气和钢轨（电力牵引时还有接触网），真正能使列车发生运动的外力，只能来自钢轨（轮轨接触点）。

《牵规》规定，机车牵引力以轮轴牵引力为计算标准，即以轮轴牵引力来衡量和表示机车牵引力的大小。由于动轮直径的变化会影响牵引力的大小，因此《牵规》又规定，机车牵引力按轮箍半磨耗状态进行计算。不论是设计还是试验资料，所提供的轮轴牵引力和机车速度数据，必须换算到轮箍半磨耗状态。

机车是一种能量转换装置。机车通过动力传动装置的作用，将电力机车的电能或者内燃机车的燃料化学能最终转变成机械能，并传递到动轮上。但是，动力传动装置作用在动轮上的力矩是机车的一种内力矩，如果动轮不作用于钢轨上，则动轮只能自身旋转，而无法使机车运动。因此，使机车牵引车辆沿轨道运行的外力来自钢轨和轮周，这个力称为轮轴牵引力。轮轴牵引力产生需具备两个条件：

①机车动轮上有动力传动装置传来的旋转力矩；
②动轮与钢轨接触并存在摩擦作用。

轮轴牵引力的产生过程为：当机车的动轮在力矩 M 的作用下，轮轨间出现相对运动趋势时，如果轮轨间的静摩擦作用不被破坏，那么动轮产生对钢轨的作用力 F' 和钢轨对动轮的反作用力 F。F' 与 F 两个力的方向相反、大小相等。对于机车而言，反作用力 F 是由动力传动装置引起的，与列车运行方向相同，也是可由司机调节的机车牵引力。由于作用于它就等于作用于动轮轮周（踏面），因此通常称其为轮轴牵引力。我国、俄罗斯以及从苏联独立出的其他一些国家以它为牵引力计算标准。

如图 2-2 所示，当转矩 M 驱动直径为 D_j 的动轮绕圆心 O 转动时，M 生成 F' 和 F'' 力偶，由 F' 作用于钢轨，得到钢轨的反作用力 F。而 F 阻碍了动轮与轨面间的滑动，于是 F'' 推动动轮以 C 为瞬时转动中心做平面运动（纯滚动），并将力传给轴箱，通过转向架及构架传至车钩，牵引列车前进。其中，$F = \dfrac{M}{D_j/2}$，D_j 为动轮直径计算值，即动轮滚动圆半磨耗时的直径。

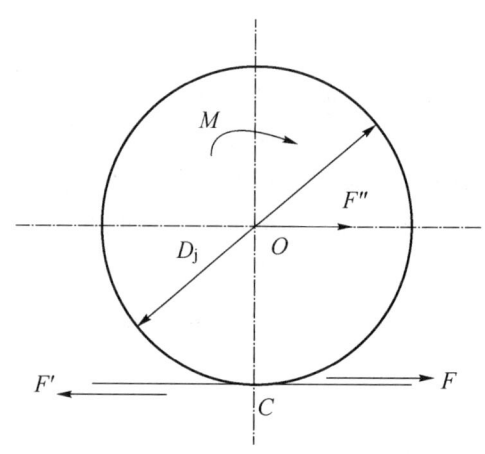

图 2-2 轮轴牵引力的分析

因为机车本身移动需要消耗一些牵引力，所以车钩牵引力总是比轮轴牵引力小，因此：

$$F_g = F - W' \tag{2-1}$$

或者

$$F = F_g + W' \tag{2-2}$$

式中：F_g——车钩牵引力，N；
　　　F——轮轴牵引力，N；
　　　W'——机车运行阻力，N。

2.1.2 黏着牵引力

一、轮轨间的摩擦

列车是通过轮轨与轨道间的接触摩擦来实现运动的，根据刚体平面动力学的分析可知，沿轨道自由滚动的车轮，具有不断变化的瞬时转动中心，车轮和轨道的各个接触点在它们接触的瞬间是没有相对运动的，轮轨之间的纵向水平作用力就是物理学中所说的静摩擦力。静摩擦力的最大值为"最大静摩擦力"，这是一个与运动状态无关的常量。它等于钢轨对车轮的垂直支持力 N 与静摩擦系数 μ 的乘积。其实，这只是一种从刚体力学角度出发的难以实现的理想状态。如果能达到此状态，则可能实现的牵引力最大值约为轮轨间的最大静摩擦力。

另一种情况则相反：轮轨间的纵向水平作用力超过了维持静摩擦力极限值——最大静摩擦力，轮轨接触点发生了相对滑动，机车动轮在强大力矩的作用下快速转动，轮轨间的纵向水平作用力则变成了滑动摩擦力，其值比最大静摩擦力小很多，机车运行速度很低，在铁路术语中把这种状态称为"空转"。"空转"是一种应极力避免的不正常状态，在这种状态下，牵引力大幅度降低，钢轨和车轮都将遭到剧烈磨耗。如果在列车起动时发生机车动轮"空转"，在列车未能起动而司机又没有及时采取措施减小动轮所受力矩的情况下，可能会发生钢轨的轨头被磨掉，甚至可能发生动轮陷入钢轨凹下深坑内的严重事故。

二、轮轨间的黏着

车轮和钢轨在很高的压力作用下都有变形，轮轨间实际是椭圆面接触而非点接触，并不存在理想的瞬时转动中心。机车运行过程中又不可避免地要发生冲击和各种振动，车轮踏面又形成圆锥形，因此，车轮在钢轨上滚动的同时必然伴随着微量的纵向和横向滑动。也就是说，实际中不是纯粹的"静摩擦状态"，而是"静中有微动"或"滚中有微滑"的情形。在列车运行过程中，由于牵引力和惯性力不是作用在同一水平面内，机车前后车轮作用于钢轨的垂直载荷不均匀分配，因此，轮轨间纵向水平作用力的最大值实际上与运动状态有关，而且比物理学上常提到的"最大静摩擦力"小很多。因此，在铁路牵引和制动理论中，在分析轮轨间纵向力问题时，避免用"静摩擦"这个名词，应以"黏着"来代替它。

在黏着状态下，轮轨间纵向水平作用力的最大值被定义为黏着力，黏着力与轮轨间垂直载荷之比称为黏着系数。为方便应用，还假定轮轨间垂直载荷在运行中固定不变，即黏着力的变化完全由黏着系数的变化而引起，因而黏着系数实际上是一个假定值（称为计算黏着系数）。然而，由于它和假定不变的垂直载荷的乘积等于实际的黏着力，因此这个假定值用于黏着力计算是合理可行的，实际上的计算也都是按此假定进行（本书中提到的黏着系数，如无特别说明，均指假定值）。

2.1.3 黏着牵引力计算

黏着牵引力是由于轮轨间黏着作用产生的机车牵引力,在机车牵引特性图中通常用带有阴影的曲线表示。

机车黏着牵引力的理论计算公式如下:

$$F_\mu = P_f \cdot \mu_j = (P_\mu \cdot g) \cdot \mu_j \qquad (2-3)$$

式中：F_μ——计算黏着牵引力（KN）；

P_f——机车计算黏着重量（机车动轮对钢轨的垂直载荷之和，或全部动轴荷重之和）（kN）；

P_μ——机车黏着质量（对于内燃机车和电力机车来说，其全部车轮均为动轮，故机车黏着质量等于机车计算质量（t））；

g——重力加速度（文中如无专门说明，均取 9.81 m/s²）；

μ_j——计算黏着系数。

计算黏着系数与气候环境、运行速度、机车构造、线路品质和轮轨表面状态等诸多因素有关，难以通过理论方法计算确定，因此，牵引计算过程中应用的计算黏着系数公式都是在大量试验的基础上，结合机车运用经验根据平均值测算得到的。

《牵规》中规定的几种机车的计算黏着系数的经验公式如下：

国产电力机车：$\mu_j = 0.24 + \dfrac{12}{100 + 8v}$ \qquad (2-4)

6K 型电力机车：$\mu_j = 0.189 + \dfrac{8.86}{44 + v}$ \qquad (2-5)

8G 型电力机车：$\mu_j = 0.28 + \dfrac{4}{50 + 6v} - 0.0006v$ \qquad (2-6)

国产电传动内燃机车：$\mu_j = 0.248 + \dfrac{5.9}{75 + 20v}$ \qquad (2-7)

ND$_5$ 型电传动内燃机车：$\mu_j = 0.242 + \dfrac{72}{800 + 11v}$ \qquad (2-8)

式中：v——运行速度（km/h）。

地铁车辆黏着系数取值受车辆的编组、车辆的重量（包括载客量）、车辆的加（减）速度值、车辆的牵引制动工况等因素的影响。黏着系数的取值与系统防滑/防空转保护密切相关。如果黏着系数取得过小，则不能充分利用轮轨间的黏着，使系统性能下降，同时势必要降低列车平均加（减）速度。但如果取得过大，将会破坏轮轨间的黏着，列车容易发生滑行和空转，同样使系统性能下降。随着电子技术的发展，防滑/防空转性能及可靠性有很大提高。因此，黏着系数取值可以适当提高。牵引工况黏着系数建议取值：$\mu_j = 0.16 \sim 0.18$，制动工况黏着系数建议取值：$\mu_j = 0.14 \sim 0.16$。

当机车在曲线轨道上运行时，由于外侧钢轨超高及内外侧动轮走行距离不同引起横向和纵向滑动等原因，黏着系数将会减少，通常简称为"黏降"，特别是在小曲线半径时影响更显著。因此，起动地段或限制坡道部分如果存在小半径曲线，那么必须进行计算黏着系数修正和牵引质量验算。

电力机车（三轴转向架）在曲线半径 R 小于 600 m 的线路上运行时，曲线上的计算黏着系数 μ_r 按下式计算：

$$\mu_r = \mu_j(0.67 + 0.00055R) \tag{2-9}$$

内燃机车在曲线半径 R 小于 550 m 时，曲线上的计算黏着系数 μ_r 按下式计算：

$$\mu_r = \mu_j(0.805 + 0.000355R) \tag{2-10}$$

例 2-1　黏着牵引力计算

请计算 DF$_4$（货）型内燃机车在半径为 500 m 的曲线上以速度 8 km/h 运行时的黏着牵引力。其中，DF$_4$ 型（货）内燃机车的黏着质量为 135 t。

解：黏着系数：$\mu_j = 0.248 + \dfrac{5.9}{75 + 20v} = 0.248 + \dfrac{5.9}{75 + 20 \times 8} = 0.273$

修正后的黏着系数：

$$\begin{aligned}\mu_r &= \mu_j(0.805 + 0.000355R) \\ &= 0.273 \times (0.805 + 0.000355 \times 500) \\ &= 0.268\end{aligned}$$

黏着牵引力：$F_\mu = P_f \cdot \mu_j = (P_\mu \cdot g) \cdot \mu_j = 135 \times 9.81 \times 0.268 = 354.93$ kN

根据牵引计算规程，牵引力取一位小数，所以本题目 DF$_4$（货）型内燃机车在半径为 500 m 的曲线上以速度 8 km/h 运行时的黏着牵引力为 354.93 kN。

2.2　内燃机车的牵引特性与计算标准

2.2.1　内燃机车牵引特性

机车牵引特性是指轮周牵引力随速度变化的曲线，有预期牵引特性与实际牵引特性两种。预期牵引特性是设计机车时根据理论参数绘制的。由于数据取值的不确定和机组工况的复杂性，预期牵引特性仅供参考使用。实际牵引特性是以牵引热工实验为基础，并对运用中的机车进行调查后整理确定的，因而符合机车的实际情况，是牵引计算的原始依据之一。

内燃机车牵引特性曲线通常由不同手柄级位或柴油机转速（r/min）的若干条曲线以及计算黏着牵引力曲线构成。以 DF$_4$ 型货运内燃机车的牵引特性曲线为例，如图 2-3 所示。DF$_4$ 型货运内燃机车采用有级控制，司机的控制手柄共有 16 个级位，图 2-3 中只画出了 4 个级位的动力传动装置牵引力曲线，这些曲线标注的数字是控制手柄的级位置。有些机车采用无级控制，如 ND$_4$ 型内燃机车的牵引特性曲线图上只有柴油机标定转速 1 350 r/min 的一条牵引力曲线。

DF$_4$ 型货运内燃机车在起动和速度很低时，牵引能力受到黏着的限制，速度提升后，才受到动力传动装置和性能限制，这也是大功率货运内燃机车牵引特性的一般规律。受动力传动装置和性能限制的牵引力称为"动力传动装置牵引力"。

图 2-4 所示为 DF$_{11}$ 型客运内燃机车的牵引特性。由于客运内燃机车运行速度较高，牵引力通常只受到动力传动装置功率和性能的限制。因此，在牵引特性曲线图中可以不绘出黏着牵引力曲线。DF$_{11}$ 型的牵引特性曲线图上有 4 条最高手柄级位的牵引力曲线，分别对

应柴油机的 4 种转速为 1 000 r/min、960 r/min、840 r/min、680 r/min。

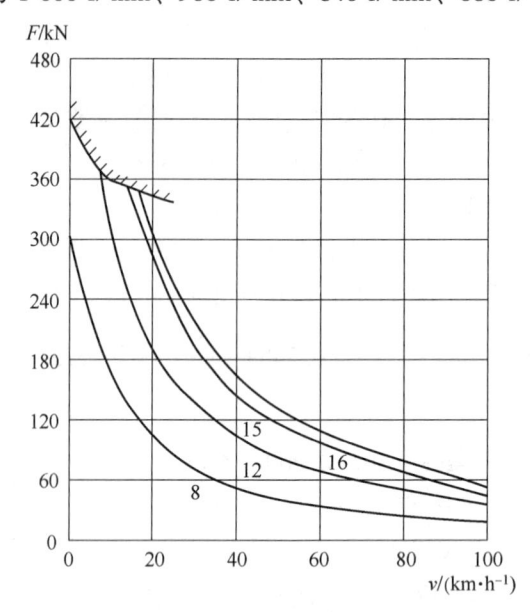

图 2-3　DF₄ 型内燃机车牵引特性曲线

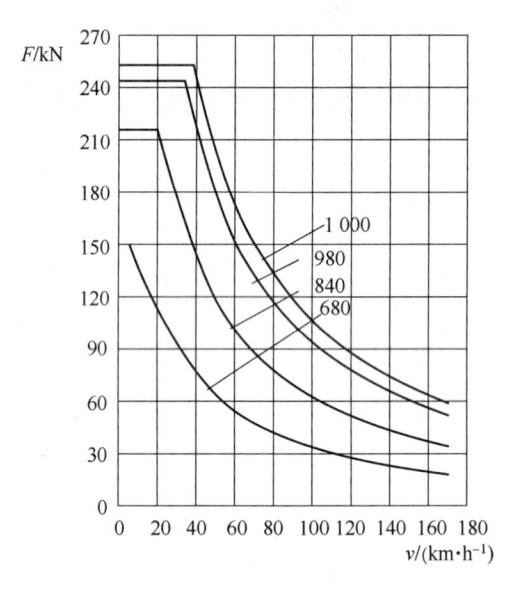

图 2-4　DF₁₁ 型客运内燃机车牵引特性曲线

2.2.2　内燃机车牵引力计算标准

为了在进行牵引计算时统一标准，必须结合牵引特性曲线确定一些计算标准及不同速度下机车牵引力的取值原则，这些标准的确定及取值原则的规定，将关系到牵引质量、运行速度、时间和列车运行安全等一系列重大技术经济问题。

(1) 计算速度 v_j 和计算牵引力 F_j

在一定的线路条件下，列车的牵引质量与其所在计算坡道上的运行速度相关。运行速度降低时，牵引力可以提高，牵引质量也可增加；运行速度提高时，牵引力就会降低，牵引质量也会减少。因此，计算牵引质量时必须先确定按一定速度进行牵引力计算，这个速度称为（最低）计算速度 v_j，在计算速度下的机车牵引力称为（最大）计算牵引力 F_j。

内燃机车取持续速度 v_c 和持续牵引力 F_c 作为计算速度和计算牵引力。持续速度是内燃机车在全功率工况下，传动装置可以长时间连续工作而不会过热的机车最低速度。各型号内燃机车的最低计算速度及最大计算牵引力如表2-1所示。

表2-1　内燃机车的最低计算速度及最大计算牵引力

机型	最低计算速度 $v_{j\min}/(\mathrm{km \cdot h^{-1}})$	最大计算牵引力 $F_{j\max}/\mathrm{kN}$
DF	18.0	190.3
DF_4（货）	20.0	302.1
DF_4（客）	24.0	251.6
DF_{4B}（货）	21.8	313.0
DF_{4B}（客）	29.0	235.2
DF_{4C}（货）	24.5	301.5
DF_8	31.2	307.3
DF_{11}	65.6	160.0
DF_{7D}	16.0	2×308.7
ND_5	22.2	360.0
ND_2	25.2	155.7
DF_{4D}（货）	24.5	341.0
DF	18.0	190.3
DF_4（货）	20.0	302.1

（2）计算起动牵引力 F_q

计算起动牵引力 F_q 是按起动条件来验算货物列车牵引质量的依据（旅客列车由于速度较高，牵引质量通常较小，因此无须验算）。货物列车由静态变成动态的过程是由前往后逐辆发生的。当最后一辆车起动时，机车速度约为 2.5 km/h。由于列车的阻力是按此速度确定的，所以机车的计算起动牵引力按 2.5 km/h 取值。

对于电传动内燃机车，起动牵引力选择黏着牵引力和起动电流所决定的牵引力中较小者。例如：DF_4 型货运内燃机车的计算起动牵引力受黏着条件限制，取 401.7 kN。DF_{11} 型客运内燃机车的计算起动牵引力受起动电流限制，取 253 kN。对于液力传动内燃机车，其计算起动牵引力选择黏着牵引力和全功率牵引力中较小者。例如：BJ 型内燃机车的计算起动牵引力受最大控制手柄级位的牵引力限制，取 234 kN。各型内燃机车的计算起动牵引力如表 2-2 所示。

表 2-2 内燃机车的计算起动牵引力

机型	计算起动牵引力/kN	限制条件
DF	301.2	起动电流
DF_4（货）	401.7	起动电流
DF_4（客）	346.3	起动电流
DF_{4B}（货）	442.2	黏着
DF_{4B}（客）	325.3	起动电流
DF_{4C}（货）	442.2	黏着
DF_8	442.2	黏着
DF_{11}	253.0	起动电流
DF_{7D}	2×429.3	起动电流
ND_5	439.7	黏着
ND_2	265.0	起动电流
DF_{4D}（货）	480.0	黏着

（3）不同速度下的牵引力取值

电传动内燃机车从起动至满手柄级位或柴油机额定转速的牵引特性有两种形式。一种是由起动电流限制线直接过渡到满手柄级位或柴油机额定转速牵引力曲线，即不受黏着牵引力限制的形式。DF_{11} 型客运内燃机车属于这种形式。当机车速度 v 在 0~38.5 km/h 范围内时，牵引力取值受起动电流限制，因而牵引力取值为 253 kN；当机车速度 v>38.5 km/h 时，按柴油机转速 n_c = 1 000 r/min 的牵引特性取值。

另一种是由黏着牵引力曲线或由起动电流限制线经黏着牵引力曲线，过渡到满手柄级位或柴油机额定转速的牵引特性。DF_4 型货运内燃机车即属于受黏着牵引力限制的形式。其牵引力的取值自起动开始至速度 v = 16.5 km/h 时，取黏着牵引力（速度 v 为 0~2.5 km/h 时，取 v = 2.5 km/h 的黏着牵引力）；当速度 v>16.5 km/h 时，取满手柄级位牵引特性的牵引力。

液传动内燃机车牵引力按黏着牵引力和满手柄级位牵引特性中较小者的原则取值。例如 v = 2.5 km/h 时，BJ 型内燃机车的牵引力不受粘黏着条件限制，当速度 v 为 0~2.5 km/h 时，按 v = 2.5 km/h 取牵引力值；当速度 v>2.5 km/h 时，取满手柄级位牵引特性上相应速度的牵引力值。牵引计算时经常用到的最大牵引力是指机车牵引特性曲线的"外包线"（最外侧的曲线）所表示的牵引力。

各型内燃机车的计算质量 P、最大速度 v_g 及全长 L_i 如表 2-3 所示。

表 2-3 各型内燃机车的计算质量、最大速度及全长

机型	计算质量 P/t	最大速 v_g/(km·h^{-1})	全长 L_j/m
DF	124	100	17.0
DF$_4$（货）	135	100	21.1
DF$_4$（客）	135	120	21.1
DF$_{4B}$（货）	138	100	21.1
DF$_{4B}$（客）	138	120	21.1
DF$_{4C}$（货）	138	100	21.1
DF$_8$	138	100	22.0
DF$_{11}$	138	170	21.3
DF$_{7D}$	2×132	100	2×18.8
ND$_5$	135	118	19.9
ND$_2$	118	120	17.4
DF$_{4D}$（货）	138	100	21.1

各型内燃机车的主要牵引计算数据如表 2-4~表 2-9 所示。

例 2-2　列车牵引力查表

①求 DF$_4$（货）型内燃机车以手柄位 8 位、速度 40 km/h 运行时的牵引力。

解：查表 2-5，牵引力为 52.5 kN。

②求 DF$_4$（货）型内燃机车在速度 10 km/h 时的黏着牵引力。

解：查表 2-5，牵引力为 357 kN。

2.2.3　内燃机车牵引力计算修正

（1）牵引力因功率降低的修正

通常所指的内燃机车柴油机的功率，是在一个标准大气压（101.3 kPa 或 760 mmHg）、环境温度 20 ℃ 和相对湿度 60% 的条件下测定的。在高原和高温地区，由于空气密度小，进入柴油机气缸的空气量减少，所以燃料燃烧不充分，功率降低。这时必须对受动力传动装置功率和特性限制的牵引力进行修正。修正后的机车牵引力可按下式计算：

$$F_x = F \cdot \lambda_p \cdot \lambda_h \cdot \lambda_s \tag{2-11}$$

式中：λ_p——内燃机车牵引力海拔修正系数；

　　　λ_h——内燃机车牵引力环境温度修正系数；

　　　λ_s——内燃机车牵引力受隧道影响的修正系数。

表 2-4 DF 型内燃机车的主要牵引计算数据表

计算质量 P	黏着质量 P_μ	计算黏着系数 μ_j	最小计算速度 v_{jmin}	最大计算牵引力 F_{jmax}	计算动轮直径 D_j	计算起动牵引力 F_q	计算起动阻力 w'_q	齿轮传动比 μ_c	最大速度 v_g	机车全长 L_g
t	t	1	km/h	kN	1mm	kN	N/kN	1	km/h	m
124	124	$0.248+5.9/(75+20v)$	18.0	190.3	1.013	301.2	5.00	4.41	100	17.0

速度 $v/(km \cdot h^{-1})$	10	11	20	30	40	50	60	70	80	90	100

电流限制牵引力

轮周牵引力 F/kN	手柄位数 n_s										
	8			97.2	55	41.2	31.4	23.1	17.7	13.2	10.8
	12		121.2	158.0	82.9	61.3	45.6	34.3	26.5	20.6	15.7
	15		158.0	169.2	105	76	58.9	47.6	38.3	30.4	24.0
	16	301.2	301.2		118.7	89.8	71.6	57.9	47.1	37.3	28.9

基本阻力 $w'_0/(N \cdot kN^{-1})$

	3.04	3.18	3.39	3.66	3.97	4.34	4.77	5.25	5.78

燃油消耗量 $e_s/(kg \cdot min^{-1})$ 手柄位数 n_s

8	2.20	2.20	2.20	2.20	2.20	2.20	2.20	2.55	2.88
12	3.42	3.42	3.40	3.37	3.32	3.27	3.42	3.85	3.53
15	4.70	4.70	4.70	4.67	4.65	4.47	4.70	4.62	4.13
16	5.15	5.20	5.25	5.25	5.25	5.18	5.15		

柴油机空转 手柄位数 n_s

0.1	2	3	4	5	6	7	8	9	10	11
燃油消耗量 $e_0/(kg \cdot min^{-1})$
0.39	0.44	0.50	0.55	0.60	0.68	0.74	0.80	0.88	0.96	1.06

表 2-5 DF$_4$（货）型内燃机车牵引计算主要数据表

项目	单位	数值									
计算质量 P	t	135									
黏着质量 P_μ	t	135									
计算黏着系数 μ_j	1	0.248+5.9/(75+20v)									
速度 v/(km·h^{-1})		10	20	30	40	50	80	100			
黏着牵引力		16.5									
		357	347.9								
轮周牵引力 F/kN	手柄位数 n_s	8	167	106	70.6	52.5	41.7	34.3	29.4	26.5	22.6	19.6
		12	308	193.3	137.3	103	82.9	68.7	57.9	50	43.2	37.3
		15		279.6	193.3	145.2	115.8	96.6	81.4	68.2	56.4	45.1
		16	v=0/401.7	302.2	216.8	164.8	131.5	108.9	92.2	78.5	65.2	53
基本阻力 w_0'/(N·kN^{-1})		2.59	2.79	2.94	3.32	3.74	4.19	4.68	5.2	5.76	6.36	6.99
燃油消耗量 e_y/(kg·min^{-1})	手柄位数 n_s	8	3.00	3.00	3.00	3.00	3.00	3.00	2.98	2.95	2.90	2.85	2.80
		12	5.23	5.23	5.23	5.23	5.23	5.28	5.27	5.18	5.08	4.89	4.70
		15	7.29	7.29	7.29	7.29	7.29	7.28	7.23	7.14	6.80	6.40	5.98
		16	8.15	8.24	8.28	8.33	8.34	8.33	8.24	7.97	7.55	7.08	6.52
柴油机空转	手柄位数 n_s	1	2	3	4	5	6	7	8	9	10	11
燃油消耗量 e_0/(kg·min^{-1})		0.35	0.38	0.41	0.46	0.52	0.58	0.64	0.70	0.77	0.84	0.92

项目	单位	数值
最小计算速度 v_{jmin}	km/h	20
最大计算牵引力 F_{jmax}	kN	302.1
计算动轮直径 D_j	mm	1013
计算起动牵引力 F_q	kN	401.7
计算起动阻力 w_q'	N/kN	5.00
齿轮传动比 μ_c	1	4.5
最大速度 v_g	km/h	100
机车全长 L_g	m	21.1

表 2-6 DF₄（客）型内燃机车牵引计算主要数据表

参数	数值
计算质量 P / t	135
计算黏着系数 μ_j	$0.248+5.9/(75+20v)$
最小计算速度 v_{jmin} / (km/h)	24
最大计算牵引力 F_{jmax} / kN	251.6
计算动轮直径 D_j / mm	1013
计算起动牵引力 F_q / kN	346.3
计算起动阻力 w'_q / (N·kN⁻¹)	5.00
齿轮传动比 μ_c	3.75
最大速度 v_g / (km/h)	120
机车全长 L_g / m	21.1

速度 v/(km·h⁻¹)	10	15.3	20	30	40	50	60	70	80	90	100	110	120
轮周牵引力 F/kN 电流限制牵引力	346.3	346.3	$v=0/256.7$	$v=8.0/346.3$	$v=14/346.3$								
手柄位数 n_s = 8			103.0	71.1	53.5	41.7	34.8	29.4	25.5	23.5	21.6	18.6	16.2
手柄位数 n_s = 12			185.4	133.9	103.0	82.4	69.2	59.4	45.1	40.2	35.3	30.9	
手柄位数 n_s = 15			266.8	191.3	145.2	116.3	97.1	83.4	72.1	62.8	54	45.1	37.8
手柄位数 n_s = 16		346.3	286.5	210.9	163.8	132	109.4	93.2	81.4	71.1	61.8	52	44.1
基本阻力 w'_0/(N·kN⁻¹)	2.59	2.77	2.94	3.32	3.74	4.19	4.68	5.2	5.76	6.36	6.99	7.66	8.36
燃油消耗量 e_j/(kg·min⁻¹) n_s = 8	3.00	3.00	3.00	3.00	3.00	3.00	3.00	2.98	2.97	2.96	2.90	2.83	
n_s = 12	5.23	5.23	5.24	5.26	5.27	5.28	5.27	5.20	5.12	4.97	4.87		
n_s = 15	7.29	7.29	7.29	7.29	7.29	7.28	7.25	7.17	6.96	6.65	6.32		
n_s = 16	8.14	8.17	8.22	8.29	8.30	8.33	8.34	8.27	8.08	7.76	7.40	6.98	6.52

手柄位数 n_s	0.1	2	3	4	5	6	7	8	9	10	11	12	13
柴油机空转燃油消耗量 e_0/(kg·min⁻¹)	0.35	0.38	0.41	0.46	0.52	0.58	0.64	0.70	0.77	0.84	0.92	1.01	1.10

表 2-7 DF₄ᵦ（货）型内燃机车牵引计算主要数据表

计算质量 P	黏着质量 P_μ	计算黏着系数 μ_j	最小计算速度 v_{jmin}	最大计算牵引力 F_{jmax}	计算动轮直径 D_j	计算起动牵引力 F_q	计算起动阻力 w'_q	齿轮传动比 μ_c	最大速度 v_g	机车全长 L_g
t	t	1	km/h	kN	mm	kN	N/kN	1	km/h	m
138		0.248+5.9/(75+20v)	21.8	313.0	1.013	442.2	5.00	4.5	100	21.1

速度 v/(km·h⁻¹)		10	19.0	20	30	40	50	60	70	80	90	100
轮周牵引力 F/kN	黏着牵引力	364.7	353.3									
	柴油机转速 n_e/(r·min⁻¹) 696	202.5		108.3	73.0	56.3		36.8		28.0		20.0
	848	321.0		202.0	141.3	105.3		69.0		49.5		36.9
	962			295.0	212.4	160.0	128.3	108.0	89.0	70.0		50.0
	1 000		345.8	333.0	235.4	177.7	143.0	118.3	98.0	78.0	59.7	
基本阻力 w'_0/(N/kN)		2.59	2.90	2.94	3.32	3.74	4.19	4.68	5.20	5.76	6.36	
	696			2.84	2.84	2.84	2.84	2.84	2.84	2.84	2.84	
燃油消耗量 e_j/(kg·min⁻¹)	柴油机转速 n_e/(r·min⁻¹) 848			5.16	5.20	5.22	5.25	5.23		5.06		4.48
	962			7.47	7.52	7.56	7.61	7.61	7.49	6.97		6.02
	1 000	8.41	8.43		8.45	8.47	8.48	8.48	8.48	7.58		6.89
柴油机空转	转速 n_e/(r·min⁻¹)			430	468	506	544	582	620	658	734	772
	燃油消耗量 e_0/(kg·min⁻¹)			0.35	0.38	0.41	0.46	0.51	0.55	0.61	0.73	0.82

| 6.99 |
| 2.84 |
| 4.36 |
| 5.44 |
| 6.36 |
| 810 |
| 0.89 |

表 2-8 DF$_{4B}$（客）型内燃机车牵引计算主要数据表

计算质量 P	黏着质量 P_μ	计算黏着系数 μ_j		最小计算速度 v_{jmin}	最大计算牵引力 F_{jmax}	计算动轮直径 D_j	计算起动牵引力 F_q	计算起动阻力 w'_q	齿轮传动比 μ_c	最大速度 v_g	机车全长 L_g
t	t	1		km/h	kN	mm	kN	N/kN	1	km/h	m
135		0.248+5.9/(75+20v)		24	251.6	1013	346.3	5	3.75	120	21.1

速度 v/(km·h^{-1})		10	15.3	20	30	40	50	60	70	80	90	100	110	120
电流限制牵引力		346.3	346.3											
轮周牵引力 F/kN	8		$v=0/256.7$	103	71.1	53.5	41.7	34.8	29.4	25.5	23.5	21.6	18.6	16.2
手柄位数 n_s	12		$v=8.0/346.3$	185.4	133.9	103	82.4	69.2	59.4	51	45.1	40.2	35.3	30.9
	15		$v=14/346.3$	266.8	191.3	145.2	116.3	97.1	83.4	72.1	62.8	54	45.1	37.8
	16		346.3	286.5	210.9	163.8	132	109.4	93.2	81.4	71.1	61.8	52	44.1
基本阻力 w'_0/(N·kN^{-1})		2.59	2.77	2.94	3.32	3.74	4.19	4.68	5.2	5.76	6.36	6.99	7.66	8.36
手柄位数 n_s	8	3	3	3	3	3	3	3	2.98	2.97	2.96	2.9	2.83	2.83
燃油消耗量 e_y/(kg·min^{-1})	12	5.23	5.23	5.23	5.24	5.26	5.27	5.28	5.27	5.2	5.12	4.97	4.87	4.7
	15	7.29	7.29	7.29	7.29	7.29	7.29	7.28	7.25	7.17	6.96	6.65	6.32	5.98
	16	8.14	8.17	8.22	8.29	8.3	8.34	8.33	8.27	8.08	7.76	7.4	6.98	6.52
手柄位数 n_s		0.1	2	3	4	5	6	7	8	9	10	11	12	13
柴油机空转燃油消耗量 e_0/(kg·min^{-1})		0.35	0.38	0.41	0.46	0.52	0.58	0.64	0.7	0.77	0.84	0.92	1.01	1.1

表 2-9 DF₄c（货）型内燃机车牵引计算主要数据表

计算质量 P	黏着质量 P_μ	计算黏着系数 μ_j	最小计算速度 v_{jmin}	最大计算牵引力 F_{jmax}	计算动轮直径 D_j	计算起动牵引力 F_q	计算起动阻力 w'_q	齿轮传动比 μ_c	最大速度 v_g	机车全长 L_g
t	t	1	km/h	kN	mm	kN	N/kN	1	km/h	m
138	138	0.248+5.9/(75+20v)	24.5	301.5	1013	442.2	5.00	4.5	100	21.1

速度 v/(km·h⁻¹)

	10	20	21.5	30	40	50	60	70	80	90	100

轮周牵引力 F/kN

黏着牵引力	364.7	352.5	351.5								
	696	191.0	100.9	68.0	51.4	41.6	34.8	29.7	26.0	22.9	20.4
柴油机转速 n_e/(r·min⁻¹) 848	v=12.2/353.1	213.4		146.1	110.5	91.6	76.3	64.7	56.0	49.3	43.9
962	v=18.5/346.2	318.4		218.9	169.2	136.2	113.3	97.0	84.6	74.9	66.9
1 000				250.0	189.0	153.0	128.0	109.0	95.5	84.2	74.9

基本阻力 w'_0/(N·kN⁻¹)

| | 2.59 | 2.94 | 2.99 | 3.32 | 3.74 | 4.19 | 4.68 | 5.2 | 5.76 | 6.36 | 6.99 |

燃油消耗量 e_y/(kg·min⁻¹)

柴油机转速 n_e/(r·min⁻¹) 696	2.48	2.48	2.48	2.48	2.48	2.48	2.48	2.48	2.48	2.48	2.48
848	5.48	5.48	5.48	5.48	5.48	5.48	5.48	5.48	5.48	5.48	5.48
962	8.07	8.07	8.07	8.07	8.07	8.07	8.07	8.07	8.07	8.07	8.07
1 000	9.15	9.15	9.15	9.15	9.15	9.15	9.15	9.15	9.15	9.15	9.15

柴油机空转

| 转速 n_e/(r·min⁻¹) | 430 | 468 | 506 | 544 | 582 | 620 | 658 | 696 | 734 | 772 | 810 |
| 燃油消耗量 e_0/(kg·min⁻¹) | 0.37 | 0.39 | 0.42 | 0.46 | 0.50 | 0.55 | 0.60 | 0.66 | 0.71 | 0.77 | 0.84 |

《牵规》规定：DF 型内燃机车，在海拔不超过 1 000 m 的地区运行时，机车牵引力一般不予修正。如柴油机排气温度高于 390 ℃，或排气烟度大于 1.7 波许，或按牵引发电机功率计的燃油消耗率超过 326.4 g/(kW·h^{-1})，机车牵引力可予修正，但修正系数 λ_p 应不小于 0.94。DF$_4$（货、客）型、DF$_{4B}$（货、客）型、DF$_{4C}$（货）型、DF$_8$ 型及 DF$_{11}$ 型内燃机车，在周围空气温度不高于 30℃的地区运行时，机车牵引力不予修正。DF$_4$（货、客）型和 DF$_{4B}$（货、客）型内燃机车，在海拔不超过 500 m 的地区运行时，机车牵引力不予修正。DF$_{4B}$（货、客）型内燃机车，受长度 1 000 m 以上隧道影响的牵引力修正系数 λ_s，单机或双机重联牵引的第一台机车 λ_s 取 0.88；双机重联牵引的第二台机车 λ_s 取 0.85。内燃机车通过长度 1 m 以上隧道的最低运行速度 v_{jmin} 不得低于 5 km/h。

内燃机车牵引力受海拔影响的修正系数 λ_s 如表 2-10 所示。内燃机车牵引力受周围环境温度影响的修正系数 λ_p 如表 2-11 所示。

表 2-10　内燃机车牵引力海拔修正系数表

海拔/m	500	1 000	1 500	2 000	2 500	3 000	3 500	4 000
大气压强/kPa	95.23	89.64	84.32	79.4	74.61	70.22	65.97	62.85
DF	1.000	1.000	0.912	0.866	0.861			
DF$_4$（货、客）	1.000	0.933	0.855	0.780	0.707	0.638	0.569	0.503
DF$_{7D}$	1.000	0.973	0.926	0.885	0.841			

表 2-11　内燃机车牵引力环境温度修正系数表

环境温度/℃	30	32	34	36	38	40
DF	1.000	0.978	0.975	0.971	0.968	0.964
DF$_4$（客货）	1.000	0.985	0.958	0.930	0.904	0.877
DF$_{4B}$（客、货）	1.000	0.982	0.952	0.921	0.892	0.864
DF$_{4C}$（货）	1.000	0.987	0.954	0.920	0.886	0.853
DF$_8$、DF$_{11}$	1.000	0.984	0.950	0.913	0.877	0.841

环境温度 t_p 采用下式计算：

$$t_p = \frac{t_7 + 2t_{13} + t_{19}}{4} \tag{2-12}$$

式中：t_7，t_{13}，t_{19}——每日 7、13、19 时的平均外温,℃；根据气象台、站测得的最高温度月份不少于 5 年的资料计算。

（2）多机牵引和补机推送的牵引力修正

内燃机车多机牵引在使用重联操作方式时，可使各机车的工况同步，每台机车的牵引力均取全值；在分别操纵时，则第二台及其以后的机车牵引力均取全值的 0.98。补机在列车尾部推送时，因为与前部机车配合更加困难，因此部分车辆的车钩处于时拉时压状态，有能量消耗，一般牵引力取全值的 0.95。

（3）牵引力使用系数 λ_y

牵引力使用系数是为了避免由于长时间满负荷运转而缩短机车使用寿命，在运用中对机车功率的使用留有余地而人为规定的。《牵规》规定：对于各型电力和内燃机车，当取用最大牵引力计算列车最大合力或绘制最大合力线图时，牵引力均应乘以牵引力使用系数

λ_y,即实际使用的最大牵引力为:

$$F_y = \lambda_y F(\text{kN}) \tag{2-13}$$

式中:λ_y 取值为 0.9。

当列车在平直道上运行时仍按有加速度的原则计算牵引质量,其最高速度的牵引力不乘以牵引力使用系数。当计算较平缓地段的运行时分时,为了避免频繁交替地变换牵引和惰性工况,也可以取用部分负荷的牵引力,当较高部分负荷的牵引力大于上述最大牵引力与牵引力使用系数的乘积 F_y 时,按 F_y 取值。

例 2-3　机车牵引力计算

求 DF_4(货)型内燃机车在海拔 2 500 m、环境温度为 36℃的隧道内以手柄位为 12、速度为 50 km/h 运行时的牵引力。

解:查表 2-5,得到 DF_4(货)型内燃机车以手柄位为 12、速度为 50 km/h 运行时的牵引力 $F = 82.9(\text{kN})$。

查表 2-10 与表 2-11 得到内燃机车牵引力受周围环境温度影响的修正系数 λ_h 与受海拔影响的修正系数 λ_p 分别为 0.930 与 0.707。

修正后的牵引力 $F_x = F \cdot \lambda_p \cdot \lambda_h \cdot \lambda_s$
$\qquad\qquad\quad = 82.9 \times 0.707 \times 0.93$
$\qquad\qquad\quad = 54.51(\text{kN})$

2.3　电力机车的牵引特性与计算标准

2.3.1　电力机车牵引特性

图 2-5 为 SS_1 型电力机车由试验资料整理获得的实际牵引特性,图中标明了不同调压级位的牵引力曲线,共有 33 个调压级位(手柄位置),在第 33 级除了满磁场的 33 m 之外,还有三级磁场削弱(33-Ⅰ,33-Ⅱ,33-Ⅲ)。其磁场削弱系数 β 分别为 70%、50% 和 45%。图 2-5 还绘出了受持续电流 450 A 限制的等电流牵引力变化线。

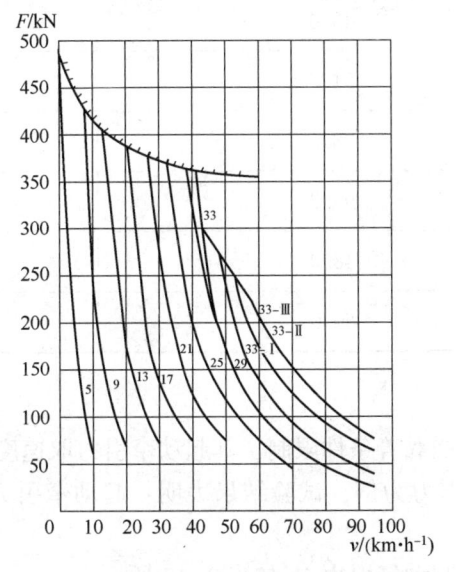

图 2-5　SS_1 电力机车牵引特性曲线图

2.3.2 电力机车牵引力计算标准

1. 计算速度和计算牵引力

为了适应各种不同线路断面情况下的计算牵引质量的需要,电力机车对计算速度采取浮动的概念,即计算速度可以分别按黏着制、小时制或持续制来选定。

(1) 黏着制

以最高级位满磁场的牵引特性(SS_1 型电力机车为 33 m 牵引力曲线)与黏着牵引力曲线的交点所对应的速度和牵引力作为计算速度和计算牵引力,是电力机车的最低计算速度和最大计算牵引力。在电动机的温升不超过容许值的条件下,采用黏着制有利于发挥机车功率和提高运输能力。以 SS_1 型电力机车为例,按黏着制运行时牵引电动机从冷态开始可以连续运转 40 min 而不会超过容许温升。

(2) 小时制

以最高级位满磁场牵引特性上小时电流所决定的速度和牵引力作为计算速度和计算牵引力。牵引电动机从冷态开始按小时制工作,可以连续运转 1 h,其绕组温升不会超过容许值。以 SS_1 型电力机车为例,其小时制的电流值为 500 A。

(3) 持续制

以最高级位满磁场牵引特性上持续电流所决定的速度和牵引力作为计算速度和计算牵引力。按持续制工作时,牵引电动机绕组的发热量与散热量平衡,它可以长时间连续运转。以 SS_1 型电力机车为例,它的持续电流为 450 A。

《牵规》规定:今后电力机车也可以像内燃机车一样,完全按持续制计算。各型电力机车的最低计算速度 v_{jmin} 及最大计算牵引力 F_{jmax} 如表 2-12 所示。

表 2-12 电力机车的最低计算速度及最大计算牵引力

机型	最低计算速度 v_{jmin}/(km·h^{-1})	最大计算牵引力 F_{jmax}/kN
SS$_1$	43.0	301.2
SS$_3$	48.0	317.8
SS$_4$	51.5	431.6
SS$_7$	48.0	353.3
SS$_8$	99.7	127.0
6 K	48.0	360.0
8 G	50.0	455.0

2. 计算起动牵引力

电力机车起动牵引力受黏着条件限制,其起动牵引力取速度为零时的黏着牵引力。以 SS_1 型电力机车的起动牵引力为例,试验结果表明:起动牵引力可以保持到运行速度 $v = 2.5$ km/h 时不变。

各型电力机车的计算起动牵引力 F_q 如表 2-13 所示。

表 2-13 电力机车的计算起动牵引力

机型	计算起动牵引力 F_q/kN	限制条件
SS_1	487.0	黏着
SS_3	470.0	黏着
SS_4	649.8	黏着
SS_7	487.0	黏着
SS_8	230.0	起动电流
6K	512.8	黏着
8G	627.0	黏着

3. 不同速度下的牵引力取值

电力机车在不同速度下运行时，其牵引力取值也不相同。例如，SS_1 型电力机车从起动到黏着限制范围最高速度为 41.2 km/h，牵引力受黏着限制应按黏着牵引力取值。当速度 v 为 0~10 km/h 时，牵引力取 v=10 km/h 时的黏着牵引力。当运行速度超过 41.2 km/h 时，首先沿满磁场手柄级位 33 m 曲线取值至持续电流 450 A 的转折点（计算速度 v_j=43 km/h）。然后，沿 450 A 等电流牵引力变化曲线过渡到最大削弱磁场 033-Ⅲ 曲线取值。

4. 多机牵引和补机推送的牵引力修正

电力机车多机牵引使用重联线操纵时，每台机车牵引力均取全值；分别操纵时，第二台及其以后的每台机车牵引力均取全值的 98%；推送补机均取全值的 95%。

当计算各型电力机车最大合力或绘制最大合力线图时的牵引力时，取机车最高负荷各速度的牵引力后，需要乘以牵引力使用系数 0.9。电力机车的计算质量、最大速度及全长如表 2-14 所示。各型电力机车牵引计算数据如表 2-15~表 2-19 所示；各型机车的最大牵引力数据如表 2-20~表 2-67 所示。

表 2-14 电力机车的计算质量、最大速度及全长

机型	计算质量 P/t	最大速度 v_g/(km·h^{-1})	全长 L_j/m
SS_1	138	95	20.4
SS_3	138	100	21.7
SS_4	2×92	100	32.8
SS_7	138	100	22.0
SS_8	88	177	17.5
6 K	138	100	22.2
8 G	2×92	100	34.5

表 2-15 SS₁ 型电力机车牵引计算数据表

计算质量 P/t	黏着质量 P_μ/t	计算黏着系数 μ_j	最低计算速度 v_{jmin}/(km·h⁻¹)	最大牵引力 F_{jmax}/kN	运行级位 n_s	轮轴牵引力 F/kN	供电电流制(单相交流)	受电弓处网压 U_w/V	牵引电动机额定电压 U_d/V	计算动轮直径 D_j/mm	计算起动牵引力 F_q/kN	计算起动阻力 w_q'/(N·kN⁻¹)	齿轮传动力 μ_c	最大速度 v_g/(km·h⁻¹)	机车全长 L_j/m
138		$0.24+\dfrac{12}{(100+8v)}$	43	301.2			50 Hz	25 000	1 500	1 200	487.3	5	4.63	95	20.4
			0	10			20	30	40	50	60	70	80	90	—
		速度 v/(km·h⁻¹)													
		黏着限制牵引力	487.4	415.2			387.4	372.7	363.6	357.4	353.2	—	持续制	—	—
			—	56.4	5		—	—	—	—	v	43	47.9	52.9	57.4
			—	248.2	9		65.7	71.1	—	—	F	301.2	272.7	246.2	224.6
			—	403.9 ($v=13.2$)	13		173.6	143.2	71.6	—	—	—	—	—	—
			—	—	17		387.4	269.8	124.6	75.5	42.2	46.1	—	—	—
			—	—	21		377.0 ($v=26.5$)	369.8 ($v=32.6$)	203	115.8	74.6	67.7	47.1	31.4	24.5
			—	—	25		—	364.9 ($v=38.5$)	329.6	172.7	100.1	67.7	47.1	31.4	39.2
			—	—	29		—	—	363 ($v=41.2$)	172.7	100.1	93.2	65.7	47.1	—
			—	—	33 m		—	—	272.7 ($v=47.9$)	234.9	138.3	124.6	94.2	71.6	63.8
			—	—	33-Ⅰ		—	—	—	246.2 ($v=52.9$)	174.6	124.6	94.2	71.6	—
			—	—	33-Ⅱ		—	—	—	224.6 ($v=57.4$)	204	149.1	115.8	87.3	76.5
			—	—	33-Ⅲ		—	—	—	—	—	—	—	—	—

续表

计算质量 P/t	黏着质量 P_μ/t	计算黏着系数 μ_j	最低计算速度 v_{jmin}/(km·h⁻¹)	最大牵引力 F_{jmax}/kN	供电制流制（单相交流）	受电弓处网压 U_w/V	牵引电动机额定电压 U_d/V	计算动轮直径 D_j/mm	计算起动牵引力 F_q/kN	计算起动阻力 w_q'/(N·kN⁻¹)	齿轮传动力 μ_c	最大速度 v_g/(km·h⁻¹)	机车全长 L_j/m
		5	—	6	—	—	—	—	—	—	持续制	—	—
		9	—	45	23	—	—	—	43	47.9	52.9	57.4
		13	—	101 ($v=12.4$)	57	28	—	—	230	228	226	224
		17	—	135 ($v=18.6$)	122	67	41	25	I_g	—	—	—
		21	—	—	169 ($v=24.8$)	124	75	52	38	—	—	—
		25	—	—	—	204 ($v=31.0$)	121	81	62	49	—	—
		29	—	—	—	237 ($v=37.0$)	202	122	87	79	61	54	51
机车供电电流 I_s/A	运行级位 n_s	33 m		自用电			260 ($v=41.2$)	139	99	80	70	62	58
		33-Ⅰ		牵引			228 ($v=47.9$)	206	138	113	98	90	87
		33-Ⅱ		惰行			—	226 ($v=52.9$)	182	146	129	119	115
		33-Ⅲ		电阻制动			—	224 ($v=57.4$)	209	171	149	137	133

续表

运行级位 n_s	计算黏着系数 μ_j	最低计算速度 v_jmin/(km·h⁻¹)	最大牵引力 F_jmax/kN	供电电流制（单相交流）	受电弓处网压 U_w/V	牵引电动机额定电压 U_d/V	计算动轮直径 D_j/mm	计算起动牵引力 F_q/kN	计算起动阻力 w_q'/(N·kN⁻¹)	齿轮传动力 μ_c	最大速度 v_g/(km·h⁻¹)	机车全长 L_j/m
5	—	5	—	—	—	—	—	—	—	持续制	—	—
9	—	—	37	17	—	—	—	—	43	47.9	52.9	57.4
13	—	—	84 (v=12.4)	47	21	—	—	v	194	193	192	191
17	—	—	114 (v=18.6)	105	55	—	—	I_g	—	—	—	—
21	—	—	—	144 (v=24.8)	109	—	—	—	—	—	—	—
25	—	—	—	—	173 (v=31.0)	—	—	31	42	—	—	—
29	—	—	—	—	202 (v=37.0)	—	—	52	62	52	43	60
33-m	—	—	自用电	—	—	—	—	78	71	60	50	46
33-Ⅰ	—	牵引	—	6	—	—	—	89	98	85	77	74
33-Ⅱ	—	惰行、空气制动及停站	—	2	—	—	—	120	126	112	104	101
33-Ⅲ	—	电阻制动	—	10	—	—	—	150	146	129	119	116
电阻制动力 B_d/kN			88.7	177.5	266.2	—	—	209	181.5	159.9	143.2	135.4
单位基本阻力 $w_0'/(N·kN^{-1})$			2.47	2.76	3.11	—	—	4.54	5.15	5.82	6.55	6.94

表 2-16 SS₃型电力机车牵引计算主要数据表

速度 v/(km·h⁻¹)		0.0	10.0	20.0	30.0	40.0	50.0	60.0	70.0	80.0	90.0	100.0
黏着限制牵引力 F_μ		487.4	415.2	387.5	372.7	363.6	357.4	353.2				
机车牵引力 F/kN	运行级位 n_s											
	1	7.5/141.3	78.4							持续制		
	2		13.0/225.6	98.1	31.4	3.9	23.5	v	48.0	54.5	60.0	66.0
	3		18.0/359.0	281.5	110.9	54.0	66.7	F	317.8	283.7	255.1	232.5
	4			25.0/361.9	235.4	114.3	116.7	39.2	19.6	4.9		
	5				31.3/371.3	201.1	187.4	76.5	51.0	31.4	37.2	41.2
	6				38.4/364.8	333.5	268.8	115.3	81.4	56.9	53.0	41.2
	7					46.3/360.0	268.3	145.2	98.1	70.6	53.0	55.9
	8					47.0/359.0	54.5/283.7	145.2	98.1	70.6	70.6	72.6
	8-Ⅰ							202.1	131.5	94.2	92.2	96.1
	8-Ⅱ							255.1	166.8	119.7	113.8	
	8-Ⅲ							66.0/232.5	200.1	142.2		

续表

速度 $v/(\text{km} \cdot \text{h}^{-1})$		0.0	10.0	20.0	30.0	40.0	50.0	60.0	70.0	80.0	90.0	100.0
机车用电有功电流 I_p/A	运行级位 n_s 1	7.5/24.6	20.4	13.9	25.0/12.8	23.1	18.8	v	48.0	54.5	60.0	66.0
	2		12.5/55.3	34.2	25.8	41.0	32.4	I_p	226.9	223.0	219.6	216.0
	3		17.5/87.7	77.4	51.2	41.0	32.4	44.3	41.2			
	4			2.5/130.6	91.9	62.8	51.9	64.3	58.8	52.9	62.3	66.0
	5			27.5/169.6	152.0	101.5	78.1	93.1	79.9	69.9	71.9	74.4
	6				38.4/193.0	165.0	113.1	121.0	95.2	80.2	81.0	96.0
	7					200.6	179.4	137.7	107.7	91.0	105.2	119.4
	8					48.0/226.9	204.4	171.9	134.4	116.0	127.7	143.6
	8-Ⅰ						54.5/223.0	219.6	166.1	141.9	151.9	
	8-Ⅱ							66.0/216.0	196.1	166.1		
	8-Ⅲ	持续制										
机车电制动力 B_d/kN		0.0	23.6/301.7	30.0/238.4	33.5/213.2	47.5/302.1	293.3	239.4	206.0	180.5	159.9	142.0
单位基本阻力 $w_0'/(\text{N} \cdot \text{kN}^{-1})$			2.47	2.76	3.11	3.52	4.00	4.54	5.15	5.82	6.55	7.35

注：表中带"/"的数据，"/"前为运行速度，"/"后为该速度下的数据

第二章 列车牵引力

表 2-17 SS₄ 型电力机车牵引计算主要数据表

计算质量 P / t	黏着质量 P_μ / t	计算黏着系数 μ_j	最低计算速度 v_{jmin} / (km/h)	最大牵引力 F_{jmax} / kN	供电电流制	受电弓处网压 U_w / V	牵引电动机额定电压 U_d / V	计算动轮直径 D_j / mm	计算起动牵引力 F_q / kN	计算起动阻力 w'_q / (N/kN)	齿轮传动力 μ_c	最大速度 v_g / (km/h)	机车全长 L_j / m
184	1	0.24+12/(100+8v)											
		速度 v/(km·h⁻¹)	51.5	431.6	单相交流 50Hz	25 000	1 500	1 200	628.0	5.0	4.19	100	32.832
黏着限制牵引力		4	0	10	20	30	40	50	60	70	80	90	100
		4	649.8	554.0	517.0	497.0	484.8	476.5	470.6				57.4
运行级位 n_s		8	2.0/94.2	4.0/46.2	6.0/23.0					43.0	47.9	52.9	224.6
		12	4.5/348.0	72.0	15.0/21.6	15.0/26.0				301.2	272.7	246.2	
		17	7.0/466.0	15.0/92.0	23.5/26.0	38.0			F				
		20	550.0	11.5/546.0	105.9	78.0	35.0/53.0	37.0					
		24	602.4	15.0/531.7	206.0	162.0	79.0	107.0	68.0	149.1	100.1	70.6	53.0
		29	628.0	554.0	19.5/517.8	497.0	201.0		247.2	200.1	143.2	107.9	82.4
轮轴牵引力 F/kN		32m					50.0/476.5	51.5/431.6	319.8	262.9	188.4	139.3	104.0
		32-Ⅰ					57.0/394.8	I_g	63.6/353.8	73.2/307.8	242.5	186.5	159.9
		32-Ⅱ									持续制		
		32-Ⅲ											
运行级位 n_s		4	2.5/23.0	4.0/19.0	33								
		8	4.0/48.4	15.0/26.0						51.5	57.0	63.6	73.2
		12	7.0/78.9	15.0/55.0	18.5/50.8	25				342.0	339.0	335.4	330.0
		16		119.0	18.5/62.0	42	35.0/353.0		38				
		20		16.0/118.0	18.5/90.0						持续制		

续表

速度 v/(km/h)	0	10	20	30	40	50	60	70	80	90	100
机车供电电流 I_g/A 运行级位 n_s = 24	60.0	120.4	19.5/177.8	80.7	52.0	45.0/41.8		70			
n_s = 28				241.2	137.0	91.0					
n_s = 32					50.0/362.0	51.5/342.0	224.0	165.0	137.0	117.0	102.0
n_s = 32-Ⅰ						57.0/339.0	290.0	217.0	179.0	154.0	132.0
n_s = 32-Ⅱ	惯性、空气制动及停站	牵引					63.6/335.4	266.0	222.0	194.0	174.0
n_s = 32-Ⅲ	电阻制动 18	自用电	3					73.2/330.0	269.0	234.0	215.0
机车有功电流 I_g/A 运行级位 n_s = 4	2.5/10.3	4.0/8.5	6.0/7.4				持续制				
n_s = 8	4.0/29.8	16.3						51.5	57.0	63.6	73.2
n_s = 12	7.0/62.0	15.0/30.0	17.0/25.0				I_p	298.0	293.4	288.0	280.0
n_s = 16		11.5/119.2	18.5/36.0	21.5/29.0							
n_s = 20		15.0/137.4	18.5/80.0	26.0	35.0/29.0	45.0/34.0					
n_s = 24			19.5/160.6	61.0	38.0	83.0	67.0	144.0	119.0	102.0	89.0
n_s = 28				214.8	116.0		195.0	189.0	154.0	131.0	117.0
n_s = 32	惯性、空气制动及停站	自用电	2		50.0/318.0	51.5/298.0	258.0	244.0	196.0	166.0	152.0
n_s = 32-Ⅰ		牵引				57.0/293.4				198	181.0
n_s = 32-Ⅱ	电阻制动		13				63.6/288.0	73.2/280.0	234	250.2	225.6
电阻制动力 B_d/kN	5.0/82.4	168.7	333.5	28.7/482.7	36.7/376.7	47.0/482.7	374.7	321.8	280.7		
单位基本阻力 w'_0/(N·kN^{-1})		2.47	2.76	3.11	3.52	4.00	4.54	5.15	5.82	6.55	7.34

第二章 列车牵引力

表 2-18 8G 型电力机车牵引计算主要数据表

计算质量 P	黏着质量 P_μ	计算黏着系数 μ_j	最低计算速度 v_{jmin}	最大牵引力 F_{jmax}	供电电流制	受电弓处网压 U_w	牵引电动机额定电压 U_d	计算动轮直径 D_j	计算起动牵引力 F_q	计算起动阻力 w_q'	齿轮传动力 μ_c	最大速度 v_g	机车全长 L_j
t	t	1	km/h	kN		V	V	mm	kN	N/kN	1	km/h	m
184		0.28+4/(50+6v)−0.0006v	50.0	455.0	单相电流 50 Hz	25 000	1 020	1 200	627.0	5.00	4.19	100	2*17.26
			5	10	20	30	40	50	60	70	80	90	100

速度 $v/(\text{km}\cdot\text{h}^{-1})$

黏着限制牵引力: 590.2 560.1 526.2 504.3 487.0 471.9 458.0

轮轴牵引力 F/kN	运行级位 n_s	8	10.0/365.1	120.0/100.0	30.0/37.2						持续制		
		16	20.0/500.0	30.0/192.3	40.0/104.2	50.0/58.0	60.0/35.7				57.6	67.3	77.8
		24	32.2/500.0	40.0/282.2	50.0/167.6	60.0/115.3	70.0/79.1				403.4	338.2	292.4
		36									143.4	110.4	74.4
		外包线					455.0	455.0	277.8	200.0	275.2	215.4	185.4
								57.6/396.0	67.5/338.2	77.8/292.4			

机车供电电流 I_g/A	运行级位 n_s	8	10.0/70.0	20.0/38.0	30.0/27.0						持续制		
		16	81.6	111.0	170.2	96.0	71.5	57.6	F	50.0	57.6	67.3	77.8
		24	25.0/199.8	32.2/244.0	40.0/165.0	50.0/127.5	60.0/107.3	70.0/92.0		455.0	347.5	347.2	347.5
		36						347.5	I_g	202.0	175.0	153.6	136.5
		外包线		229.3		288.4			249.0	77.8/347.5	333.0	298.2	280.2
								57.6/347.5	67.5/347.5				

续表

计算质量 P	黏着质量 P_μ	计算黏着系数 μ_j		最低计算速度 $v_{j\min}$	最大牵引力 $F_{j\max}$	供电电流制	受电弓处网压 U_w	牵引电动机额定电压 U_d	计算动轮直径 D_j	计算起动牵引力 F_q	计算起动阻力 w'_q	齿轮传动力 μ_c	最大速度 v_g	机车全长 L_j
t	t	1	运行级位 n_s										
		8	机车有功电流 I_p/A	10.0/59.0	20.0/37.0	30.0/24.3					持续制		77.8
		16		74.0	100.0	150.0	88.0	64.0	50.0	v	57.6	67.3	301.0
		24		25.0/174.0	32.2/212.0	40.0/150.0	50.0/114.0	60.0/93.0	70.0/80.5	I_p	301.0	301.0	301.0
		36					200.0	248.0	301.0	223.0	192.0	140.0	118.0
		外包线	电阻制动力 B_d/kN	一级			27.5/370.6		57.6/301.0	67.3/301.0	77.8/301.0	290.0	258.0	237.0
				二级	129.2	206.2	478.8	27.5/370.6	407.3	457.3	370.8	310.4	81.0/251.0	93.8	41.7
单位基本阻力 w'_0/(N·kN⁻¹)					2.65	2.80	2.99	3.22	3.49	3.81	4.17	4.57	2.01	5.50

表 2-19 SS₈ 型电力机车牵引计算主要数据表

计算质量 P	黏着质量 P_μ	计算黏着系数 μ_j	最低计算速度 $v_{j\min}$	最大牵引力 $F_{j\max}$	供电电流制	受电弓处网压 U_w	牵引电动机额定电压 U_d	计算动轮直径 D_j	计算起动牵引力 F_q	计算起动阻力 w'_q	齿轮传动力 μ_c	最大速度 v_g	机车全长 L_j
t	t	1	km/h	kN	单相电流	V	V	mm	kN	N/kN	1	km/h	m
88		0.24+12/(100+8v)	99.7	127	50 Hz	25 000	1 100	1 200	230.0	5.00	2.484	177	17.5
速度 v/(km·h⁻¹)			0	10	20	30	40	50	60	70	80	90	100
电流限制牵引力			23.0										

续表

计算质量 P	黏着质量 P_μ	计算黏着系数 μ_j	最低计算速度 v_{jmin}	最大牵引力 F_{jmax}	供电电流	受电弓处网压 U_w	牵引电动机额定电压 U_d	计算动轮直径 D_j	计算起动牵引力 F_q	计算起动阻力 w_q'	齿轮传动 μ_c	最大速度 v_g	机车全长 L_j
轮轴牵引力 F/kN	运行级位 n_s	5		75.0	75.0	75.0	75.0	44.0/75.0		75.0/1570	84.0/28.5		
		9		157.0	157.0	157.0	157.0	157.0	157.0			156.0	99.7/127.0
		13		221.7	213.6	205.3	197.1	188.9	180.7	75.0/168.3	84.0/160.9	156.0	99.7/127.0
		17		221.7	213.6	205.3	197.1	188.9	180.7	75.0/168.3	84.0/160.9	156.0	99.7/127.0
		18		221.7	213.6	205.3	197.1	188.9	180.7	75.0/168.3	84.0/160.9		
机车供电电流 I_g/A	运行级位 n_s	5		27.6	38.5	49.5	60.4	44.0/64.8					
		9		59.6	80.5	101.3	122.1	143.0	163.8	75.0/195.0	84.0/34.3		
		13		104.2	123.6	143.0	162.4	181.9	201.0	75.0/230.4	82.0/244.0	88.0/244.0	96.0/204.0
		17		104.2	123.6	143.0	162.4	181.9	201.0	75.0/230.4	82.0/244.0	88.0/244.0	96.0/204.0
		18		104.2	123.6	143.0	162.4	181.9	201.0	75.0/230.4	82.0/244.0	88.0/244.0	96.0/204.0
机车有功电流 I_p/A	运行级位 n_s	5		16.0	25.5	34.0	42.5	44.0/46.0					
		9		43.5	61.0	79.0	96.0	113.5	132.0	75.0/158.3	84.0/28.7		
		13		72.0	88.0	103.5	120.0	136.5	153.0	75.0/177.0	87.0/195.0	98.0/164.0	102.0/169.3
		17		72.0	88.0	103.5	120.0	136.5	153.0	75.0/177.0	87.0/195.0	98.0/164.0	102.0/169.3
		18		72.0	88.0	103.5	120.0	136.5	153.0	75.0/177.0	87.0/195.0	98.0/164.0	102.0/169.3
电阻制动力 B_d/kN				12.0/136.0	136.0	136.0	136.0	136.0	136.0	72.0/136.0	122.0	108.2	98.0
单位基本阻力 w_0'/(N/kN)				1.10	1.26	1.51	1.84	2.26	2.76	3.35	4.03	4.79	5.63

表 2-20　SS₁ 型电力机车最大牵引力数据

速度/(km·h⁻¹)	牵引力/kN	速度/(km·h⁻¹)	牵引力/kN
0	487.4	41.2	363.0
10	415.2	47.9	272.7
13.2	403.9	52.9	246.2
20	387.4	57.4	224.6
26.5	377.0	60	204.0
30	372.7	70	149.1
32.6	369.8	80	115.8
38.5	364.9	90	87.3
40	363.6	95	76.5

表 2-21　SS₃ 型电力机车最大牵引力数据

速度/(km·h⁻¹)	牵引力/kN	速度/(km·h⁻¹)	牵引力/kN
0	487.4	47	359.0
10	415.2	54.5	283.7
20	387.5	60	255.1
30	372.7	66	232.5
31.3	371.3	70	200.1
38.4	364.8	80	142.2
40	363.6	90	113.8
46.3	360.0	100	96.1

表 2-22　SS₃4000 型电力机车最大牵引力数据

速度/(km·h⁻¹)	牵引力/kN	速度/(km·h⁻¹)	牵引力/kN
0	490.0	60	272.0
10	415.2	70	200.9
20	387.4	80	141.0
30	372.7	90	114.5
40	342.0	100	96.0
48	316.7		

表 2-23　SS$_{3B}$型电力机车最大牵引力数据

速度/(km·h^{-1})	牵引力/kN	速度/(km·h^{-1})	牵引力/kN
0	941.8	66.2	474.4
10	829.6	70	401.8
20	773.8	80	279.6
36.0	733.6	90	227.2
40	649.6	100	192.1
48	635.6		

表 2-24　SS$_4$型电力机车最大牵引力数据

速度/(km·h^{-1})	牵引力/kN	速度/(km·h^{-1})	牵引力/kN
0	649.8	51.5	431.6
10	554.0	57	394.8
19.5	517.8	63.6	353.8
20	517.0	73.2	307.8
30	497.0	80	242.5
40	484.4	90	186.5
50	476.5	100	159.9

表 2-25　SS$_4$（改）型电力机车最大牵引力数据

速度/(km·h^{-1})	牵引力/kN	速度/(km·h^{-1})	牵引力/kN
0~2.4	628.0	60	373.0
10	553.5	70	324.0
20	516.5	81.4	280.0
30	496.9	90	218.0
38.2	486.8	100	170.0
51.5	436.5		

表 2-26　SS$_{4B}$型电力机车最大牵引力数据

速度/(km·h^{-1})	牵引力/kN	速度/(km·h^{-1})	牵引力/kN
0	628.0	60	377.5
10	553.5	70	320.2
20	516.5	80	280.9
30	496.9	90	213.5
41.4	482.9	100	174.2
50	450.0		

表 2-27　SS$_6$型电力机车最大牵引力数据

速度/(km·h^{-1})	牵引力/kN	速度/(km·h^{-1})	牵引力/kN
0	485.0	60	281.6
10	415.2	70	241.4
20	387.4	80	208.0
30	372.7	90	165.0
40	363.6	100	132.2
48	351.0		

表 2-28　SS$_{6B}$型电力机车最大牵引力数据

速度/(km·h^{-1})	牵引力/kN	速度/(km·h^{-1})	牵引力/kN
0	485.0	60	280.5
10	415.2	70	241.0
20	387.4	80	211.0
30	372.7	90	160.0
40	363.6	100	143.0
50	337.5		

表 2-29　SS$_1$型电力机车最大牵引力数据

速度/(km·h^{-1})	牵引力/kN	速度/(km·h^{-1})	牵引力/kN
0	487.3	46	359.6
3	460.0	48	353.3
5	440.9	60	282.7
10	415.2	70	242.3
20	387.4	80	212.0
30	372.7	92	179.2
40	363.6	100	84.0

表 2-30　SS$_{7C}$型电力机车最大牵引力数据

速度/(km·h^{-1})	牵引力/kN	速度/(km·h^{-1})	牵引力/kN
0	310.0	76	220.0
10	310.0	80	206.3
25.5	310.0	90	185.3
30	301.1	100	167.6
40	281.9	110	151.4
50	265.7	120	140.0
60	247.6		

表 2-31　SS$_{7D}$、SS$_{7E}$型电力机车最大牵引力数据

速度/(km·h^{-1})	牵引力/kN	速度/(km·h^{-1})	牵引力/kN
0	245.0	50	206.5
10	237.5	60	198.7
20	229.5	70	191.0
30	222.0	80	183.5
40	214.0		

表 2-32　SS$_8$型电力机车最大牵引力数据

速度/(km·h^{-1})	牵引力/kN	速度/(km·h^{-1})	牵引力/kN
0	230.0	99.7	127.0
10	221.7	110	120.0
20	213.6	120	114.0
30	205.3	130	106.0
40	197.1	140	97.0
50	188.9	155	82.0
60	180.7	160	74.1
75	168.3	170	59.0
84	160.9	177	42.0
90	156.0		

表 2-33　SS₉，SS₉（改）型电力机车最大牵引力数据

速度/(km·h⁻¹)	牵引力/kN	速度/(km·h⁻¹)	牵引力/kN
0	286.0	50	243.0
10	286.0	60	232.0
20	275.0	70	222.0
30	264.5	80	211.0
40	254.0		

表 2-34　8 G 型电力机车最大牵引力数据

速度/(km·h⁻¹)	牵引力/kN	速度/(km·h⁻¹)	牵引力/kN
0	649.6	50	471.9
5	590.2	60	381.7
10	560.1	70	322.1
20	526.2	77.8	258.0
30	504.3	90	215.4
40	487.0	100	185.4
49	473.3		

表 2-35　8 K 型电力机车最大牵引力数据

速度/(km·h⁻¹)	牵引力/kN	速度/(km·h⁻¹)	牵引力/kN
0	628.0	48	471.0
2.4	628.0	60	375.0
10	601.8	70	322.0
20	567.4	82	280.0
30	533.0	90	212.0
40	498.5	100	158.0

表 2-36　HXD₁ 型电力机车最大牵引力数据

速度/(km·h⁻¹)	牵引力/kN 23 t	牵引力/kN 25 t	速度/(km·h⁻¹)	牵引力/kN 23 t	牵引力/kN 25 t
0	700.0	760.0	20	652.5	702.9
5	700.0	760.0	30	620.8	664.9
10	684.2	741.0	40	589.1	626.8

续表

速度/(km·h⁻¹)	牵引力/kN		速度/(km·h⁻¹)	牵引力/kN	
	23 t	25 t		23 t	25 t
50	557.4	588.8	90	384.0	384.0
60（23 t）/65（25 t）	525.7	531.7	100	345.6	345.6
70	493.7	493.7	110	314.2	314.2
80	432.0	432.0	120	288.0	288.0

表 2-37　HXD$_{1B}$ 型电力机车最大牵引力数据

速度/(km·h⁻¹)	牵引力/kN	速度/(km·h⁻¹)	牵引力/kN
0	570.0	60	480.9
5	570.0	70	464.7
10	561.9	76	454.7
20	545.7	90	384.0
30	529.5	100	345.6
40	513.5	110	314.2
50	497.7	120	288.0

表 2-38　HXD$_{1C}$ 型电力机车最大牵引力数据

速度/(km·h⁻¹)	牵引力/kN		速度/(km·h⁻¹)	牵引力/kN	
	23 t	25 t		23 t	25 t
0	520.0	570.0	60（23 t）/65（25 t）	393.1	398.8
5	520.0	570.0	70	370.3	370.3
10	508.5	555.8	80	324.0	324.0
20	485.4	525.7	90	288.0	288.0
30	462.3	499.2	100	259.2	259.2
40	439.2	470.8	110	235.6	235.6
50	416.2	442.5	120	216.0	216.0

表 2-39　HXD_{1D} 型电力机车最大牵引力数据

速度/(km·h^{-1})	牵引力/kN	速度/(km·h^{-1})	牵引力/kN
0	420.0	80	324.0
5	420.0	90	288.0
10	413.6	100	259.2
20	400.8	110	235.6
30	388.0	120	216.0
40	375.2	130	199.4
50	362.4	140	185.1
60	349.6	150	172.8
70	336.8	160	162.0

表 2-40　HXD_{1F} 型电力机车最大牵引力数据

速度/(km·h^{-1})	牵引力/kN 27 t	牵引力/kN 30 t	速度/(km·h^{-1})	牵引力/kN 27 t	牵引力/kN 30 t
0	820.0	910.0	55（27 t）/50（30 t）	628.0	691.0
5	820.0	910.0	60	576.0	576.0
10	800.8	885.6	70	493.7	493.7
20	762.4	837.0	80	432.0	432.0
30	724.0	788.3	90	384.0	384.0
40	685.6	739.6	100	345.6	345.6

表 2-41　HXD_2 型电力机车最大牵引力数据

速度/(km·h^{-1})	牵引力/kN	速度/(km·h^{-1})	牵引力/kN
0	760.0	62.4	554.0
5	760.0	70	493.7
10	742.0	80	432.0
20	706.0	90	384.0
30	670.0	100	345.6
40	634.0	110	314.2
50	599.0	120	288.0

表 2-42　HXD$_{2B}$型电力机车最大牵引力数据

速度/(km·h^{-1})	牵引力/kN	速度/(km·h^{-1})	牵引力/kN
0	584.0	76	454.7
10	567.0	80	432.0
20	550.1	90	384.0
30	533.1	100	345.6
40	516.1	110	314.2
50	499.1	120	288.0
60	482.2		

表 2-43　HXD$_{2C}$型电力机车最大牵引力数据

速度/(km·h^{-1})	牵引力/kN 23 t	牵引力/kN 25 t	速度/(km·h^{-1})	牵引力/kN 23 t	牵引力/kN 25 t
0	520.0	570.0	70	370.3	370.3
10	520.0	570.0	80	324.0	324.0
20	495.0	539.1	90	288.0	288.0
30	470.0	508.2	100	259.2	259.2
40	445.0	477.3	110	235.6	235.6
50	420.0	446.4	120	216.0	216.0
60(23t)/65(25t)	395.0	398.8			

表 2-44　HXD$_{2F}$型电力机车最大牵引力数据

速度/(km·h^{-1})	牵引力/kN 27 t	牵引力/kN 30 t	速度/(km·h^{-1})	牵引力/kN 27 t	牵引力/kN 30 t
0	820.0	910.0	50（27 t）/55（30 t）	628.0	691.0
5	820.0	910.0	60	576.0	576.0
10	800.8	885.6	70	493.7	493.7
20	762.4	837.0	80	432.0	432.0
30	724.0	788.3	90	384.0	384.0
40	685.6	739.6	100	345.6	345.6

表 2-45 HXD$_3$型电力机车最大牵引力数据

速度/(km·h^{-1})	牵引力/kN		速度/(km·h^{-1})	牵引力/kN	
	23 t	25 t		23 t	25 t
0	520.0	570.0	70	370.3	
10	520.0	570.0	80	324.30	
20	495.0		90	288.0	
30	470.0		100	259.2	
40	445.0		110	235.6	
50	420.0		120	216.0	
60(23 t) /65(25 t)	395.30				

表 2-46 HXD$_{3A}$型电力机车最大牵引力数据

速度/(km·h^{-1})	牵引力/kN	速度/(km·h^{-1})	牵引力/kN
0	760.0	65	531.7
5	760.0	70	493.7
10	741.0	80	432.0
20	702.9	90	384.0
30	664.9	100	345.6
40	626.8	110	314.2
50	588.8	120	288.0

表 2-47 HXD$_{3B}$型电力机车最大牵引力数据

速度/(km·h^{-1})	牵引力/kN	速度/(km·h^{-1})	牵引力/kN
0	570.0	68.2	506.7
10	560.7	80	432.0
20	551.4	90	384.0
30	542.2	100	345.6
40	532.9	110	314.2
50	523.6	120	288.0
60	514.3		

第二章 列车牵引力

表 2-48　HXD$_{3C}$型电力机车最大牵引力数据

速度/(km·h^{-1})	牵引力/kN	速度/(km·h^{-1})	牵引力/kN
0	520.0	70	329.1
10	520.0	80	288.0
20	491.5	90	256.0
30	462.9	100	230.4
40	434.4	110	209.5
50	405.8	120	192.0
62	371.6		

表 2-49　HXD$_{3D}$型电力机车最大牵引力数据

速度/(km·h^{-1})	牵引力/kN	速度/(km·h^{-1})	牵引力/kN
0	420.0	80	324.0
5	420.0	90	288.0
10	413.6	100	259.2
20	400.8	110	235.6
30	388.0	120	216.0
40	375.2	130	199.4
50	362.4	140	185.1
62	349.6	150	172.8
70	336.8	160	162.0

表 2-50　DF$_4$（货）型内燃机车最大牵引力数据

速度/(km·h^{-1})	牵引力/kN	速度/(km·h^{-1})	牵引力/kN
0	401.7	40	164.8
1.6	401.7	50	131.5
7	365.0	60	108.9
10	356.9	70	92.2
14	350.6	80	78.5
20	344.9	90	65.2
30	216.8	100	53.0

表 2-51 DF$_4$（客）型内燃机车最大牵引力数据

速度/(km·h^{-1})	牵引力/kN	速度/(km·h^{-1})	牵引力/kN
0	346.3	70	93.2
10	346.3	80	81.4
20	346.3	90	71.1
30	210.9	100	61.8
40	163.8	110	52.0
50	132.0	120	44.1
60	109.4		

表 2-52 DF$_{4B}$（货）型内燃机车最大牵引力数据

速度/(km·h^{-1})	牵引力/kN	速度/(km·h^{-1})	牵引力/kN
0	442.2	50	143.0
10	364.8	60	118.3
19	352.6	70	98.0
20	333.0	80	78.0
30	235.4	90	59.7
40	177.7	100	42.0

表 2-53 DF$_{4B}$（客）型内燃机车最大牵引力数据

速度/(km·h^{-1})	牵引力/kN	速度/(km·h^{-1})	牵引力/kN
0	325.3	70	102.1
10	325.3	80	88.7
20	325.3	90	76.6
30	228.8	100	65.3
40	176.9	110	54.8
50	142.3	120	44.8
60	118.8		

表 2-54 DF$_{4C}$（货）型内燃机车最大牵引力数据

速度/(km·h^{-1})	牵引力/kN	速度/(km·h^{-1})	牵引力/kN
0	442.2	20	352.6
10	364.8	21.5	351.6

续表

速度/(km·h^{-1})	牵引力/kN	速度/(km·h^{-1})	牵引力/kN
30	250.0	70	109.0
40	189.0	80	95.5
50	153.0	90	84.2
60	128.0	100	74.9

表 2-55　DF$_{4D}$（货）型内燃机车最大牵引力数据

速度/(km·h^{-1})	牵引力/kN	速度/(km·h^{-1})	牵引力/kN
0	442.2	50	174.8
10	364.8	60	145.8
20	352.6	70	125.0
23.6	350.3	90	97.1
30	347.6	100	87.2
40	217.6		

表 2-56　DF$_{4D}$（客）型内燃机车最大牵引力数据

速度/(km·h^{-1})	牵引力/kN	速度/(km·h^{-1})	牵引力/kN
0	302.6	70	124.3
10	302.6	80	109.3
20	302.6	90	97.2
25.8	302.6	100	87.4
30	302.6	110	79.6
40	209.4	120	72.9
50	172.1	130	67.3
60	144.3	140	62.5

表 2-57　DF$_{4DF}$型内燃机车最大牵引力数据

速度/(km·h^{-1})	牵引力/kN	速度/(km·h^{-1})	牵引力/kN
0	378.0	70	101.5
10	378.0	80	89.3
20	378.0	90	79.4
30	215.9	100	71.4
40	169.5	110	65.1
50	140.1	120	59.6
60	117.7		

表 2-58　DF$_{4E}$型内燃机车最大牵引力数据

速度/(km·h^{-1})	牵引力/kN	速度/(km·h^{-1})	牵引力/kN
0	884.4	50	286.0
10	729.6	60	236.6
19	707.0	70	196.0
20	705.2	80	156.0
30	470.8	90	119.4
40	355.4	100	84.0

表 2-59　DF$_{7D}$型内燃机车最大牵引力数据

速度/(km·h^{-1})	牵引力/kN	速度/(km·h^{-1})	牵引力/kN
0	846.0	50	204.0
10	697.8	60	170.4
13.7	686.0	70	146.4
20	674.4	80	125.8
30	341.8	90	106.4
40	253.0	100	82.0

表 2-60　DF$_8$型内燃机车最大牵引力数据

速度/(km·h^{-1})	牵引力/kN	速度/(km·h^{-1})	牵引力/kN
0	442.2	50	194.3
10	364.8	60	163.0
20	352.5	70	141.9
27.6	348.5	80	125.0
30	347.6	90	106.5
40	243.2	100	81.7

表 2-61　DF$_{8B}$型内燃机车最大牵引力数据

速度/(km·h^{-1})	牵引力/kN	速度/(km·h^{-1})	牵引力/kN
0	480.7	50	215.0
10	396.5	60	180.7
18	384.9	70	155.5
20	383.2	80	136.3
27.6	378.8	90	121.2
40	268.7	100	97.9

第二章 列车牵引力

表 2-62 DF$_{1F}$型内燃机车最大牵引力数据

速度/(km·h^{-1})	牵引力/kN	速度/(km·h^{-1})	牵引力/kN
0	605.0	80	164.2
10	605.0	90	145.8
20	605.0	100	131.2
30	409.3	110	119.4
40	318.6	120	109.3
50	259.9	130	100.7
60	217.7	140	93.4
70	187.1		

表 2-63 DF$_{11}$型内燃机车最大牵引力数据

速度/(km·h^{-1})	牵引力/kN	速度/(km·h^{-1})	牵引力/kN
0	253.0	90	118.6
10	253.0	100	106.8
20	253.0	110	96.9
30	253.0	120	88.3
38.5	253.0	130	81.0
40	245.1	140	74.6
50	203.1	150	68.9
60	173.2	160	63.9
70	150.6	170	59.4
80	132.9		

表 2-64 DF$_{11G}$型内燃机车最大牵引力数据

速度/(km·h^{-1})	牵引力/kN	速度/(km·h^{-1})	牵引力/kN
0	386.0	52.4	386.0
10	386.0	60	342.0
20	386.0	70	296.9
30	386.0	80	261.2
40	386.0	90	233.3
50	386.0	100	210.1

续表

速度/(km·h^{-1})	牵引力/kN	速度/(km·h^{-1})	牵引力/kN
110	190.4	150	137.4
120	174.0	160	126.3
130	159.9	170	116.4
140	147.7		

表 2-65　DF$_{11z}$型内燃机车最大牵引力数据

速度/(km·h^{-1})	牵引力/kN	速度/(km·h^{-1})	牵引力/kN
0	490.0	80	265.8
10	490.0	90	236.2
20	490.0	100	212.4
30	490.0	110	191.0
40	490.0	120	174.5
41.4	490.0	130	160.4
50	413.3	140	148.2
60	349.8	150	137.5
70	301.8	160	128.1

表 2-66　ND$_5$型内燃机车最大牵引力数据

速度/(km·h^{-1})	牵引力/kN	速度/(km·h^{-1})	牵引力/kN
0	439.7	60	147.1
10	425.3	70	127.0
30	253.0	120	88.3
38.5	253.0	130	81.0
40	245.1	140	74.6
50	203.1	150	68.9
60	173.2	160	63.9
70	150.6	170	59.4
80	132.9	120	70.1

表 2-67　SS₄型电力机车最大牵引力数据表

速度/(km·h⁻¹)	牵引力/kN	速度/(km·h⁻¹)	牵引力/kN
0	649.8	52	428.7
2	628.8	54	420.1
4	607.5	56	404.3
6	587.4	57	394.8
8	568.1	58	388.3
10	554.0	60	373.3
12	543.2	62	363.2
14	534.9	63.6	353.8
16	528.1	64	351.9
18	523.1	66	311.7
19.5	517.8	68	331.6
20	517.0	70	322.5
22	513.4	72	313.4
24	508.4	73.2	307.8
26	504.3	74	299.8
28	501.3	76	281.3
30	497.0	78	260.9
32	495.9	80	242.5
34	492.7	82	228.4
36	490.5	84	216.1
38	488.0	86	203.9
40	484.8	88	195.4
42	484.0	90	186.5
44	482.6	92	179.6
46	481.1	94	172.8
48	479.2	96	167.4
50	476.5	98	164.0
51.5	431.6	100	159.9

注：表中部分非 2 km/h 整数倍的速度是根据《牵规》附录中给定的数据补充的。

2.4 牵引力计算的线性插值法

由电力或者内燃机车牵引特性可知，机车牵引力的取值与列车运行速度和操纵柄位（或者柴油机转速）有关。由于牵引特性曲线大多是采用离散法输入的，如任意点上列车速度对应的取值需要进行计算，在具体计算牵引力的过程中，《牵规》上对于手柄位的描述也是不连续的，因此需要根据已有牵引特性数据，对中间手柄位以及中间速度位的牵引力数据采用线性插值法计算。

例如，表 2-15 中，SS_1 型电力机车的牵引特性数据，运行级位为 27 的牵引力数据需要插值计算；运行级位为 29 并且速度为 45 km/h 的牵引力数据需要插值计算。图 2-6 所示为机车牵引力的线性插值计算示意图。

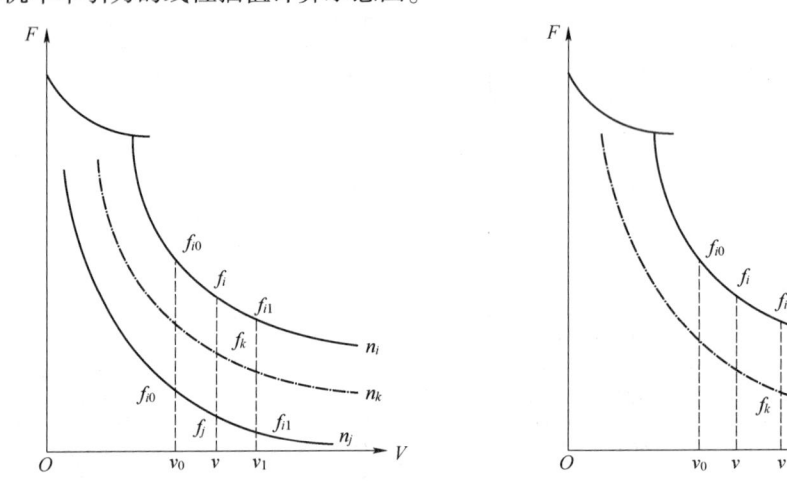

图 2-6　机车牵引力的线性插值计算

根据机车牵引特性曲线图查出距离该手柄位 n_k 与速度 v 最近的四组数据 (f_{i0}, v_0)、(f_{j0}, v_0)、(f_{i1}, v_1)、(f_{j1}, v_1)，根据线性插值法计算相应的牵引力 f_k，计算公式如下：

$$\begin{cases} f_i = f_{i1} + \dfrac{(f_{i0}-f_{i1}) \cdot (v-v_1)}{v_0-v_1} \\ f_j = f_{j1} + \dfrac{(f_{j0}-f_{j1}) \cdot (v-v_1)}{v_0-v_1} \\ f_k = f_j + \dfrac{(f_i-f_j) \cdot (n_k-n_j)}{n_i-n_j} \end{cases} \quad (2-14)$$

对于仅提供最大手柄位的机车牵引特性曲线图或是计算手柄位比机车牵引特性曲线图提供的最小手柄位还小的情况，需要根据单条牵引力曲线计算，计算公式如下：

$$\begin{cases} f_i = f_{i1} + \dfrac{(f_{i0}-f_{i1}) \cdot (v_1-v)}{v_1-v_0} \\ f_k = f_i \cdot \dfrac{n_k}{n_i} \end{cases} \quad (2-15)$$

与列车牵引力的计算相似，机车动力制动力与能耗在计算时同样根据《牵规》提供的机车动力制动曲线与能耗曲线。由于机车动力制动曲线与能耗曲线都是采用离散法输入的，且手柄位的描述也是不连续的，因此机车动力制动力与能耗也需要通过线性插值计算，具体计算方法可参看机车牵引力的线性插值计算。

例2-4 机车牵引力的插值计算

求 DF_4（货）型内燃机车以手柄位 14 位、速度 51 km/h 运行时的牵引力。

解：查表 2-5，根据式（2-14）

$$\begin{cases} f_i = f_{i1} + \dfrac{(f_{i0}-f_{i1}) \cdot (v-v_1)}{v_0-v_1} \\ f_j = f_{j1} + \dfrac{(f_{j0}-f_{j1}) \cdot (v-v_1)}{v_0-v_1} \\ f_k = f_j + \dfrac{(f_i-f_j) \cdot (n_k-n_j)}{n_i-n_j} \end{cases}$$

DF_4（货）型内燃机车，手柄位 12 位、速度 50 km/h 运行时的牵引力 82.9 kN；

手柄位 12 位、速度 60 km/h 运行时的牵引力 68.7 kN；

手柄位 15 位、速度 50 km/h 运行时的牵引力 115.8 kN；

手柄位 15 位、速度 50 km/h 运行时的牵引力 96.6 kN。

DF_4（货）型内燃机车手柄位 12 位、速度 51 km/h 运行时的牵引力：

$F = 68.7+(82.9-68.7)\times(60-51)/(60-50) = 81.48(kN)$。

DF_4（货）型内燃机车手柄位 15 位、速度 51 km/h 运行时的牵引力：

$F = 96.6+(115.8-96.6)\times(60-51)/(60-50) = 113.88(kN)$。

可以计算出 DF_4（货）型内燃机车以手柄位 13 位、速度 51 km/h 运行时的牵引力：

$F = 81.48+(113.8-81.48)\times(14-12)/(15-12) = 103.08(kN)$。

思考题

一、简答题

1. 简述机车牵引力的定义及形成过程。
2. 车钩牵引力与轮轴牵引力之间有什么区别与联系？
3. 解释"黏着"的含义。

第三章 列车运行阻力

> **主要内容**
>
> 本章首先介绍了列车运行阻力的概念，概述了机车、车辆及列车阻力的构成与分类和计算方法。分析了基本阻力的构成因素及其形成原因，给出了基本阻力的计算公式。探讨了起动阻力的特点，介绍了起动阻力的计算方法。本章推导了坡道、曲线、隧道三种附加阻力的计算公式，并设计了考虑列车长度的计算附加阻力的模型。

> **学习重点**
>
> 1. 列车基本阻力的组成和计算。
> 2. 列车附加阻力及各种附加阻力的计算。
> 3. 列车起动阻力的计算。
> 4. 考虑列车长度的加算坡道阻力计算。

3.1 概 述

列车运行时，作用在列车上的阻止列车运行且不受人力操纵的外力，称为列车运行阻力，简称列车阻力，以 w 表示。

列车阻力 w 是由机车阻力 w' 和车辆阻力 w'' 组成的：

$$w = w' + w'' \tag{3-1}$$

列车运行阻力，按其产生的原因，可分为基本阻力和附加阻力。

基本阻力是列车在空旷地段沿平直轨道运行时所遇到的阻力，是列车在运行中任何情况下永远都存在的阻力，通常以阻力符号加下标"o"来表示，如 w'_0、w''_0 分别表示机车基本阻力和车辆基本阻力。当列车在平直道上运行时，只有运行基本阻力；当列车在平直道上起动时，只有起动基本阻力。

附加阻力是列车在线路上运行时受到的额外阻力。在坡道上运行时有坡道附加阻力，以下标"i"表示；在曲线上运行时有曲线附加阻力，加下标"r"表示；在隧道内运行时有隧道附加阻力，加下标"s"表示。附加阻力由列车运行的线路平、纵断面情况而定。阻力方向与列车运行方向相反。

试验表明，作用在机车、车辆上的阻力与其重量成正比，故在牵引计算中将以 N 计的阻力与以 kN 计的重力之比称为单位阻力，用小写英文字母"w"表示，单位为 N/kN，取至两位小数。它乘以机车或车辆重量，即得机车、车辆或列车所受总阻力 w。根据以上符号说明，即 w' 代表机车单位阻力，w'' 代表车辆单位阻力，w'_0 代表机车单位基本阻力，w''_0 代表车辆单位基本阻力，w_i 代表列车坡道附加单位阻力，w_r 代表列车曲线附加单位阻力，w_s 代表列车隧道附加单位阻力。

$$机车单位阻力\ w' = \frac{w' \cdot 10^3}{P \cdot g} \ (\text{N/kN}) \tag{3-2}$$

$$车辆单位阻力\ w'' = \frac{w'' \cdot 10^3}{G \cdot g} \ (\text{N/kN}) \tag{3-3}$$

$$列车单位阻力\ w = \frac{w \cdot 10^3}{(\sum P + G) \cdot g} = \frac{w' + w'' \cdot 10^3}{(\sum P + G) \cdot g} \ (\text{N/kN}) \tag{3-4}$$

式中：P——机车计算质量，t；

G——牵引质量，t。

3.2 基本阻力

3.2.1 基本阻力的分析

基本阻力是牵引计算中常用的重要参数之一。引起基本阻力的因素很多。其中最主要的是机车、车辆各零部件之间，机车、车辆表面与空气之间，以及车轮与钢轨之间的摩擦和冲击。归纳起来，列车的基本阻力由机械阻力和气动阻力（空气阻力）组成，具体包括以下5个组成要素。

1. 轴承阻力

轴承阻力是由车辆轴承摩擦产生的机车车辆运行阻力。轮对滚动时，轴颈和滑动轴承之间发生相对运动，接触面处将产生摩擦力，其值等于轴荷重 Q_i 与摩擦系数 φ 的乘积，如图 3-1 所示。摩擦力 $Q_i \cdot \varphi$ 对轮轴中心所形成的力矩 $Q_i \cdot \varphi \cdot r$（$r$ 为轴颈半径）将阻碍车轮围绕轴心旋转，但这仅是内力作用，该力对列车运行的阻碍作用只有通过它引起的外力才能体现出来，这个外力仍然是由钢轨产生的。

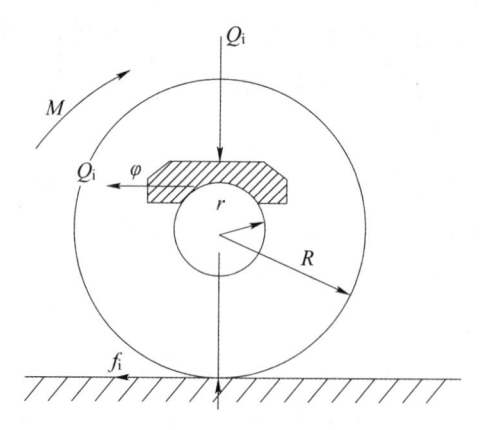

图 3-1　轴承阻力示意图

由图 3-1 可见，由于轴荷重的作用，轮轨间存在着黏着力，列车运行时，车辆的轮对正是由于黏着作用才得以在轨面上滚动，而力 $Q_i \cdot \varphi \cdot r$ 阻碍车轮的旋转，试图使轮对在轨面上滑动，于是产生车轮给钢轨的向前的作用力，从而引起钢轨给车轮的反作用力 f_i。对于列车来说，这是个外力，也就是由 T 轴颈和轴承的摩擦作用而产生的那部分列车运行阻力，其值可由车轮转动一周中所消耗的牵引力相等的条件确定。即：

$$f_i \cdot 2\pi R = Q_i \cdot \varphi \cdot 2\pi r$$

$$f_i = Q_i \cdot \frac{r}{R} \cdot \varphi \tag{3-5}$$

式中：R——车轮半径；

r——轴颈半径；

Q_i——轴荷重；

φ——轴承摩擦系数。

从上式可见，由轴颈与轴承之间的摩擦产生的机车车辆运行阻力与轴荷重、摩擦系数、轴颈半径、车轮半径有关。对于一定的车辆，其构造参数不变，即轴颈及车轮直径都是常数，轴荷重取决于车辆的轴数和总重（自重加载重）。客车变化不大，货车因为空车和重车时总重差别很大，故对阻力有较大的影响。摩擦系数则是变化比较复杂的参数，它受以下几个因素的影响。

（1）轴承类型

滚动轴承摩擦系数比滑动轴承小得多（一般相差 3~5 倍），而且随速度的变化曲线较滑动轴承更为平缓。因而，改用滚动轴承是减少货物列车基本阻力的首要措施。

（2）润滑油的影响

润滑油黏度小时，摩擦系数较小；黏度大时，摩擦系数加大。为了减少轴承摩擦阻力及保证润滑油必需的黏度和流动性，机车车辆在冬、夏季应使用不同标准的润滑油或采用高性能的通用油。

（3）轮对转速或列车运行速度

轴承间在干摩擦和半干摩擦状态下的摩擦系数，比完全润滑状态下的数值大。列车起动时油膜很薄，油温较低，轴承间处于干摩擦和半干摩擦状态，故摩擦系数很大。只要轴颈一转动，油被带到摩擦面，轴承间的干摩擦和半干摩擦状态即被液体润滑状态所代替，摩擦系数 φ 急剧下降。但是，在液体润滑状态，随着相对运动速度的增加，润滑油层变厚，摩擦系数 φ 增大。对滚动轴承来说，也会因速度增加，滚子与轴承座、轴承座与轴箱间的振动加剧等，摩擦系数 φ 也随着增大。这是机车车辆基本阻力随速度的增加而增大的原因之一。

2. 滚动阻力

滚动阻力是车轮在钢轨上滚动摩擦所产生的机车车辆运行阻力。钢轨并非绝对刚体。车轮压在轨面上时，轨面产生少许凹面变形。

变形程度与轴重、钢轨刚度及表面硬度、轨枕种类和铺设密度、道床质量及列车停留时间的长短有关。车轮在轨面滚动时，轨面因被碾压而产生弹性波。这种弹性波受到车轮的推动，向前移动。此时，钢轨反作用于车轮踏面的施力点向前移动距离 m 而至 A 点，将此法向反力移到车轮中心，并分为两个分力，如图 3-2 所示。其中一个分力 δ 起着阻碍列车运行的作用，消耗一部分牵引力。δ 即为车轮在钢轨上滚动而引起的列车运行阻力。

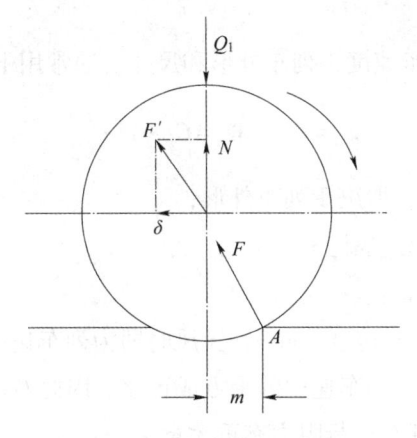

图 3-2　滚动阻力示意图

3. 滑动阻力

滑动阻力是车轮与钢轨的滑动摩擦所产生的机车车辆运行阻力。车轮在钢轨上滚动时，由于下述原因还发生少量滑动。

(1) 车轮踏面与轨面各接触点的直径不相等。车轮踏面是圆锥形的，由于轮轨间的挤压变形，它们是面接触的，即车轮以各种不同的直径与钢轨接触。但车轮滚动一周在钢轨上只能运行同一个距离，因此车轮只有一个直径处是纯滚动的，其他直径处在滚动的同时必然有滑动，以适应这一个共同的运行距离。另外，由于车轮的圆锥形踏面引起机车车辆的蛇行运动，这又产生了车轮在钢轨上的横向摩擦及车轮轮缘与钢轨侧面的摩擦。

(2) 同一轮对的两个车轮直径不同。因轮对加工误差或磨损的不同而产生同一轮对的两个车轮直径不同的现象，在滚动的同时也将引起滑动。

（3）轮对组装不正确，也会引起车轮在钢轨上发生纵向和横向滑动。这些摩擦将消耗机车的牵引力，也是列车运行阻力的一部分。

4. 冲击和振动阻力

列车运行时，钢轨接缝、轨道不平直、钢轨擦伤等会引起轮轨间的冲击和机车车辆振动的加剧。同时，机车、车辆间也存在着纵向和横向的冲击和振动。所有这些都将使列车的动能减少，消耗机车或动车牵引力。因此，冲击和振动也是列车运行阻力的一部分。

显然，这部分阻力受线路质量（轨缝多少，钢轨是否平直与良好）及机、车辆状态等因素的影响。随着速度的增加，这些影响也随着增大，因此，改善线路结构对实现铁路高速重载运输具有重要意义，其中最重要的措施是使用焊接长钢轨，最好采用无缝线路。据计算，对轴重 21 t 的货车，如果以 50 m 长钢轨代替 12.5 m 钢轨，在列车速度为 60 km/h 时，基本阻力可减少 2.7%；速度为 70 km/h 时，基本阻力可减少 4.3%。无缝线路可降低基本阻力的 4%~16%。

5. 空气阻力

列车运行时与周围空气发生相对运动。列车前面的空气被压缩和赶开，尾部则产生真空和涡流，上下左右的外表面则与空气摩擦。这些都成为列车运行的阻力，称为空气阻力。

空气阻力 W_a 取决于列车速度、列车外形和尺寸。通常用下式表示：

$$W_a = C_x \cdot W_a = C_x \cdot \Omega \cdot \frac{\rho v^2}{2} \tag{3-6}$$

式中：C_x——空气阻力系数，取决于列车外形；

Ω——列车最大截面积，m^2；

ρ——空气密度，kg/m^3；

v——列车与空气的相对速度，m/s，无风时即为列车速度。

由上式可见，空气阻力与列车速度的平方成正比。因此对高速列车来说，采用流线型车体以降低 C_x 值，对减小列车运行阻力有重大意义。

上述 5 种阻力随着列车速度的大小而有不同的变化。列车起动时，几乎没有空气阻力；低速运行时，轴承阻力占较大的比例；速度提高后，轮轨间滑动阻力、冲击振动阻力、空气阻力占的比例逐渐加大；高速时（200 km/h 以上），列车基本阻力则以空气阻力为主。

3.2.2 基本阻力的计算

列车运行中影响基本阻力的因素极为复杂，包括轴承类型、轴颈与轴承所承受的单位压力、润滑油性质、轮对转速、轴重、轮轨材料性质、车轮半径、线路质量、车轮踏面形状和误差以及列车外形与尺寸等，在实际运用中难以用理论公式来计算。因此，通常使用由大量试验综合出的经验公式进行计算。这些单位基本阻力的计算公式都采用以速度为自变量的一元二次方程进行描述。单位基本阻力：

$$w_0 = A + B \cdot v + C \cdot v^2 \tag{3-7}$$

式中：v 为列车运行速度，km/h；A、B、C 是由试验确定的，随机车车辆类型而异。我国的基本阻力公式是在运行速度不小于 10 km/h、外温不低于 $-10°C$、风速不大于 5 m/s 的条件下试验得出的。

1. 货车单位基本阻力的计算公式

中国货车车型繁多，不同类型的车辆，由于外形、尺寸、轴承、转向架结构以及自重、载重等因素的不同，单位基本阻力也不相同。

《牵规》规定的我国铁路货车的单位基本阻力计算公式如下：

滚动轴承货车（重车）
$$w_0'' = 0.92 + 0.004\ 8v + 0.000\ 125v^2 \tag{3-8}$$

滑动轴承货车（重车）
$$w_0'' = 1.07 + 0.001\ 1v + 0.000\ 236v^2 \tag{3-9}$$

油罐重车专列（重车）
$$w_0'' = 0.53 + 0.012\ 1v + 0.000\ 080v^2 \tag{3-10}$$

空货车（不分类型）
$$w_0'' = 2.23 + 0.005\ 3v + 0.000\ 675v^2 \tag{3-11}$$

《牵规》规定：油罐车与其他货车混编时，按滚动轴承货车基本阻力公式计算。

对于混编货物列车，可根据其所占比例，按重量加权平均的方法求得其车辆的单位基本阻力 w_0''，具体公式如下：

$$w_0'' = \frac{\sum (w_{0i}'' \cdot G_i \cdot g)}{\sum (G_i \cdot g)} \tag{3-12}$$

式中：w_{0i}''——某种货车（滚承重车、滑承重车、空货车）的单位基本阻力，N/kN。

2. 客车单位基本阻力的计算公式

客车在运用中载重量变化不太大，而且中国铁路干线客车已全是滚动轴承，所以客车不分空车、重车，也没有滚承、滑承之分。按《牵规》，客车的单位基本阻力公式如下：

21、22 型客车（120 km/h）
$$w_0'' = 1.66 + 0.007\ 5v + 0.000\ 155v^2 \tag{3-13}$$

25S、25G 型客车（140 km/h）
$$w_0'' = 1.82 + 0.010\ 0v + 0.000\ 145v^2 \tag{3-14}$$

快速单层客车（160 km/h）
$$w_0'' = 1.61 + 0.004\ 0v + 0.000\ 187v^2 \tag{3-15}$$

双层客车（160 km/h）
$$w_0'' = 1.24 + 0.003\ 5v + 0.000\ 157v^2 \tag{3-16}$$

3. 机车单位基本阻力公式

（1）电力机车

各型电力机车单位基本阻力按式（3-7）计算，各次项系数如表 3-1 所示。

表 3–1　各型电力机车单位基本阻力公式系数表

机型	A	B	C
SS$_1$、SS$_3$、SS$_4$、SS$_4$（改）	2.25	0.019 0	0.000 320
SS$_{4B}$	2.16	0.001 2	0.000 401
SS$_3$4000、SS$_{3B}$、SS$_6$、SS$_{6B}$	1.89	0.002 9	0.000 396
SS$_7$	1.40	0.003 8	0.000 348
SS$_{7C}$	1.44	0.009 9	0.000 298
SS$_{7D}$、SS$_{7E}$	1.23	0.017 9	0.000 233
SS$_8$	1.02	0.003 5	0.000 426
SS$_9$、SS$_9$（改）	1.75	0.023 4	0.000 184
8G、8K	2.55	0.008 9	0.000 212
HXD$_1$（轴重 23 t）、HXD$_1$（轴重 25 t）、HXD$_{1B}$、HXD$_{1C}$（轴重 23 t）、HXD$_{1C}$（轴重 25 t）、HXD$_2$、HXD$_{2B}$、HXD$_{2C}$（轴重 23 t）、HXD$_{2C}$（轴重 25 t）、HXD$_3$（轴重 23 t）HXD$_3$（轴重 25t）、HXD$_{3A}$（轴重 25 t）、HXD$_{3B}$、HXD$_{3C}$、HXD$_{3CA}$	1.20	0.006 5	0.000 279
HXD$_{1D}$、HXD$_{3D}$	1.48	0.001 8	0.000 304
HXD$_{1F}$（轴重 27 t）、HXD$_{2F}$（轴重 27 t）、HXD$_{1F}$（轴重 30 t）、HXD$_{2F}$（轴重 30 t）	1.61	0.017 7	0.000 192

（2）内燃机车

各型电力机车单位基本阻力按式（3–7）计算，各次项系数如表 3–2 所示。

表 3–2　各型内燃机车单位基本阻力公式系数

机型	A	B	C
DF$_4$（货、客）、DF$_{4B}$（货、客）、DF$_{4C}$（货）、DF$_{4D}$（货、客）、DF$_{4DF}$、DF$_{4E}$、DF$_{7D}$、DF$_{10F}$	2.28	0.029 3	0.000 178
DF$_8$、DF$_{8B}$、DF$_{8B}$（高原）	2.40	0.002 2	0.000 391
DF$_{11}$、DF$_{4D}$（准高速）	0.86	0.005 4	0.000 218
DF$_{11G}$、DF$_{11Z}$	1.16	0.008 9	0.000 160
ND$_5$	1.31	0.016 7	0.000 391

续表

机型	A	B	C
NJ₂	1.87	0.005 2	0.000 344
HXN₃	0.82	0.002 6	0.000 499
HXN₁	0.95	0.002 3	0.000 497

应用以上机车车辆单位基本阻力公式时应注意以下问题。

①基本阻力的试验都是在运行速度不小于 10 km/h、外温不低于 -10℃、风速不大于 5 m/s 的条件下进行的。因此，当气候条件发生变化时，计算结果与实际情况有不同程度的误差。计算公式也不适用于速度较低、轴况较特殊的调车作业。

②低速运行时列车阻力变化比较复杂，所以当 $v \leq 10$ km/h 时，基本阻力按 $v = 10$ km/h 计算。

③装载轻浮货物的车辆，凡不足标记载重 50% 的可按空车计算，达到标记载重 50% 及其以上的可按重车计算单位基本阻力。

④对于高速列车及无缝长钢轨的线路，阻力公式应相应改变。

不同类型车辆在不同速度 v 下运行的单位基本阻力如表 3-3 所示。图 3-3 描述了货车单位基本阻力与列车运行速度的关系。很明显，各种类型车辆的单位基本阻力都是随着速度 v 的增加而增大。空货车的单位基本阻力最大，其数值明显比客车和货车重车的单位基本阻力大，并且随速度的增长也是最快的。货车重车的单位基本阻力最小。

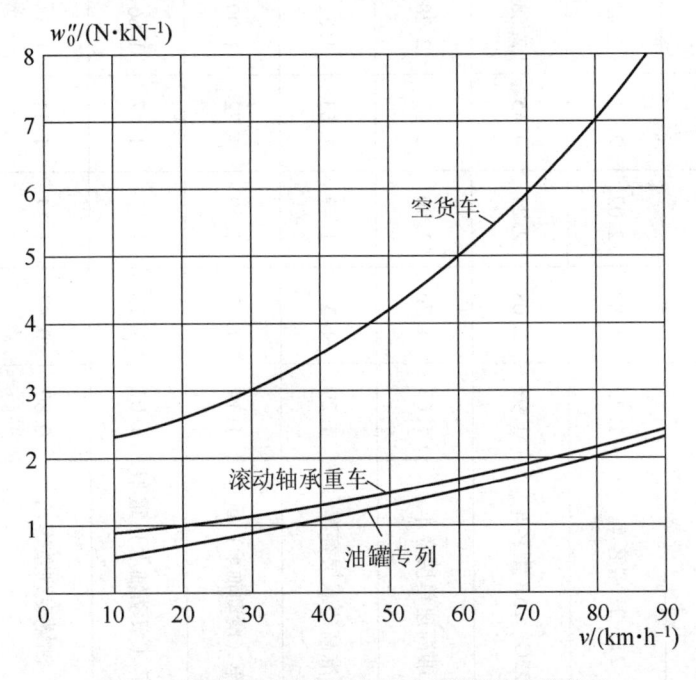

图 3-3 货车单位基本阻力与列车运行速度的关系

表3-3 车辆运行单位基本阻力数值表

型号	速度 $v/(\text{km}\cdot\text{h}^{-1})$															
	10	20	30	40	50	60	70	80	90	100	110	120	130	140	150	160
21、22型客车	1.75	1.87	2.02	2.21	2.42	2.67	2.94	3.25	3.59	3.96	4.36	4.79				
25G、25B型客车	1.93	2.08	2.25	4.45	2.68	2.94	3.23	3.55	3.89	4.27	4.67	5.11	5.57	6.06		
准高速单层客车	1.67	1.76	1.90	2.07	2.28	2.52	2.81	3.13	3.48	3.88	4.13	4.78	5.29	5.84	6.42	7.04
准高速双层客车	1.29	1.37	1.49	1.63	1.81	2.02	2.25	2.52	2.83	3.16	3.52	3.92	4.35	4.81	5.30	5.82
货车（滑动轴承）重车	1.19	1.32	1.49	1.72	1.99	2.30	2.67									
货车（滚动轴承）重车	1.07	1.18	1.31	1.47	1.66	1.87	2.10	2.36								
油罐专列重车	0.80	0.97	1.14	1.34	1.54	1.77	2.01	2.27								
货车空车	2.61	3.00	3.52	4.18	4.98	5.91	6.97	8.17								

3.3 起动阻力

列车起动时，机车车辆处于由静态到动态转变的过程中，与运行中有着很大区别，因此起动时的基本阻力不同于运行中的基本阻力。列车起动基本阻力是只在机车车辆起动时才存在的基本阻力，用 W_q 表示。

机车、车辆停下时，轴颈与轴承之间的润滑油被挤出。油膜减薄的同时，轴箱内温度降低，油的黏度增大，故起动时，轴颈与轴承的摩擦阻力增大。此外，车轮压在钢轨上产生凹形变形比运行时大，增加了滚动阻力。同时，列车起动时，要求有较大的加速度以克服列车的惯性，使得列车由静止状态转变为运动状态，并尽快加速。这个列车静态惯性力也包括在列车起动的基本阻力之中，因此，这也是起动阻力大得多的原因之一。

根据试验结果，我国《牵规》规定，列车的起动阻力采用如下方式计算（式中已包括起动时的基本阻力及起动附加阻力）。

（1）机车起动的单位基本阻力 w'_q

电力、内燃机车取 5 N/kN。

（2）货车起动的单位基本阻力 W''_q

货物列车起动时，一般不是所有车辆同时起动，而是由前向后逐辆起动。列车在上坡道起动时，坡道越大，"压缩车钩、逐辆起动"越困难，起动阻力也就越大，因此计算起动阻力需要考虑起动地点坡度的大小。

滑动轴承货车起动单位基本阻力 W''_q，按下式计算：

$$W''_q = 3 + 0.4 i_q \tag{3-17}$$

式中：i_q——起动地段的加算坡度，‰。

滑动轴承货车起动的单位基本阻力，当计算结果小于 5 N/kN 时，按 5 N/kN 计算。滚动轴承货车起动单位基本阻力 w''_0，取 3.5 N/kN。

需要提示的是，上述单位起动阻力的取值是在牵引计算中按起动地段计算牵引质量或者校验列车能否在停车地点起动时应用的。在计算列车运行时分，当列车速度低于 10 km/h 的时候，依然按照 10 km/h 的单位基本阻力计算。

3.4 附加阻力

当列车运行在坡道、曲线、隧道上时，列车运行阻力除了基本阻力，还有附加阻力。附加阻力决定于线路情况（坡道、曲线、隧道）及气候条件（大风、严寒等）。气候条件引起的附加阻力目前尚无可靠计算方法，因此，附加阻力仅计算坡道附加阻力、曲线附加阻力、隧道空气附加阻力。

附加阻力与基本阻力不同，受机车车辆类型的影响很小，主要取决于运行的线路条件。因此，附加阻力不分机车、车辆，而是按列车计算。

3.4.1 坡道附加阻力

列车在坡道上运行时,其重力产生垂直于轨道的与平行于轨道的两个分力。垂直于轨道的分力被轨道的反力平衡,平行于轨道的分力即列车坡道附加阻力。列车上坡时,坡道附加阻力与列车运行方向相反,阻力是正值;列车下坡时,坡道附加阻力与列车运行方向相同,阻力是负值(起的是负作用,变成了坡道下滑力)。坡道附加阻力就是列车重力沿轨道方向的分力。可以从理论上证明,列车的单位坡道阻力在数值上恰好是坡度的千分数。坡道附加阻力计算公式推导如下。

通常,线路坡道的坡度是以坡段终点对起点的高度差与两点间水平距离的比值计算,以 $i\%$ 表示,取至二位小数。

图 3-4 为一列车运行在上坡道的示意图。设列车受到的总重力为 $(\sum p + G) \cdot g$,平行于轨道的分力为坡道附加阻力 W_i。

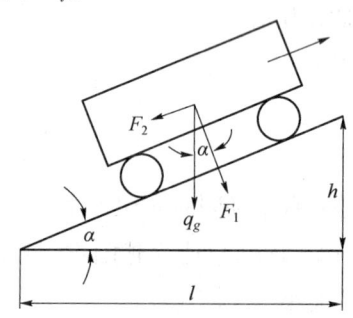

图 3-4 坡道附加阻力示意图

由几何关系可得:

$$\frac{W_i}{(\sum P + G) \cdot g} = \sin\alpha \tag{3-18}$$

则

$$W_i = (\sum p + G) \cdot g \cdot \sin\alpha \ (\text{kN})$$

坡道附加单位阻力的计算公式如下:

$$W_i = \frac{W_i \cdot 10^3}{(\sum p + G) \cdot g} = 1\,000 \cdot \sin\alpha (\text{N/kN}) \tag{3-19}$$

由于铁路线路坡段的 α 角一般都很小(线路坡度 $i = 34.9‰$ 时,$\alpha = 2°$),即 $\sin\alpha \approx \tan\alpha$。而线路坡度的千分数为:

$$i = \frac{h}{i} \cdot 1\,000 = 1\,000 \cdot \tan\alpha \tag{3-20}$$

于是得到坡道附加单位阻力的计算公式:

$$w_i = 1\,000 \cdot \sin\alpha \approx 1\,000 \cdot \tan\alpha = i(\text{N/kN})$$

式中:i——坡度值,‰;上坡为正,下坡为负。

可见机车、车辆的坡道附加单位阻力 w_i，在数值上等于该坡道的坡度千分数 i。例如上坡 $i = 4.2$ 时，单位坡道阻力 $w_i = 4.2$（N/kN）；若为下坡道，即 $i = -4.2$，则 $w_i = -4.2$（N/kN）。

3.4.2　曲线附加阻力

1. 引起曲线附加阻力的因素

列车在曲线上运行比在直线上运行的阻力大，增大的部分称为曲线附加阻力。引起曲线附加阻力的因素主要为：

①有些车轮轮缘压向外侧钢轨，有些车轮轮缘压向内侧钢轨，使轮缘与钢轨之间产生额外摩擦。

②在离（向）心力的作用下，车轮向外（内）侧移动，轮轨间产生额外横向滑动。

③由于曲线上内外轨长度不同，同一轴上的内、外股钢轨上的两车轮的滚动半径不同，增加了车轮与钢轨间的纵向滑动。

④进入曲线后，转向架围绕心盘转动时，上下心盘之间产生摩擦，轴瓦与轴颈之间摩擦加剧。

由这些原因增加的阻力与曲线半径、列车运行速度、外轨超高、轨距加宽量、机车车辆的固定轴距和轴荷载等许多因素有关。难以用理论公式计算，通常采用试验方法得出以曲线半径 R 为函数的试验公式。

2. 曲线附加阻力的计算

曲线附加阻力 w_r 是曲线半径的函数，计算公式为：

$$w_r = \frac{A}{R} \text{（N/KN）} \tag{3-21}$$

式中：R——曲线半径，m；

　　A——用实验的方法确定的经验常数，各国都不相同，其数值为 450~800。根据《牵规》，我国标准轨距曲线单位附加阻力 w_r 的计算公式为：

$$w_r = \frac{600}{R} \text{（N/kN）} \tag{3-22}$$

设曲线的中心角（偏角）为 α，弧长（曲线长度）为 L_r，则中心角 1°的弧长为：

$$\frac{L_r}{\alpha} = \frac{2\pi R}{360}$$

$$R = \frac{360 \cdot L_r}{2\pi \cdot \alpha} = 57.3 \frac{L_r}{\alpha}$$

代入式（3-34），可得

$$w_r = \frac{600}{R} = \frac{10.5 \cdot \alpha}{L_r} \text{（N/kN）} \tag{3-23}$$

以上两个曲线阻力计算公式仅适用于列车长度 L_c 小于等于曲线长度 L_r 的情况。如果列车长度大于曲线，列车不是全部位于曲线上，而仅有一部分列车受到曲线附加阻力。此时，列车平均受到的曲线附加阻力，可以根据阻力机械功相等的原则（分摊到全列车）确定。设列车所覆盖的曲线为长度 l_r，则：

$$\frac{600}{R} \cdot l_r = w_r \cdot L_c$$

$$w_r = \frac{600}{R} \cdot \frac{L_r}{L_c} (\text{N/kN}) \tag{3-24}$$

或者

$$\frac{10.5 \cdot \alpha}{L_r} \cdot l_r = w_r \cdot L_c$$

$$w_r = \frac{10.5 \cdot \alpha}{L_r} \cdot \frac{l_r}{L_r} (\text{N/kN}) \tag{3-25}$$

当曲线长度较短时，L_r 可能会等于 l_r。

如果计算中的曲线长度包括圆曲线长度及其两端的缓和曲线各半长度，曲线长度需要按下式计算：

$$L_r = L'_r - \frac{1}{2}(l_{yz1} + l_{yz2}) \tag{3-26}$$

式中：L'_r——曲线总长度，m；

l_{yz1}、l_{yz2}——曲线两端的缓和曲线长度，m。

当列车位于 n 个曲线上时，设列车全长范围内的曲线转角总和为 $\sum \alpha$，则列车平均单位曲线附加阻力为：

$$w_r = \frac{10.5 \sum \alpha}{L_r} / L_r \tag{3-27}$$

3.4.3 隧道附加阻力

列车进入隧道时，对隧道内的空气产生冲击作用，使列车头部受到突然增大的正面压力。列车进入隧道后，驱使空气移动，造成头部的正压与尾部负压的压力差，产生列车运动的阻力。同时，由于机车车辆外形结构的原因，隧道内的空气产生紊流，这造成了空气与列车表面、与隧道表面的摩擦，同时也产生了列车运动的阻力。以上两项阻力之和，统称为隧道附加阻力。应当指出，列车在空旷地段运行也有空气阻力，只是比较小。所以，所谓隧道附加阻力，是指隧道内空气阻力与空旷地段空气阻力之差。

影响隧道空气阻力的主要因素有行车速度、列车长度、列车迎风面积、隧道长度、隧道净空面积、列车及隧道表面粗糙程度等。隧道越长，阻力越大；列车越长，速度越大，此阻力亦增大。另外，此阻力还与隧道断面积、列车外形等因素有关，这些复杂因素很难从理论上推导，因此通常也采用由试验得出的经验公式。单位隧道空气附加阻力用 w_s 表示。计算式由试验确定。

由于试验资料较少，尚不足以整理出简便的可正式颁布的计算公式。不过，在必要时也可用下面的参考公式进行计算（通常用第二个公式）：

隧道内有限制坡道时：
$$w_s = L_s \cdot v_s^2 / 10^7 \ (\text{N/kN}) \tag{3-28}$$

隧道内无限制坡道时：
$$w_s = 0.000\ 13 L_s \ (\text{N/kN}) \tag{3-29}$$

式中：L_s——隧道长度，m；

v_s——列车在隧道内的运行速度，km/h。

3.4.4 加算附加阻力

以上所述机车、车辆的运行附加阻力，都是由线路的条件引起的：列车在坡道上运行时有坡道附加阻力，在曲线上运行时有曲线附加阻力，在隧道内运行时有隧道附加阻力。这三种附加阻力有时单独存在，有时两种或三种同时并存。为了计算方便，把单位加算附加阻力称为表示因线路条件产生的单位附加阻力之和，即

$$w_j = w_i + w_r + w_s \ (\text{N/kN}) \tag{3-30}$$

前已证明，坡道附加单位阻力在数值上等于该坡道的坡度千分数。因此，这些附加阻力也可用一个与之相当的坡道附加阻力代替，这个相当的坡道称为加算坡道。加算坡道的坡度千分数为：

$$i_j = i + w_r + w_s \tag{3-31}$$

或
$$i_j = i + \frac{600}{R} \cdot \frac{L_r}{L_c} + 0.000\ 13 \cdot L_s \tag{3-32}$$

或
$$i_j = i + \frac{10.5 \cdot \alpha}{L_c} + 0.000\ 13 \cdot L_s \tag{3-33}$$

例 3-1 列车附加阻力计算

某列车行驶在非平直的线路上，该线路曲线半径 1 200 m，长 480 m，坡度为 3‰ 下坡，列车长 240 m。求该线路的加算坡度和加算附加单位阻力。

解：加算坡度：

$$i_j = i + w_r + w_s$$

$$i_j = i + \frac{600}{R} + 0.000\ 13 \cdot L_s$$

$$= -3 + 600/1\ 200 + 0$$

$$= -2.5$$

列车运行的加算附加单位阻力：

$$w_j = i_j = -2.5\ (\text{N/kN})$$

3.4.5 考虑列车长度的附加阻力计算

之前提到的列车附加阻力计算方法是将列车视为一个质点（列车中心点），以该点在

线路中的位置（即所对应的坡道、曲线、隧道的数值）计算附加阻力。而考虑列车长度的附加阻力计算方法时，将列车看作质量带，按列车实际每辆车所在线路位置来计算附加阻力的平均值，以达到精确的效果。显然，考虑列车长度的列车附加阻力计算方法更加切合实际。列车所在位置的加算坡道的坡度千分数 i_j 按照下式计算：

$$i_j = \frac{1}{L_c}\left[\sum (i_i \cdot l_i) + 600 \cdot \sum \frac{l_n}{R_i} + \sum (w_{si} \cdot l_{si})\right] \tag{3-34}$$

式中：L_c——列车长度，m；

$\quad\quad i_i$——列车所覆盖的第 i 个坡道的坡度千分数；

$\quad\quad l_i$——列车所覆盖的第 i 个坡道的长度，m，不计算未覆盖的部分；

$\quad\quad R_i$——列车所覆盖的第 i 个曲线的半径，m；

$\quad\quad l_{ri}$——列车所覆盖的第 i 个曲线的计算长度，m，不计算未覆盖的部分；

$\quad\quad w_{si}$——列车所覆盖的第 i 个隧道的单位附加隧道阻力，N/kN；

$\quad\quad l_{si}$——列车所覆盖的第 i 个隧道的长度，m，不计算未覆盖的部分。

但是，考虑列车长度的附加阻力计算方法会带来计算工作量的大幅增加。因此这种方法更多应用于列车运行仿真计算软件中，在每个时间步长内按照列车长度所覆盖的坡道、曲线和隧道的长度加权平均计算加算附加阻力，也就是随时按列车长度所覆盖的地段计算列车所在位置的加算坡度千分数，这样就大大地提高了计算精度。

例 3-2 考虑列车长度的列车单位附加阻力计算

图 3-5 所示为坡道、曲线、隧道及列车的位置及长度，计算列车的单位附加阻力。

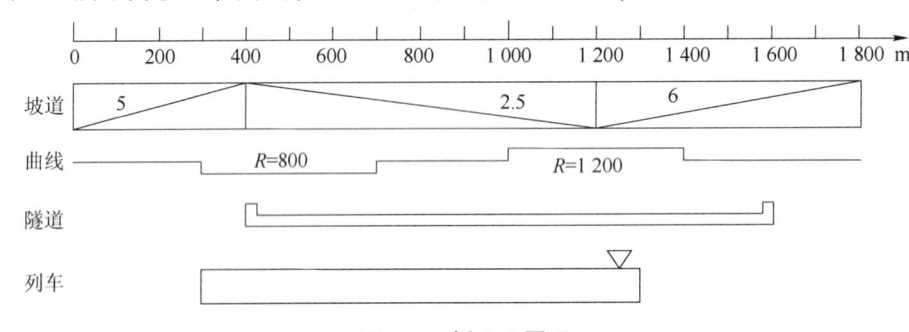

图 3-5 例 3-2 图示

解：由图 3-5 可知，列车长度 1 000 m。列车所在位置的加算坡道的坡度千分数 i_j 为：

$$i_j = i + w_r + w_s$$

$$= \sum \left(i_i \cdot \frac{l_i}{L_c}\right) + \sum \left(\frac{600}{R_i} \cdot \frac{l_n}{L_c}\right) + 0.000\ 13 \cdot L_s$$

$$w_i = 5 \times \frac{100}{1\ 000} + (-2.5) \times \frac{800}{1\ 000} + 6 \times \frac{400}{1\ 000} = 0.9\ (\text{N/kN})$$

$$w_r = \frac{600}{800} \times \frac{400}{1\ 000} + \frac{600}{1\ 200} \times \frac{300}{1\ 000} = 0.45\ (\text{N/kN})$$

$$w_s = 0.000\ 13 \times 1\ 200 = 0.140\ 4\ (\text{N/kN})$$

$$w_j = 0.9 + 0.45 + 0.140\ 4 = 1.49(\text{N/kN})$$

3.4.6 其他附加阻力

除了上面所述各种附加阻力以外，还有因气候条件，如大风或严寒所引起的阻力。由于机车、车辆的基本阻力是在一定的气候条件下进行试验求得的，因此气候条件变化时，列车的基本阻力亦将发生变化。风向与列车运行方向相反时列车阻力增大；风向与列车运行方向相同时则阻力减小。如果大风从列车侧面吹来，将使列车表面加大摩擦，并使车轮轮缘紧靠钢轨一侧，发生较大摩擦；同时，轴承摩擦及轮轨间的滑动也会加剧。列车越长，这种附加阻力就越大。因此，这种侧向大风对于列车运行是不利的。

严冬季节，气温很低的地区将使列车运行增加额外阻力，原因是润滑油黏度随着气温下降而增大，摩擦系数和摩擦阻力就随之增加；气温降低时，空气密度增大，空气阻力也有所增加。

由以上两种条件的变化而额外增加的阻力应由专门试验来确定，或者采用适当减小牵引质量的措施进行修正。

3.5 列车运行阻力计算

根据以上分析可得列车的总阻力公式和列车单位阻力公式，分别如式（3-35）和式（3-36）所示。

列车总阻力：

$$W = \left[\sum(P \cdot w_0') + G \cdot w_0'' + \left(\sum P + G\right) \cdot i_j\right] \cdot g \cdot 10^{-3}(\text{kN}) \quad (3\text{-}35)$$

列车单位阻力：

$$w = \frac{\sum(p + w_0') + G \cdot w_0''}{\sum P + G} + i_j = w_0 + i_j(\text{N/kN}) \quad (3\text{-}36)$$

式中：w_0'，w_0''——机车、车辆的单位基本阻力，N/kN；

i_j——加算坡道的坡度千分数。

列车在各坡道上各速度下的单位运行阻力都是基本阻力与加算坡道 i_j 的代数和。利用附加阻力在计算上与速度无关的特性，将列车单位基本阻力与速度的关系绘成曲线后，只要按加算坡道 i_j 的大小和方向平移 i_j 个单位，即可得到列车在任意坡道上的单位阻力与速度的关系曲线。

例 3-3 列车阻力计算

DF_4（货）型内燃机车牵引全滚承的重货物列车运行在坡度为 $-2‰$ 的下坡道，牵引质量 $G = 3\ 500\ t$，求 $v = 10\ \text{km/h}$ 时牵引运行的列车单位运行阻力。

解：DF_4 型（货）阻力公式：$w_0' = 2.28 + 0.029\ 3v + 0.000\ 178v^2$

滚动轴承货车（重车）阻力公式：$w_0'' = 0.92 + 0.004\ 8v + 0.000\ 125v^2$

当速度为 10 km/h 时，机车单位阻力：$w_0'' = 2.28+0.293+0.017\ 8 = 2.59(\text{N/kN})$

车辆单位阻力：$0.92+0.048+0.012\ 5 = 0.98(\text{N/kN})$

查表得 DF$_4$（货）型内燃机车的计算重量 $P = 135$ t。

列车总阻力：$2.59 \times 135 + 0.98 \times 3\ 500 = 349.758 + 3\ 431.75 = 3\ 781.508(\text{N})$

列车单位基本阻力：$3\ 781.508 \div 3\ 538 = 1.04$（N/kN）

当列车运行在坡度为 -2‰ 下坡道时，列车单位阻力为：

$$w = w_0 + i_j = 1.04 - 2 = -0.96(\text{N/kN})$$

例 3-4　列车阻力计算

SS$_3$ 型电力机车牵引 4 000 t 滚动轴承重货物列车，求在上坡道起动时的总阻力。在该坡道上以 70 km/h 的速度牵引运行时，列车阻力和单位阻力为多少？

解：$G = 4\ 000$ t，$P = 138$ t

①$W_q = [138 \times (5+6) + 4\ 000 \times (3.5+6)] \times 9.81 \times 10^{-3} = 80.4(\text{kN})$

②SS$_3$ 型电力机车阻力公式：$w_0' = 2.25 + 0.019\ 3v + 0.000\ 320v^2$

滚动轴承货车（重车）阻力公式：$w_0'' = 0.92 + 0.004\ 8v + 0.000\ 125v^2$

机车单位基本阻力：$w_0'' = 5.15(\text{N/kN})$；

滚动轴承货车（重车）单位基本阻力：$w_0'' = 1.868\ 5(\text{N/kN})$；

$$w = (5.203\ 2 \times 138 + 1.868\ 5 \times 4\ 000 + 6 \times 4\ 138) \times 9.81 \times 10^{-3} = 323.9(\text{kN})$$

$$w = 323.9 / (4\ 138 \times 9.81) \times 1\ 000 = 7.98(\text{N/kN})$$

思考题

一、简答题

1. 列车基本阻力由哪些阻力因素组成？
2. 对于空重混编的列车，应如何计算车辆单位基本阻力公式中的三个系数？
3. 曲线阻力和坡道阻力为什么能折算为坡度？
4. 简述列车起动时比运行时基本阻力大的主要原因。

二、计算题

DF$_4$ 型内燃机车（1 台）牵引 1 100 t 空车货物列车，求在 2‰ 上坡道以 50 km/h 的速度运行时，列车的阻力及单位阻力。

第四章　列车制动力

> **主要内容**
>
> 本章首先介绍了列车制动力的概念与列车制动方式，分析了列车制动力的形成与限制。在分析影响闸瓦摩擦系数因素的基础上，介绍了计算闸瓦摩擦系数的经验公式，介绍了闸瓦压力的计算方法，并重点分析了计算列车制动力的实算法、换算法以及二次换算法，并给出了机车动力制动力的计算方法。

> **学习重点**
>
> 1. 制动力的产生和限制。
> 2. 列车制动力的换算法及其计算公式。
> 3. 列车制动力的实算法。
> 4. 机车、车辆换算闸瓦压力的查表。
> 5. 换算制动率在不同制动情况下如何取值？

4.1　列车制动方式

列车制动力是由制动装置引起的、与列车运行方向相反、阻碍列车运行的、司机可以根据具体需要调节的外力。一般这个人为的阻力比自然产生的列车运行阻力要大得多。在列车制动减速过程中，尽管运行阻力也在起作用，但起主要作用的是列车制动力。

在制动操纵上，列车制动作用按用途可分为常用制动和紧急制动两种。常用制动是正常情况下为调控列车速度或进站停车所施行的制动，其作用较缓和，而且制动力可以调节，通常只用列车制动能力的20%~80%，多数情况下只用40%~50%。紧急制动，是指紧急情况下为使列车尽快停住而施行的制动，它不仅用了全部制动能力，而且作用比较迅猛。

在制动方式上，中国铁路目前主要使用摩擦制动、动力制动和电磁制动3种制动方式。

4.1.1 摩擦制动

摩擦制动是我国铁路采用的主要制动方式，包括闸瓦制动和盘形制动两种。闸瓦制动又称踏面制动，是将空气压力（由空气制动机产生的压缩空气）通过机械传动装置传到闸瓦上，将闸瓦压紧车轮踏面，通过闸瓦与车轮踏面之间的机械摩擦产生制动力，并把列车动能转变为热能消散于大气。盘形制动是在车轴上或车轮侧面安装制动盘，以压缩空气为动力将闸片压紧制动盘侧面，通过闸片与制动盘侧面的机械摩擦产生制动力。盘形制动以闸片与制动盘之间的摩擦代替闸瓦与车轮踏面之间的摩擦，从而减少了车轮踏面的热负荷，延长了车轮的使用寿命。我国快速旅客列上采用盘形制动。

4.1.2 动力制动

动力制动是让机车或动车的车轮带动其动力传动装置，使它产生逆作用，从而消耗列车动能，产生制动作用。例如，液力传动内燃机车的液力制动，电传动内燃机车、电力机车和电动车组的电阻制动，电力机车和电动车组的再生制动等，都属于动力制动的范畴。我国电力机车和电动车组普遍采用动力制动，内燃机车和内燃动车组也多数采用动力制动。动力制动更多应用于辅助性调速，停车时主要还是依靠摩擦制动。无论是摩擦制动，还是动力制动，都是利用轮轨之间的黏着而转变为制动力，列车制动力受到轮轨间黏着的限制。

4.1.3 电磁制动

电磁制动包括电磁轨道制动和电磁涡流制动两种方式。电磁轨道制动是将装在转向架上的制动电磁铁接通激磁电流后吸在钢轨上，由电磁铁与钢轨间的吸附所带来的摩擦产生制动力。电磁涡流制动是将电磁铁落至距轨面7~10 mm处，电磁铁与钢轨间的相对运动引起电涡流作用形成制动力。电磁制动的优点是制动力不受轮轨间黏着条件的限制。电磁制动目前主要作为辅助制动装置应用在高速列车上。

4.2 列车制动力的形成及限制

4.2.1 制动力的形成

在司机制动操纵时，制动缸的空气压力通过基础传动装置的传递与增大，使得闸瓦压力作用于车轮踏面，从而引起与车轮回转方向相反的摩擦力。设一块闸瓦的压力为 K，轮、瓦的摩擦系数为 φ_k，施行制动时，列车正以速度 v 运行，轮对以角速度 w 切在轨面上滚动。如以轮对为隔离体，并且不考虑其他力的影响，则在轮对总闸瓦压力为 $\sum K$ 的作用下，产生的闸瓦摩擦力为 $\sum K \cdot \varphi_k$，如图4-1所示。

闸瓦摩擦力并不能使列车减速，而只能阻止轮对转动。但是，轮对转动一旦被阻，势必引起轮轨间相对滑动的趋势，产生轮、轨间的相互作用力；轮对轨的作用力 $\sum B_L$ 和轮对轮的反作用力 $\sum B_L$。在静摩擦或者说黏着条件下，$\sum B_L$ 的作用阻止了轮对滑动，尽管车辆在惯性力的推动下仍在继续滚动，但是，轮对转速 w 将降低，列车速度 v 亦相应减低。由此可见，$\sum B_L$ 是由 $\sum K$ 作用而引起的，是钢轨作用在轮周上的与列车运行方向相反的外力，这个外力才是使列车急剧减速的制动力。

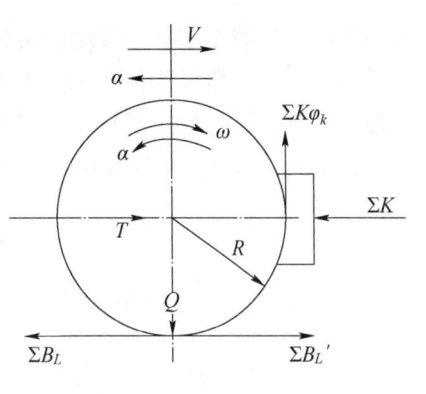

图 4-1 制动力的产品

闸瓦摩擦力矩可分为两部分，一部分引起钢轨给车轮的纵向水平反作用力 $\sum B_L$，使列车获得线减速度 a；另一部分使转动惯量为 I 的各轮对获得角减速度 α。后一部分占的比例不大。为简化起见，在计算制动力时通常将它忽略不计（即假定 $I=0$）。这样，制动力在数值上就等于闸瓦与车轮踏面之间的摩擦力，即：

$$\sum B_L = \sum K \cdot \varphi_k \text{ (kN)} \tag{4-1}$$

式中：K——每块闸瓦的压力；

$\sum K$——一个轮对所受闸瓦压力的总和；

φ_k——轮、闸瓦间滑动摩擦系数。

4.2.2 制动力的限制

轮轨间的静摩擦力 $\sum B_L$ 因 $\sum K \cdot \varphi_k$ 而产生，并随它的增大而增大。但是，只有轮对在钢轨上滚动的条件下，$\sum B_L$ 才能等于闸瓦摩擦力 $\sum K \cdot \varphi_k$。所以，与牵引力相似，$\sum B_L$ 也要受到轮轨间黏着条件的限制，即：

$$\sum B_{L\max} = \left(\sum K \cdot \varphi_k\right)_{\max} \leq Q \cdot \mu \text{(kN)} \tag{4-2}$$

式中：Q——轴荷重；

μ——轮轨间的制动黏着系数。

当列车运行速度 $v \leq 120$ km/h 时，机车、车辆制动时轮轨间的黏着系数按下列公式计算：

干燥轨面

$$\mu = 0.062\ 4 + \frac{45.60}{260+v} \tag{4-3}$$

潮湿轨面

$$\mu = 0.040\ 5 + \frac{13.55}{120+v} \tag{4-4}$$

当时，轮对将发生滑行，即车轮将被"抱死"（不转动），制动力变为轮轨间的滑动摩擦力 $Q \cdot \varphi$，闸瓦摩擦力由动摩擦力变为静摩擦力。φ 是轮轨间的滑动摩擦系数，其值远小于制动黏着系数 μ。因此，轮对一旦滑行，制动力迅速下降，这种现象在低速和空车时最容易发生。所以为使制动力增大而施加过大的闸瓦压力 K，反而会降低制动力，使制动距离延长，而且轮对滑行还会导致车轮踏面擦伤。

根据式（4-2）可推导出如下不等式：

$$\frac{\mu}{\varphi_k} \geqslant \frac{\sum K}{Q} \tag{4-5}$$

分析可以得出以下结论：

①当轨面状况不好时，黏着系数下降，比值 $\frac{\mu}{\varphi_k}$ 低，易发生滑行；

②紧急制动时，由于闸瓦压力 K 值大，使 $\frac{\sum K}{Q}$ 增大，易发生滑行；

③当速度 v 降低时，黏着系数略大，而 φ_k 随 v 下降而急剧增加，故比值 $\frac{\mu}{\varphi_k}$ 也下降，易发生滑行，尤其是在快速停车时，更易滑行。

为防止货车在空车或装载量不足时出现轮对因制动而滑行的现象，在标记载重为 50 t 及更重的货车制动机上设置有空、重车调整装置。其调整手柄在空车位时，制动缸与降压风缸相通，制动缸的空气压强较低。由于降压风缸上装有空车安全阀，即使紧急制动也不会超过 190 kPa。当调整手柄放在重车位时，制动缸与降压风缸不连通，故可获得比空车位大得多的空气压强。所以，在计算列车制动力时，对标记载重为 50 t 及更重的货车应按照重、空车予以区分。

4.3 闸瓦摩擦系数

4.3.1 影响闸瓦实算摩擦系数的因素

闸瓦与车轮间的摩擦系数直接影响着制动性能的好坏。对闸瓦摩擦系数的要求是：数值要大，要比较稳定。影响闸瓦摩擦系数的因素主要有 5 个：闸瓦的材质、列车运行速度、铸铁闸瓦、闸瓦压强和制动初速度。对于铸铁闸瓦，含磷量越高，闸瓦摩擦系数越大；列车运行速度越低，闸瓦摩擦系数越大；闸瓦压力越大，闸瓦摩擦系数越小；制动初速度越低，闸瓦摩擦系数越大。

1. 闸瓦材质

闸瓦材质对闸瓦摩擦系数的影响非常大。长期以来，我国机车车辆大多使用铸铁闸瓦。铸铁闸瓦中含有的磷元素是对摩擦性能起主要作用的，适当提高含磷量，可相应增加闸瓦摩擦系数与耐磨性。含磷量为 0.7%~1.0% 的中磷（铸铁）闸瓦的摩擦系数比普通铸铁闸瓦约高 35%，制动距离可缩短约 16%。在同样的制动条件下闸瓦温度较低，闸瓦磨损减轻约 30%，车轮踏面磨损也减轻约 47%。含磷量在 2% 以上的高磷（铸铁）闸瓦制动效果更好。

闸瓦材质的另一大类是合成材料。用合成材料制造的闸瓦称为合成闸瓦（又称塑料闸瓦），它可根据需要，改变配方和工艺，使摩擦系数曲线与黏着系数曲线较好地吻合，即摩擦系数很大而且对速度的改变不太敏感（随速度而变的程度较轻或者说比较稳定）。合成闸瓦特别耐磨，其寿命一般在铸铁闸瓦的 4 倍以上，不会发生"磨托"事故。合成闸瓦重量较小，仅为铸铁闸瓦的 1/3 左右。车轮踏面磨耗也少，比用铸铁闸瓦时少一半。制动时基本无火花，不会发生"烧车"或其他火灾事故。合成闸瓦的研究和推广受到世界各国的极大重视。为了适应高速列车制动的需要，人们还在继续研究采用新的闸瓦材质，如粉末冶金、陶瓷铝等。

目前，高磷铸铁闸瓦（简称"高磷闸瓦"）在中国铁路上的普通货车和最高速度为 120 km/h 的普通客车上普遍使用；中磷铸铁闸瓦（简称"中磷闸瓦"）在部分机车上及个别普通客车上使用；低摩合成闸瓦在少数机车和个别普通客车上使用；高摩合成闸瓦在部分机车和客货车上使用，且使用面逐渐扩大；高摩合成闸片在装有盘形制动的客车和动车组使用；还有一些机车和动车组使用粉末冶金闸瓦，其摩擦系数大约相当于高磷合成闸瓦的 80%，目前缺乏精确的摩擦系数计算公式。近年来，新造的重载货物列车和行包快运车辆采用新型高摩合成闸瓦，摩擦系数较原高摩合成闸瓦又有所提高。

2. 闸瓦压强

闸瓦压强对闸瓦摩擦系数也有一定的负影响。试验研究结果表明，铸铁闸瓦压强越大，则摩擦系数越小。压强增大一倍，摩擦系数降低约 27%。所以，运用中闸瓦压强一般不要超过 1 200 kPa，设计时不要超过 1 000 kPa。我国标记载重 50 t 及其以上的货车采用 GK 型制动机，闸瓦压强已超过 1 300 kPa，所以，常常发生"磨托"和"烧车"的事故。

对于需要增大制动力的机车车辆，不能一味地增大闸瓦压力。这是因为，闸瓦与车轮踏面的接触面积有一定的限制；闸瓦不可能太宽、太长，由于受力沿闸瓦长度的分布不均匀，所以在闸瓦压强已经不能再增大时，要想法改进闸瓦材质以增大摩擦系数，或者采用"双侧制动"，用增加闸瓦数量的办法来增大闸瓦面积，从而增大闸瓦压力，但不增大闸瓦压强。

3. 制动初速度

在闸瓦材质、闸瓦压强和列车运行速度相同的情况下，制动初速度越低，摩擦系数越大，而且随着速度的降低，制动初速度对摩擦系数的影响逐渐减小；当制动初速度较高时，闸瓦温度高，则摩擦系数较低。根据实验，制动初速度每提高 10 km/h，铸铁闸瓦和低摩合成闸瓦的摩擦系数则降低 0.006~0.012。

4.3.2 计算闸瓦摩擦系数的经验公式

由于闸瓦摩擦系数的影响因素多且复杂，很难用理论方法来推导，通常靠实验测试结果推异出经验公式进行计算。

《牵规》规定，我国各型闸瓦和闸片的实算摩擦系数 φ_k（根据实验得到的数据归纳出计算用的摩擦系数）公式如下：

中磷闸瓦

$$\varphi_k = 0.64 \times \frac{K+100}{5K+100} \times \frac{3.6v+100}{14v+100} + 0.000\,7\,(110-v_0) \tag{4-6}$$

高磷闸瓦

$$\varphi_k = 0.82 \times \frac{K+100}{7K+100} \cdot \frac{17v+100}{60v+100} + 0.0012（120-v_0） \quad (4-7)$$

低摩合成闸瓦

$$\varphi_k = 0.25 \times \frac{K+100}{6K+100} \cdot \frac{4v+150}{10v+150} + 0.0006（100-v_0） \quad (4-8)$$

高摩合成闸瓦和盘形制动闸片

$$\varphi_k = 0.41 \times \frac{K+200}{4K+200} \cdot \frac{v+150}{2v+150} \quad (4-9)$$

式中：K——每块闸瓦（或闸片）作用于车轮（或制动盘）的压力，kN；

v——制动过程中的列车运行速度，km/h；

v_0——制动初始速度，km/h。

4.4 闸瓦压力计算

4.4.1 闸瓦压力计算公式

机车车辆闸瓦压力由制动缸提供。空气压强作用在制动缸活塞上，使活塞产生推力，经过杠杆系统的放大，再传给闸瓦。由制动缸至闸瓦所构成的系统称为基础制动装置。

机车、车辆每块闸瓦的实算闸瓦压力 K 按下式计算：

$$K = \frac{\frac{\pi}{4} \cdot d_z^2 \cdot p_z \cdot \eta_z \cdot \gamma_z \cdot n_z}{n_k \cdot 10^6} \quad (4-10)$$

盘形制动的实算闸片压力 K'，按下式计算：

$$K' = \frac{\pi}{4} \cdot d_z^2 \cdot p_z \cdot \gamma_z \cdot \eta_z \cdot 10^{-6} \quad (4-11)$$

从制动盘上折算到车轮踏面的实算闸片压力，按下式计算：

$$K = \frac{r_z}{R_e} \cdot K' \quad (4-12)$$

式中：π——圆周率，取 3.1416；

d_z——制动缸直径，mm；

p_z——制动缸空气压力，kPa；

η_z——基础制动装置计算传动效率；

γ_z——制动倍率；

n_z——制动缸数；

n_k——闸瓦数；

r_z——制动盘摩擦半径，mm；

R_e——车轮半径，mm。

其中：d_z、γ_z、n_z、n_k、r_z、R_e 是与制动机结构有关的参数，与车型有关。

4.4.2 基础制动装置计算传动效率 η_z

制动缸活塞推力，经杠杆系统传给闸瓦。由于需要克服制动缸中缓解弹簧的抗力、活塞与缸壁的摩擦，以及各杠杆联结销的摩擦阻力，因此，闸瓦实际压力将小于只按杠杆比例计算的、不考虑阻抗损失的理论压力。两者之比，即为基础制动装置的传动效率 η_z，η_z 按下式计算：

$$\eta_z = \frac{K_s}{K_L} \qquad (4-13)$$

式中：K_s——实际闸瓦压力，kN；

K_L——不考虑阻抗损失只按杠杆比例计算的理论闸瓦压力，kN。

η_z 与机车、车辆所处状态（静止、运行）以及基础制动装置复杂程度和保养状态有关。所以 η_z 不会因车而异，即使是同一辆车也不会是一个常数（在运行中的 η_z，即基础制动装置的制动效果，至今为止，还没有科学的试验数据）。可是，用溜放试验来测闸瓦摩擦系数时必须先知道 η_z 的数值，因此，如上节所述，在《牵规》中采取了规定基础制动装置计算传动效率 η_z 的方法：机车及客车闸瓦制动均取 0.85；客车盘形制动及其踏面制动单元均取 0.90；货车闸瓦制动取 0.90。这个传动效率称为"计算传动效率"，它只是传动效率的计算值。

4.4.3 紧急制动时制动缸的空气压力

列车施行紧急制动时，列车管空气压强将急降至零。这时，各车辆制动机如果起了紧急制动作用，有紧急增压的车辆列车管的部分压力空气将流向制动缸，使后者得到紧急增压，即得到比常用全制动还要高的空气压强。

在货物列车中长期存在的部分车辆不起紧急制动作用，甚至全列不起紧急制动的问题，由于机车车辆紧急排风制动性能大大改善，已经得到彻底解决。因此，新《牵规》给出的紧急制动时的制动缸空气压强（表4-1）是按列车施行紧急制动而且起紧急制动作用而制定的，计算时必须遵循这些取值规定，以使计算结果接近实际，并保证列车的运行安全。

表4-1 紧急制动时制动缸空气压力　　　　　　　　　　　kPa

制动机类型		列车管空气压力 P_1	
		500	600
K_1 及 K_2 型		360	420
GK 型	重车位	360	420
	空车位	190	190
120 型	重车位	350	410
	空车位	190	190
103 型	重车位	360	420
	空车位	190	230
L_3、GL_3 型关闭附加风缸、104 型		420	
机车各型分配阀		450	450

4.4.4 常用制动时制动缸的空气压力

常用制动时，制动缸的空气压强主要与制动机型式和列车管减压量 r 有关，列车管任一减压量 r 下的制动缸空气压强，可由下列各式算出（式中 r 的单位为 kPa）。

（1）机车制动缸中空气压强（对于各种型式的分配阀）

$$p_z = 2.5\,r \quad (\text{kPa}) \tag{4-14}$$

（2）客车及货车制动缸中的空气压强（L_3、GL_3、K_1、K_2 型制动机及 GK 型制动机的重车位）

$$p_z = 3.25\,r - 100 \quad (\text{kPa}) \tag{4-15}$$

（3）GK 型制动机的空车位

$$p_z = 1.78\,r - 50 \quad (\text{kPa}) \tag{4-16}$$

（4）104 型和 103 型制动机重车位

$$p_z = 2.6\,r \quad (\text{kPa}) \tag{4-17}$$

（5）103 型制动机空车位

$$p_z = 1.36\,r \quad (\text{kPa}) \tag{4-18}$$

4.4.5 列车管有效减压范围

由上述各式可知，制动缸压强随列车管减压量的增加而增加。但是，要使闸瓦压向车轮，产生实际制动效果，制动缸压强必须至少达到某一数值；它能够克服制动缸缓解弹簧的抗力和基础制动装置各销套的摩擦阻力，将制动缸活塞完全推出。对应于这个制动缸压强的列车管减压量，就是列车管的最小减压量。它的计算值如下：

单车试验时，$r_{min} = 40\ \text{kPa}$；

列车状态下，$r_{min} \approx 50\ \text{kPa}$。

另外，当列车管减压量达到某一数值，车辆制动机的副风缸与制动缸的压强相等时，即使列车管继续减压，制动缸压强也不会再上升。这个减压量就是列车管的最大减压量。它的计算值如下：

列车管定压为 500 kPa 时，$r_{max} \approx 140\ \text{kPa}$；

列车管定压为 600 kPa 时，$r_{max} \approx 170\ \text{kPa}$。

例 4-1 闸瓦压力的计算

标记载重 60 t 的货车，制动机为 GK 型，装有 8 块闸瓦，有一个制动缸，直径为 356 mm，制动倍率为 8.35，列车管的空气压力为 500 kPa，求紧急制动时重车位、空车位的闸瓦压力。

解：$d_z = 356\ \text{mm}$，$\gamma_z = 8.35$，$n_z = 1$，$n_k = 8$，计算传动效率取 0.9；重车位制动缸空气压力 360 kPa，空车位 190 kPa。

（1）重车位

$$K = \frac{\frac{\pi}{4} \cdot d_z^2 \cdot p_z \cdot \eta_z \cdot \gamma_z \cdot n_z}{n_k \cdot 10^6} = \frac{3.1416 \times 356^2 \times 360 \times 0.9 \times 8.35 \times 1}{4 \times 8 \times 10^6} = 33.6\ (\text{kN})$$

紧急制动时重车位的闸瓦压力 $\sum K = 8 \times 33.6 = 268.8\ (\text{kN})$

(2) 空车位

$$K=\frac{\frac{\pi}{4} \cdot d_z^2 \cdot p_z \cdot \eta_z \cdot \gamma_z \cdot n_z}{n_k \cdot 10^6}=\frac{3.1416\times356^2\times190\times0.9\times8.35\times1}{4\times8\times10^6}=17.7(\text{kN})$$

紧急制动时空车位的闸瓦压力 $\sum K = 8\times 7.7 = 141.6(\text{kN})$

4.4.6 列车制动力计算

列车制动力 B 为

$$B = \sum (K \cdot \varphi_k) \quad (\text{kN}) \tag{4-19}$$

列车制动力常按单位制动力进行计算，并以 b 表示（规定取至两位小数）：

$$b = \frac{B \times 10^3}{(\sum P + G)g} = \frac{1000\sum(K \cdot \varphi_k)}{(\sum P + FG)g} \quad (\text{N/kN}) \tag{4-20}$$

式中：P——机车计算质量，t；

G——牵引质量，t。

根据《牵规》规定，多机牵引时，列车头部每台机车的动力制动力均取全值。计算列车制动力 B 或单位制动力 b 的三种方法为：实算法、换算法和二次换算法。

4.5 列车制动力的实算法

列车制动力 B 包括机车和车辆所有起制动作用的闸瓦所形成的制动力的总和。在不同类型的机车车辆制动条件下，闸瓦压力各不相同，摩擦系数也不相同。因为摩擦系数与闸瓦压力有关，而大多数列车是由各种车辆混编而成的，不同车辆的 K 值不同，其所对应的 φ_k 值也将不同，所以列车制动力的实算求解法是以列车中各闸瓦的实算闸瓦压力 K 与各该闸瓦的实算摩擦系数 φ_k 乘积的总和计算列车制动力。列车制动力即：

$$B = \sum(K \cdot \varphi_k) = \sum K_1 \cdot \varphi_{k1} + \sum K_2 \cdot \varphi_{k2} + \cdots + \sum K_n \cdot \varphi_{kn} \quad (\text{kN}) \tag{4-21}$$

式中：$\sum K_1, \sum K_2, \cdots, \sum K_n$——第一种至第 n 种的实算闸瓦压力，kN；

$K_1, K_2, \cdots, K_n$——各种车辆每块闸瓦的实算闸瓦压力，kN；

$\varphi_{k1}, \varphi_{k2}, \cdots, \varphi_{kn}$——与各闸瓦压力 $K_1, K_2, \cdots, K_a$ 相对应的实算摩擦系数。

同理，列车单位制动力：

$$b = \frac{(\sum K_1 \cdot \varphi_{k1} + \sum K_2 \cdot \varphi_{k2} + \cdots + \sum K_n \cdot \varphi_{kn})}{(\sum p + G) \cdot g} \quad (\text{N/kN}) \tag{4-22}$$

由于实际列车编组车型很复杂，列车中的车辆不仅有各种类型的制动机，而且制动倍率也各不相同，再加上实算摩擦系数与初速度和各瞬时速度有关，因此用这种方法来计算列车制动力比较烦琐。

4.6 列车制动力的换算法

列车制动力的实算法计算过程十分烦琐，为了简化计算，提出了列车制动力的换算法。假定闸瓦摩擦系数与闸瓦压力无关,用一个不随闸瓦压力而变的换算摩擦系数 φ_k 来代替实算摩擦系数 $\varphi_{h'}$,以简化计算。为了使简化后所得的计算结果与实际制动力一致,将实算闸瓦压力 K 修正成换算闸瓦压力 K_h,制动力等效的原则为:

$$K_h \cdot \varphi_{h'} = K \cdot \varphi_k$$

即

$$K_h = \frac{\varphi_k}{\varphi_h} K \tag{4-23}$$

式中:K_h——换算闸瓦压力,kN;

φ_k——换算摩擦系数。

经过换算,列车制动力可按照下式计算:

$$B = \sum (K \cdot \varphi_k) = \sum (K_h \cdot \varphi_h) = \varphi_h \cdot \sum K (\text{kN}) \tag{4-24}$$

采用换算法计算列车制动力,只要把列车中所有机车车辆的换算闸瓦压力加起来,乘以换算摩擦系数,就可以求出列车制动力。

1. 换算摩擦系数

换算摩擦系数 φ_h 是将 K 固定为某一数值代入实算摩擦系数公式中求得的,为了减少换算带来的误差,应采用当前全国客、货车紧急制动时的实算闸瓦压力平均值。根据1985年统计全路货车各型制动机保有数所占比例以及每块闸瓦的实算闸瓦压力值计算出:

货车重车位平均 $K = 33.5$ kN;

货车空车位平均 $K = 19.5$ kN;

货车空、重车位平均 $K = 26.5$ kN。

此外,考虑到全国客车每块闸瓦的实算闸瓦压力平均为 20 kN,故换算摩擦系数的 K 值按 25 kN 计算,得到中磷闸瓦换算摩擦系数公式:

$$\varphi_h = 0.356 \times \frac{3.6v + 100}{14v + 100} + 0.0007 \times (110 - v_0) \tag{4-25}$$

在解算中列车运行时分或单位合力曲线时,使用带有制动初速度为修正项的换算摩擦系数计算公式将会遇到很大困难,可使用磷闸瓦换算摩擦系数的简化公式:

$$\varphi_h = 0.356 \times \frac{0.4v + 100}{4v + 100} \tag{4-26}$$

式(4-23)经过验算,当客、货列车初速度在 50~120 km/h 时,制动距离误差均 30 m 左右。对于解算列车运行时分这个误差是允许的,但进行制动问题专题计算必须使用带有制动初速度修正项的计算公式。

高磷闸瓦换算摩擦系数公式:

$$\varphi_h = 0.372 \times \frac{17v + 100}{60v + 100} + 0.0012 \times (120 - v_0) \tag{4-27}$$

低摩合成闸瓦换算摩擦系数公式:

$$\varphi_h = 0.202 \times \frac{4v + 150}{10v + 150} + 0.0006 \times (100 - v_0) \tag{4-28}$$

高摩合成闸瓦的换算摩擦系数,按每块闸瓦的实算闸瓦压力 K 等于 20 kN 计算:

$$\varphi_h = 0.322 \times \frac{v+150}{2v+150} \tag{4-29}$$

盘形制动合成闸片的换算摩擦系数按每块闸片的实算闸片压力 K' 等于 20 kN 折算到车轮踏面的 K 值计算：

$$\varphi_h = 0.358 \times \frac{v+150}{2v+150} \tag{4-30}$$

《牵规》还规定：解算装用中磷闸瓦、高磷闸瓦及低摩合成闸瓦的混编列车运行时间时，允许采用中磷闸瓦换算摩擦系数进行计算。客车盘形制动装置安装有踏面制动单元时，采用中磷铸铁闸瓦的换算摩擦系数，可按式（4-25）计算，得到 $v = 160$ km/h。

从上述公式可以看出，换算摩擦系数是随速度变化的，并且与制动初速度有关。为了计算方便，按照上述公式根据不同制动初速度、不同速度计算出了各类型闸瓦的换算摩擦系数，分别如表 4-2~表 4-7 所示。

2. 换算闸瓦压力

式（4-23）已经表明了换算闸瓦压力与实算闸瓦压力、实算摩擦系数和换算摩擦系数的关系，将式（4-6）和式（4-25）代入式（4-23），并简化初速度，得到每块闸瓦换算压力的计算公式：

中磷闸瓦：

$$K_h = 1.8 \times \frac{K+100}{5K+100} \cdot K \tag{4-31}$$

高磷闸瓦：

$$K_h = 2.2 \times \frac{K+100}{7K+100} \cdot K \tag{4-32}$$

低摩合成闸瓦：

$$K_h = 1.24 \times \frac{K+500}{6K+500} \cdot K \tag{4-33}$$

高摩合成闸瓦：

$$K_h = 1.273 \times \frac{K+200}{4K+200} \cdot K \tag{4-34}$$

盘形制动闸片折算到车轮踏面的换算闸片压力，按下式计算：

$$K_h = 1.145 \times \frac{K+200}{4K+200} \cdot K \tag{4-35}$$

由于实际运行中的列车是由各种类型的车辆混编而成，不同类型的车辆实际闸瓦压力不同，在换算法计算制动力时，还需要先将各种类型车辆的实际闸瓦压力换算成换算闸瓦压力。

为了计算方便，将各类型机车车辆的换算闸瓦压力提前计算出来，形成运用中的中国机车、车辆每辆车紧急制动时的换算闸瓦压力 $\sum K_h$，如表 4-8 所示。计算列车制动力时，可以直接从表中查出各型机车车辆的换算闸瓦压力。

表 4-2 中磷铸铁闸瓦换算摩擦系数表 $\varphi_h = 0.356 \times \dfrac{3.6v+100}{14v+100} + 0.0007 \times (110-v_0)$

制动末速度 $v/(\text{m}\cdot\text{s}^{-1})$

制动初速度 $v_0/(\text{m}\cdot\text{s}^{-1})$	0	5	15	25	35	45	55	65	75	85	95	105	115
120		0.240	0.170	0.143	0.129	0.121	0.115	0.111	0.108	0.105	0.103	0.101	0.100
110		0.247	0.177	0.150	0.136	0.128	0.122	0.118	0.115	0.112	0.110	0.108	—
100		0.254	0.184	0.157	0.143	0.135	0.129	0.125	0.122	0.119	0.117	—	—
90		0.261	0.191	0.164	0.150	0.142	0.136	0.132	0129	0.126	—	—	—
80		0.268	0.198	0.171	0.157	0.149	0.143	0.139	0.136	—	—	—	—
70		0.275	0.205	0.178	0.164	0.156	0.150	0.146	—	—	—	—	—
60		0.282	0.212	0.185	0.171	0.163	0.157	—	—	—	—	—	—
50		0.2891	0.219	0.192	0.178	0.170	—	—	—	—	—	—	—
40		0.296	0.226	0.199	0.185	—	—	—	—	—	—	—	—
30		0.303	0.233	0.206	—								
20		0.310	0.240										
10		0.317											

表 4-3 简化的中磷铸铁闸瓦换算摩擦系数表 $\varphi_h = 0.356 \times \dfrac{0.4v+100}{4v+100}$

制动末速度 $v/(\text{m}\cdot\text{s}^{-1})$	0	10	20	30	40	50	60	70	80	90	100	110	120
φ_h	0.365	0.264	0.214	0.181	0.156	0.142	0.130	0.120	0.112	0.105	0.100	0.095	0.091

表 4-4　高磷铸铁闸瓦换算摩擦系数表 $\varphi_h = 0.372 \times \dfrac{17v+100}{60v+100} + 0.0012\,(120-v_0)$

制动初速度 $v_0/(\text{m}\cdot\text{s}^{-1})$	\multicolumn{12}{c}{制动末速度 $v/(\text{m}\cdot\text{s}^{-1})$}												
	5	15	25	35	45	55	65	75	85	95	105	115
120	0.172	0.132	0.123	0.118	0.115	0.113	0.112	0.111	0.110 5	0.110	0.109 6	0.109
110	0.184	0.144	0.135	0.130	0.127	0.125	0.124	0.123	0.122 5	0.122	0.121 5	—
100	0.196	0.156	0.147	0.142	0.139	0.137	0.136	0.135	0.134 5	0.134	—	—
90	0.208	0.168	0.159	0.154	0.151	0.149	0.148	0.147	0.146 5	—	—	—
80	0.220	0.180	0.171	0.166	0.163	0.161	0.160	0.159	—	—	—	—
70	0.232	0.192	0.183	0.178	0.175	0.173	0.172	—	—	—	—	—
60	0.244	0.204	0.195	0.190	0.187	0.185	—	—	—	—	—	—
50	0.256	0.216	0.207	0.202	0.199	—	—	—	—	—	—	—
40	0.268	0.288	0.219	0.214	—	—	—	—	—	—	—	—
30	0.280	0.240	0.231	—	—	—	—	—	—	—	—	—
20	0.292	0.252	—	—	—	—	—	—	—	—	—	—
10	0.304	—	—	—	—	—	—	—	—	—	—	—

表 4-5　低摩合成闸瓦换算摩擦系数表 $\varphi_h = 0.202 \times \dfrac{4v+150}{10v+150} 0.0006(100-v_0)$

制动初速度 $v_0/(\text{m}\cdot\text{s}^{-1})$	制动末速度 $v/(\text{m}\cdot\text{s}^{-1})$											
	5	15	25	35	45	55	65	75	85	95	105	115
120	0.160	0.129	0.114	0.105	0.099	0.095	0.092	0.089	0.087	0.085	0.084	0.083
110	0.166	0.135	0.120	0.111	0.105	0.101	0.098	0.095	0.093	0.091	0.084	—
100	0.172	0.141	0.126	0.117	0.111	0.107	0.104	0.101	0.099	0.097	—	—
90	0.178	0.147	0.132	0.123	0.117	0.113	0.110	0.107	0.105	—	—	—
80	0.184	0.153	0.138	0.129	0.123	0.119	0.116	0.113	—	—	—	—
70	0.190	0.159	0.144	0.135	0.129	0.125	0.122	—	—	—	—	—
60	0.196	0.165	0.150	0.141	0.135	0.131	—	—	—	—	—	—
50	0.202	0.171	0.156	0.147	0.141	—	—	—	—	—	—	—
40	0.208	0.177	0.162	0.153	—	—	—	—	—	—	—	—
30	0.214	0.183	0.168	—	—	—	—	—	—	—	—	—
20	0.220	0.189	—	—	—	—	—	—	—	—	—	—
10	0.266	—	—	—	—	—	—	—	—	—	—	—

表 4-6　高摩合成闸瓦换算摩擦系数表 $\varphi_h = 0.322 \times \dfrac{v+150}{2v+150}$

制动末速度 $v/(\text{m}\cdot\text{s}^{-1})$	5	15	25	35	45	55	65	75	85	95	105	115
φ_0	0.312	0.295	0.282	0.271	0.262	0.254	0.247	0.242	0.236	0.232	0.228	0.225

表 4-7　高摩合成闸瓦片换算摩擦系数表 $\varphi_h = 0.358 \times \dfrac{v+150}{2v+150}$

$v/(\text{m} \cdot \text{s}^{-1})$	5	15	25	35	45	55	65	75
换算摩擦系数 φ_h	0.347	0.328	0.314	0.301	0.291	0.282	0.275	0.269
制动末速度 $v/(\text{m} \cdot \text{s}^{-1})$	85	95	105	115	125	135	145	155
换算摩擦系数 φ_h	0.263	0.258	0.254	0.250	0.246	0.243	0.240	0.237

表 4-8　运用中的机车、车辆每辆车换算闸瓦压力（紧急制动）

<table>
<tr><th colspan="3" rowspan="2">机车、车辆类型</th><th colspan="2">列车管空气压力 p/kPa</th></tr>
<tr><td>500</td><td>600</td></tr>
<tr><td rowspan="5">货车</td><td rowspan="2">标记载重 50 t 及其以上（包括载重 40 t 的保温车），装有 GK 型、120 型或 103 型制动机</td><td>重车位</td><td>250</td><td>280</td></tr>
<tr><td>空车位</td><td>160</td><td>160</td></tr>
<tr><td colspan="2">标记载重 50 t 及其以上装有 K₂ 型制动机</td><td>160</td><td>190</td></tr>
<tr><td colspan="2">标记载重 40 t（包括载重 25 t 及不满 40 t 的保温车），装有 K₂ 型制动机</td><td>140</td><td>170</td></tr>
<tr><td colspan="2">标记载重 30 t，装有 K₁ 型制动机</td><td>120</td><td>140</td></tr>
<tr><td rowspan="2"></td><td rowspan="2">守车</td><td>4 轴</td><td>90</td><td>110</td></tr>
<tr><td>2 轴</td><td>50</td><td>60</td></tr>
<tr><td rowspan="5">客车</td><td colspan="2">L₃、GL₃ 型制动机关闭附加风缸、104 型制动机</td><td>—</td><td>330</td></tr>
<tr><td rowspan="2">104 型制动机，盘形制动装置、高摩合成闸片（不安装踏面制动单元）</td><td>单层客车</td><td>—</td><td>210</td></tr>
<tr><td>双层客车</td><td>—</td><td>200</td></tr>
<tr><td rowspan="1">104 型制动机，盘形制动装置、高摩合成闸片（装有踏面制动单元）</td><td>单层客车</td><td>—</td><td>160</td></tr>
<tr><td colspan="2">盘形制动装置装有踏面制动单元部分、104 型制动机（不分单、双层客车）</td><td>—</td><td>110</td></tr>
</table>

续表

机车、车辆类型			列车管空气压力 p/kPa	
			500	600
机车	电力	SS$_1$、SS$_3$	700	700
		SS$_4$（高摩闸瓦）	400	400
		SS$_7$	840	840
		8G	520	520
		6K	920	920
	内燃	SS$_8$（粉末冶金闸瓦）	280	280
		DF、DFH$_3$	550	550
		DF$_4$（货、客）、DF$_4$B（货、客）、DF$_4$C（货）、DF$_8$、DF$_{11}$	60	650
		ND$_5$（高摩闸瓦）	420	420
		ND$_2$	700	770
		DF$_7$D（低摩闸瓦）	720	720

注：表中未注明闸瓦型式的均为中磷铸铁闸瓦。

3. 换算制动率

列车换算制动率，是列车换算闸瓦总压力与列车重力之比，是反映列车制动能力的参数，也是衡量列车制动效能的重要指标。计算公式如下：

$$\vartheta_h = \frac{\sum K_h' + \sum K_h''}{(P+G) \cdot g} \tag{4-36}$$

式中：K_h'——机车每块闸瓦的换算闸瓦压力，kN；

K_h''——车辆每块闸瓦的换算闸瓦压力，kN；

P——机车计算质量，t；

G——牵引质量，t；

g——重力加速度，9.81 m/s^2。

《牵规》规定紧急制动时，列车换算制动率取全值；解算列车进站制动时，一般取全值的 50%；计算固定信号机间的距离时，取全值的 80%。

列车换算制动率的最小值如下：

货车（高磷闸瓦）：500 kPa 和 600 kPa 分别取 0.28 和 0.30。

货车（高摩闸瓦）：500 kPa 和 600 kPa 分别取 0.18 和 0.20。

行包快运货车（新高摩闸瓦）：500 kPa 和 600 kPa 分别取 0.20 和 0.22。

普通旅客列车（闸瓦）：0.58。

快速旅客列车（盘形制动、高摩合成闸片）：0.32。

《牵规》规定在解算货物列车运行时间等一般计算时，为了减少计算工作量，在20‰及其以下的坡道上，允许不计入机车的换算闸瓦压力和质量。但在专题计算时，为了取得较为精确的计算结果，需要计入机车的换算闸瓦压力和质量。计算旅客列车的换算制动必须包括机车的换算闸瓦压力和质量。

4. 应用换算法计算列车制动力

（1）紧急制动

采用换算法时，列车总制动力的计算公式如下：

$$B = \varphi_h \cdot \sum K_h \quad (\text{kN}) \tag{4-37}$$

式中：K_h——换算闸瓦压力，kN；

φ_h——换算摩擦系数。

全列车总换算闸瓦压力 $\sum K_h$ 可按照下式计算：

$$\sum K_h = \sum K_h' + \sum K_h'' \quad (\text{kN}) \tag{4-38}$$

式中：$\sum K_h'$——机车总换算闸瓦压力，kN；

$\sum K_h''$——车辆总换算闸瓦压力，kN。

紧急制动时，列车单位制动力 b 为：

$$b = \frac{B \cdot 10^3}{(P+G) \cdot g} = 1\,000 \cdot \varphi_h \cdot \frac{\sum K_h}{(\sum P + G) \cdot g} \quad (\text{N/kN}) \tag{4-39}$$

由于列车换算制动率 $\vartheta_h = \dfrac{\sum K_h}{(\sum P + G) \cdot g}$，因此，列车单位制动力方的计算公式为：

$$b = 1\,000 \cdot \vartheta_h \cdot \varphi_h \quad (\text{N/kN}) \tag{4-40}$$

（2）常用制动

列车常用制动时，制动缸空气压力比紧急制动时低，闸瓦压力也比紧急制动时低。列车换算制动率 β_c 与列车管减压量有关，按下式计算：

$$\vartheta_{hc} = \vartheta_h \cdot \beta_c \tag{4-41}$$

式中：β_c——常用制动系数，是反映常用制动时列车制动能力使用程度的参数，决定于列车管减压量的大小。

常用制动时，不同列车管减压量对应的常用制动系数如表4-9所示。

表4-9 常用制动系数

列车管减压量 r/kPa	50	60	70	80	90	100	110	列车管空气压力 p_1/kPa
旅客列车	0.19	0.29	0.39	0.47	0.55	0.61	0.69	600
货物列车	0.17	0.28	0.37	0.46	0.53	0.60	0.67	600
货物列车	0.19	0.32	0.42	0.52	0.60	0.68	0.75	500

续表

列车管减压量 r/kPa	120	130	140	150	160	170	列车管空气压力 p_1/kPa
旅客列车	0.76	0.82	0.88	0.93	0.98	1.00	600
货物列车	0.73	0.78	0.83	0.88	0.93	0.96	600
	0.82	0.89	0.95	—	—	—	500

《牵规》规定：紧急制动时，常用制动系数取全值；解算列车进站制动时，一般取全值的50%，$\beta_c = 0.5$；计算固定信号机间的距离时，取全值的80%，$\beta_c = 0.8$。

根据式（4-35），常用制动时，列车单位制动力的计算公式为：

$$b = 1\,000 \cdot \vartheta_h \cdot \varphi_h \cdot \beta_c \quad (\text{N/kN}) \tag{4-42}$$

例 4-2 列车制动力计算

DF$_4$（货）型内燃机车（一台）牵引 50 辆货车，牵引质量 $G = 3\,500$ t，其中重车 40 辆，空车 10 辆，车辆制动机为 GK 型。列车管定压 500 kPa，列车在速度为 60 km/h 时紧急制动，求列车制动停车时的制动力 B 与列车单位制动力 b。

解：紧急制动下的总制动力：

$$\sum K_h = 650 + 40 \times 250 + 10 \times 160 = 12\,250\,(\text{kN})$$

$$\varphi_h = 0.356 \times \frac{3.6v + 100}{14v + 100} + 0.000\,7(110 - v_0)\varphi$$

$$= 0.356 + 0.000\,7 \times (110 - 60)$$

$$= 0.391$$

列车总制动力：

$$B = \varphi_h \sum K_h = 0.391 \times 12\,250 = 4\,789.8\,(\text{kN})$$

列车换算制动率：

$$\vartheta_h = \frac{\sum K_h}{(\sum P + G)g} = \frac{12\,250}{(135 + 3\,500) \times 9.81} = 0.344$$

$$b = 1\,000\varphi_h \cdot \vartheta_h = 1\,000 \times 0.391 \times 0.344 = 134.5\,(\text{N/kN})$$

例 4-3 列车制动力计算

SS$_3$ 型电力机车（一台）牵引 3\,600 t 的货物列车，45 辆，其中 GK 型制动机重车 42 辆，空车 2 辆，1 辆关门车。车辆按高磷闸瓦计算。列车管定压为 500 kPa，速度 $v = 80$ km/h 时实行紧急制动，计算速度降到 $v = 50$ km/h 时的列车总制动力和单位制动力，并计算同样条件下常用制动减压 90 kPa 的单位制动力。

解：关门车的换算闸瓦压力为 0，因此，紧急制动下的总制动力：

$$\sum K_h = 700 + 42 \times 250 + 2 \times 160 = 11\,520\,(\text{kN})$$

$$\varphi_h = 0.372 \times \frac{17 \times 50 + 100}{60 \times 50 + 100} + 0.001\,2 \times (120 - 80) = 0.162$$

列车总制动力：

$$B = \varphi_h \cdot \sum K_h = 0.162 \times 11\,520 = 1\,866.2 \text{(kN)}$$

列车换算制动率：

$$\vartheta_h = \frac{\sum K_h}{(\sum P + G)g} = \frac{11\,520}{(138+3\,500) \times 9.81} = 0.344$$

$$b = 1\,000\varphi_h \cdot v_h = 1\,000 \times 0.162 \times 0.31 = 50.2 \text{ (N/kN)}$$

常用制动减压 90 kPa 的单位制动力：

查表 $\varphi_{hc} = 0.6$，$b_c = 50.2 \times 0.6 = 30.12$ (N/kN)

4.7 列车制动力的二次换算法

我国铁路现在已形成多种材质闸瓦和盘形制动闸片并存的局面。除粉末冶金闸瓦外，中磷、高磷、低摩及高摩合成闸瓦和闸片均已有试验提供的各自的换算摩擦系数和相应的每辆车的换算闸瓦压力。对于具有不同材质闸瓦混编而成的列车，用换算法又会出现麻烦，由于摩擦系数不能提出到累加号 $\sum$ 的外边，每种闸瓦（或闸片）的换算制动力和换算制动率要分别计算，而且不能得出全列车的换算制动率。

为了进一步简化不同材质闸瓦混编时的列车制动力的计算，提出了列车制动力计算的等效（二次换算）法。二次换算法的实质是再次应用制动力等效原理，即假定闸瓦（或闸片）换算摩擦系数与闸瓦（或闸片）的材质无关，用另一个不随闸瓦（闸片）材质和压强而变的制动力等效摩擦系数来代替原来的换算摩擦系数 φ_b，同时又将原来的换算闸瓦压力 K_h 修正为制动力等效闸瓦压力 K_b。修正的原则是：

$$K_b \cdot \varphi_b = K_h \cdot \varphi_h$$

即：

$$K_b = K_h \cdot \frac{\varphi_h}{\varphi_b} = K_h \cdot x \tag{4-43}$$

式中：$x = \dfrac{\varphi_h}{\varphi_b}$，为各种闸瓦（或闸片）的等效（二次换算）系数。

在这种情况下，列车制动力：

$$B = \varphi_b \cdot \sum K_h = \varphi_b \cdot (K_{a1} + K_{a2} + \cdots)(\text{kN}) \tag{4-44}$$

单位制动力为：

$$b = \varphi_b \cdot \frac{\sum K_B \cdot 10^3}{(\sum P + G) \cdot g} \text{ (N/kN)} \tag{4-45}$$

$$= \varphi_b \cdot \vartheta_b \cdot 10^3$$

式中：ϑ_b 为列车制动力等效的二次换算制动率，或称等效制动率。

$$\vartheta_b = \frac{\sum K_b}{(\sum P + G) \cdot g} \tag{4-46}$$

应用二次换算法时，需要给出各种类型摩擦材料换算闸瓦压力之间的换算系数，即该种材料的换算摩擦系数与"基型"摩擦材料换算摩擦系数的比值。实际应用二次换算法计算列车制动力时，一般选择列车中占主导地位的多数闸瓦（或闸片）作为"基型"，使列车制动力的等效二次换算的计算结果误差减至最小。一般货物与旅客列车（含混合列车）选择中磷或高磷闸瓦为基型（两者差别不大）。快速旅客列车以盘形制动为主，应选高摩合成闸片为基型。在确定"基型"摩擦材料后，其他材质的闸瓦（闸片）的换算闸瓦压力折算成同一种基型摩擦材料的换算闸瓦压力，计算列车制动力时共用基型摩擦材料的换算摩擦系数。

表 4-10~表 4-12 所示为不同基型时各种闸瓦（或闸片）等效二次换算系数的表达式、具体取值及近似取值。

表 4-10 不同基型时各种闸瓦（或闸片）等效二次换算系数表达式

闸瓦类型	基型		
	中磷闸瓦	高磷闸瓦	高摩合成闸片
中磷闸瓦	1	$1-0.0025(120-v_0)$	$0.43+0.0025(120-v_0)$
高磷闸瓦	$1+0.003(120-v_0)$	1	$0.42+0.0045(120-v_0)$
低摩合成闸瓦	0.083	$0.84-0.0025(120-v_0)$	$0.38-0.002(120-v_0)$
高摩合成闸瓦	$2.2-0.01(12-v_0)$	$2.2-0.015(120-v_0)$	0.9
高摩合成闸片	$2.4-0.01(120-v_0)$	$2.4-0.015(120-v_0)$	1

注：v_0 制动初速，km/h。

表 4-11 不同基型时各种闸瓦（或闸片）等效二次换算系数具体取值

基 型	闸瓦类型	制动初速度 $v_0/(\mathrm{km\cdot h^{-1}})$					
		160	140	120	100	80	60
高摩合成闸片	高磷闸瓦	0.24	0.33	0.42	0.51	0.60	0.69
	中磷闸瓦	0.305	0.355	0.405	0.455	0.505	0.555
	低摩合成闸瓦	—	—	0.34	0.38	0.42	0.46
	高摩合成闸瓦	0.9	0.9	0.9	0.9	0.9	0.9
高磷闸瓦	中磷闸瓦	—	—	1.0	0.95	0.9	0.85
	低摩合成闸瓦	—	—	0.84	0.79	0.74	0.69
	高摩合成闸瓦	—	—	2.2	1.9	1.6	1.3
	高摩合成闸片	—	—	2.4	2.1	1.8	1.5
中磷闸瓦	高磷闸瓦	—	—	1.0	1.06	1.12	1.18
	低摩合成闸瓦	—	—	0.83	0.83	0.83	0.83
	高摩合成闸瓦	—	—	2.2	2.0	1.8	1.6
	高摩合成闸片	—	—	2.4	2.2	2.0	1.8

表 4–12 不同基型时各种闸瓦（或闸片）等效二次换算系数近似值

基型	高磷或中磷闸瓦	高摩合成闸片
高磷或中磷闸瓦	1	0.42
低摩合成闸瓦	0.8	0.38
高摩合成闸瓦	2.0	0.9
高摩合成闸片	2.2	1

注：供一般列车运行速度与时分计算及列车编组后检查闸瓦压力之用。

因为中磷闸瓦和高磷闸瓦的摩擦系数差别不大，使用中磷闸瓦的机车牵引高磷闸瓦的车辆时，可以忽略中磷闸瓦和高磷闸瓦的区别，将机车的中磷闸瓦的换算压力视同高磷闸瓦的换算压力。

例 4–4　制动力的二次换算法

SS_8 型电力机车（一台）牵引 16 辆双层快速客车，牵引质量为 800 t，客车基础制动装置为盘形制动高磷闸片带踏面制动中磷闸瓦，列车管定压为 600 kPa，计算当速度 $v=100$ km/h 施行常用制动系数，减压 80 kPa，速度降到 50 km/h 时的单位制动力。（因缺乏粉末冶金闸瓦数据，暂用高摩合成闸瓦资料）

解：以高摩合成闸片为基型，由表 4–11 得知，等效二次换算系数分别为：$x=0.455$（中磷闸瓦），$x=0.9$（高摩合成闸瓦）。

列车等效二次换算制动率：

$$\theta_b = \frac{0.9 \times 280 + 16 \times (200 + 110 \times 0.455)}{888 \times 9.81} = 0.488$$

高摩合成闸瓦片换算摩擦系数 $\varphi_b = 0.358 \dfrac{v+150}{2v+150} = 0.286$

当旅客列车管定压为 600 kPa，减压 80 kPa，常用制动系数 $\beta_c = 0.47$

列车单位制动力 $b = 1\,000 \cdot \varphi_b \cdot \vartheta_b \cdot \beta_c = 65.6$（N/kN）

为了便于应用表 4–8，可按等效（二次换算）法处理成每辆车等效（二次换算）闸瓦压力，一般计算可直接引用。表 4–13 和表 4–14 中的列车换算闸瓦压力是根据 2007 年新版《铁路技术管理规程》第 18 表、第 19 表查得。

表 4–13 机车计算重量及每台换算闸瓦压力表

种类	机型	计算重量/t	计算闸瓦压力/kN
电力	SS_1、SS_3、SS_6	138	700
	SS_{3B}、SS_{6B}	138	680
	SS_4	184	900
	SS_7	138	840
	SS_{7B}、SS_9	126	770
	SS_8	88	450
	DJ_1	184	1120
	6K	138	780
	8G、8K	184	880

续表

种类	机型	计算重量/t	计算闸瓦压力/kN
内燃	DF	124	550
	DF$_2$	110	500
	DF$_4$、DF$_5$、DF$_7$、DF$_8$、DF$_{11}$	138	650
	DF$_{7B}$、DF$_{7C}$、DF$_{7D}$	138	580
	DF$_{8B}$	150	720
	DFH$_2$	60	400
	DFH$_3$	85	550
	DFH$_5$	84	500
	BJ	90	560
	ND$_2$	118	560
	ND$_3$	126	640
	ND$_5$	135	960
	NY$_8$、NY$_7$	134	500
	DF	124	550

注：按中磷铸铁闸瓦换算闸瓦压力。

表4-14 车辆换算闸瓦压力表

种类	车型		自动制动机列车主管压力/kPa 500	自动制动机列车主管压力/kPa 600	人力制动机/kN
客车	普通客车（踏面制动，120 km/h）		350		
	新型客车（盘形制动，160 km/h）	单层	480 (200)		80
		双层	550 (220)		80
动车组	内燃动车组（18 t 轴重）		600 (240)		80
	电力动车组（16 t 轴重）		550 (220)		80
行邮行包列车	行邮列车	普通（踏面制动，120 km/h）	350		80
		特快（盘形制动，160 km/h）	480 (200)		80
	行包列车（18 t 轴重）	重车位	350 (210)		40
		空车位	140 (80)		40

续表

种类	车型		每辆换算闸瓦压力		
			自动制动机列车主管压力/kPa		人力制动机/kN
			500	600	
货车	普通货车（21 t 轴重）	重车位	300（180）	340（200）	40
		空车位	120（70）	140（80）	40
	普通货车（23 t 轴重）	重车位	330（200）	370（220）	40
		空车位	130（80）	150（90）	40
	普通货车（25 t 轴重）	重车位	360（220）	410（250）	50
		空车位	150（90）	170（100）	50

注：1. 按中磷铸铁闸瓦换算闸瓦压力，括号内为合成闸瓦（片）换算闸瓦压力。

2. 空重车自动调整装置的空重位压力比为 1：2.5；对装有空重车手动调整装置的车辆，当车辆总重（自重+载重）达到 40 t 时，按重车位调整。

3. 旅客列车、行邮行包列车自动制动机主管压力为 600 kPa；其他列车为 500 kPa，长大下坡道区段及重载列车自动制动机主管压力由铁路局规定，报铁道部批准。

4.7.1 机车动力制动力及其限制

电力机车和电传动内燃机车利用牵引电机的可逆原理，当制动时，使牵引电动机变为发电机，动轴在列车惯性力的推动下，通过齿轮带动牵引电机的转子旋转发电，把列车的动能转换成电能形成制动力。将电能消耗在机车上特设的制动电阻上，使之转化为热能后散逸掉，这称为电阻制动；在电力机车上把所发电能反馈给电网加以利用的，称为再生制动。

液力制动是液力传动内燃机车的一种动力制动方式。当制动时，动轴在列车惯性力的推动下，通过传动装置，带动液力制动器内的转子在工作油中旋转，把工作油加速，在定子中的工作油又被减速，从而产生扭矩，形成液力制动力。工作油把列车的动能转换成热能，并进入热交换器进行循环冷却，经散热器散发到空气中去。

机车上有了动力制动，使操纵手段更加丰富，操作更加便利。使用动力制动，调速时比单独使用空气制动控制有优势，列车冲动要小；列车运行在长大下坡道时，使用动力制动调速，由于制动力较小，能够保持比使用空气制动周期制动高得多的平均运行速度，因此可以缩短列车运行时间，提高通过能力，还可以减小车轮踏面摩擦损耗。

动力制动力只发生在机车和动车组带有动力车轴上，它的大小受到各种条件的限制，以电阻制动为例，其限制条件如图 4-2 所示。

①黏着限制。电阻制动力不能超过轮轨间黏着力的极限值。图 4-2 中的 1 线就是制动力的黏着限制线。当电阻制动超过此线时，带有动力的那些车轮将发生滑行。

②最大制动电流限制。图 4-2 中的 2 线是最大制动电流限制线。电阻制动时所允许的最大制动电流，决定于绕组的允许温升或制动电阻的允许发热条件。超过制动电流的允许值将使绕组过热或制动电阻温度过高。

③牵引电机转换条件限制。图 4-2 中的 3 线是牵引电机转换条件限制线。机车在高速运行时，直流牵引电机整流子转换条件恶化，如果此时电枢电流过大，就会产生严重的火

花。为保证电机的安全整流，高速电阻制动时，要严格限制其制动电流。

④机车最大速度限制（如图4-2中的4线所示）。

⑤最小励磁电流限制（如图4-2中的5线所示）。

⑥最大励磁电流限制（如图4-2中的6线所示）。励磁绕组允许通过的最大电流根据其允许温升而定，超过最大电流，励磁绕组会过热。

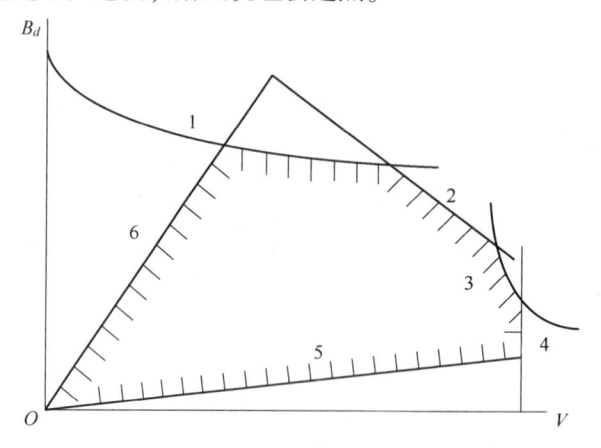

图4-2 电阻制动限制条件示意图

在常速机车上，动力制动主要用于调速，可以和空气制动的常用制动联合使用，但不参与紧急制动。列车调速制动时，应将动力制动力计算在内。验算列车运行的最高允许速度或计算列车进站停车制动及计算固定信号机间的距离时，不应将动力制动力计算在内。多机牵引时，列车头部每台机车的动力制动力均取全值。

4.7.2 动力制动特性曲线与数据表

各型电力机车的电阻制动特性如图4-3~图4-33所示。

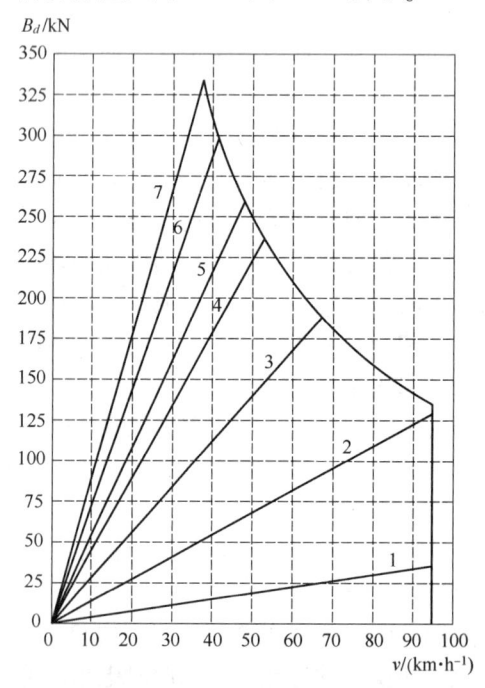

图4-3 SS$_1$型电力机车电阻制动特性曲线

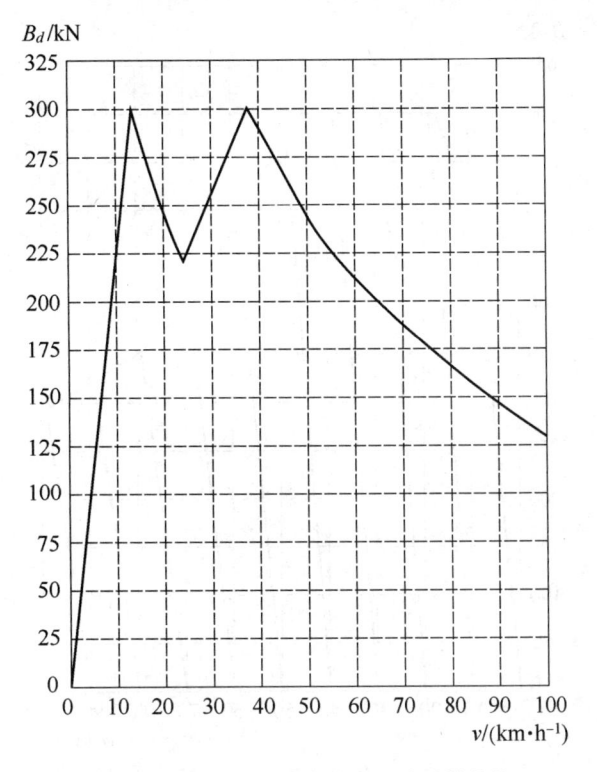

图 4-4 SS₃型电力机车电阻制动特性曲线

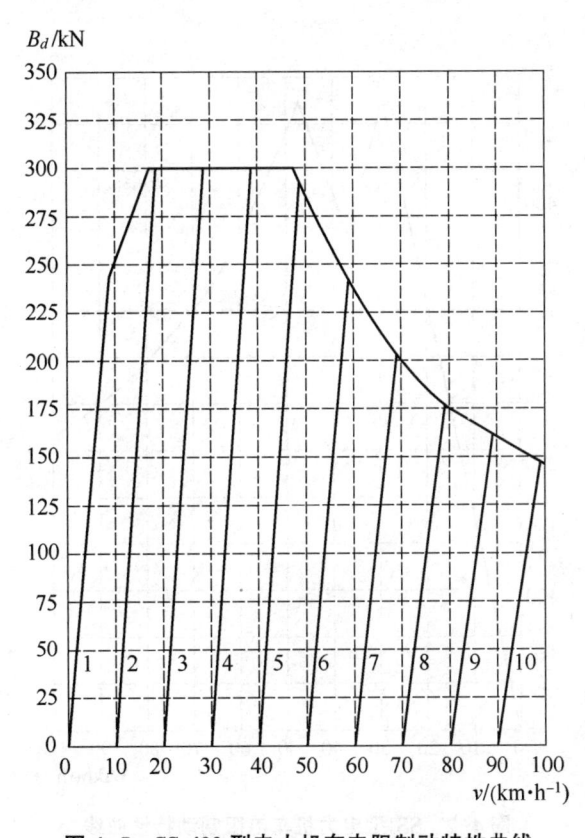

图 4-5 SS₃400型电力机车电阻制动特性曲线

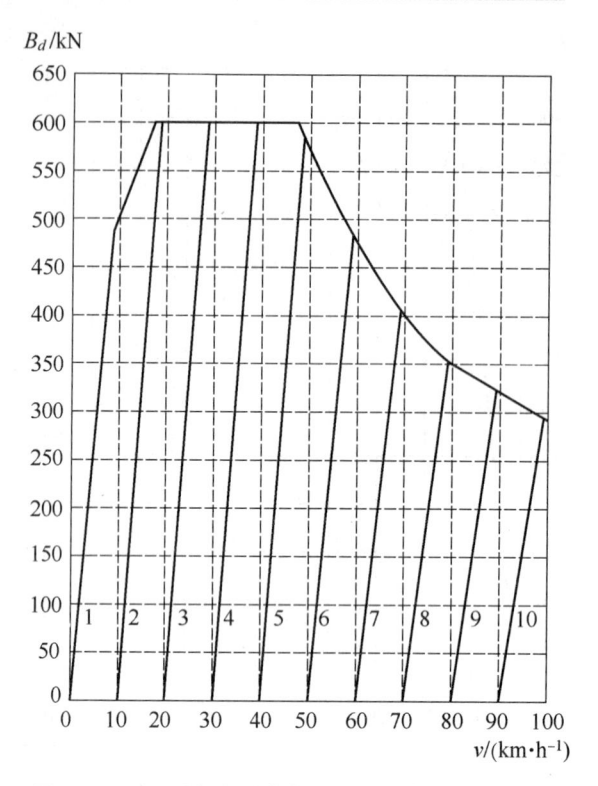

图 4-6 SS$_{3B}$型电力机车电阻制动特性曲线（双节）

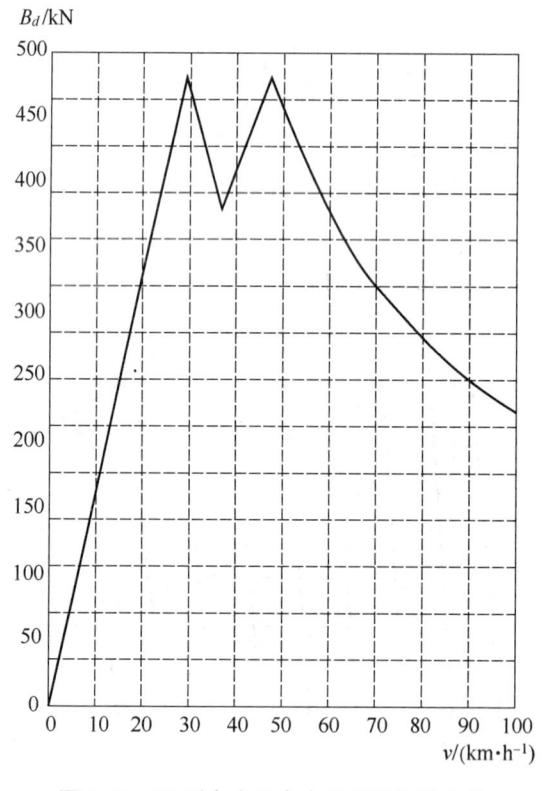

图 4-7 SS$_4$型电力机车电阻制动特性曲线

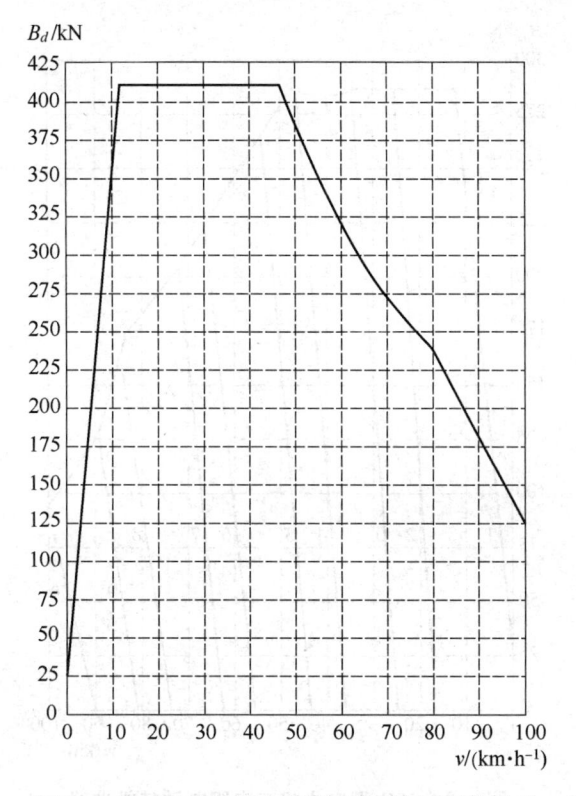

图 4-8　SS$_4$（改）型电力机车电阻制动特性曲线

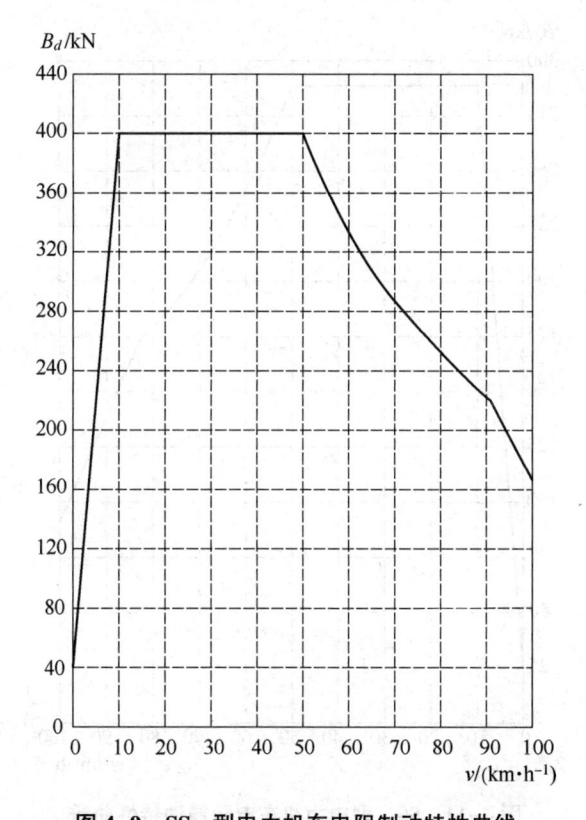

图 4-9　SS$_{4B}$型电力机车电阻制动特性曲线

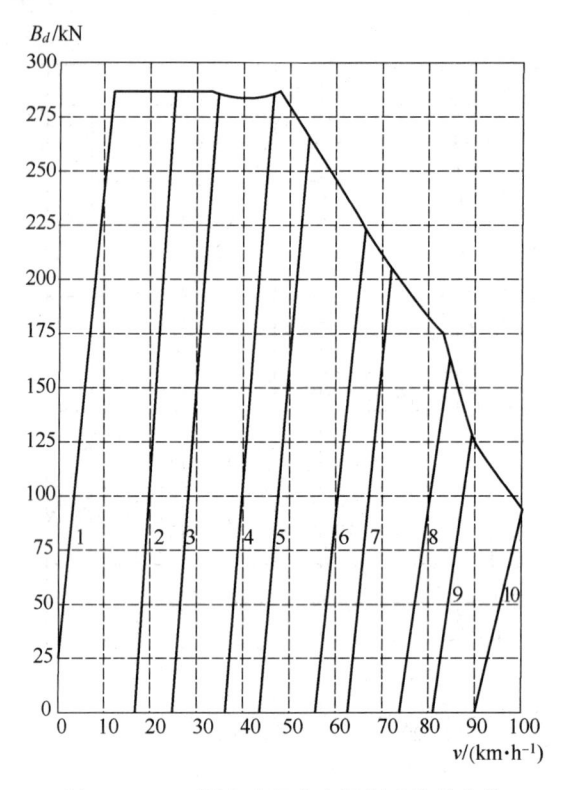

图 4-10 SS₆型电力机车电阻制动特性曲线

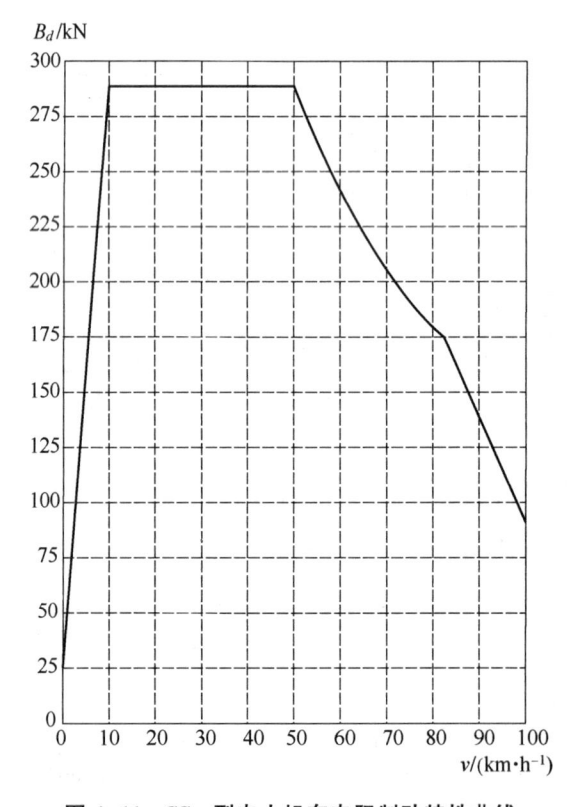

图 4-11 SS₆ᴮ型电力机车电阻制动特性曲线

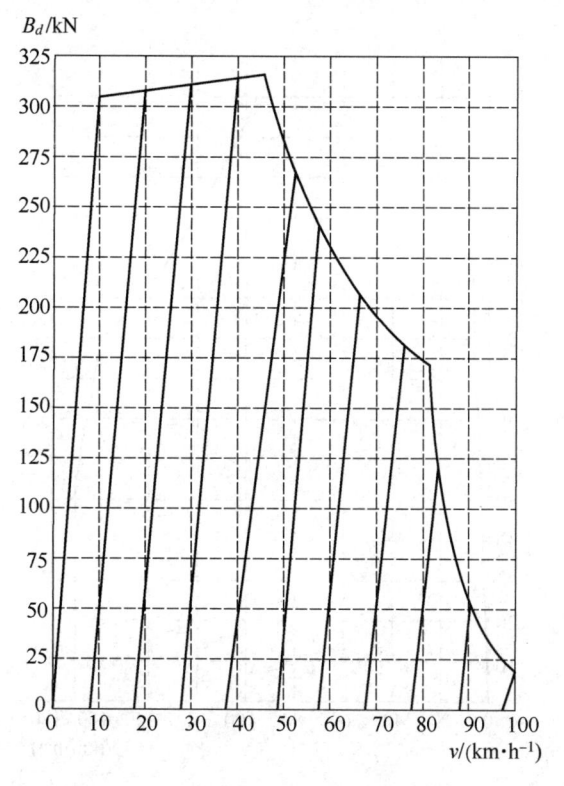

图 4-12　SS₇型电力机车电阻制动特性曲线

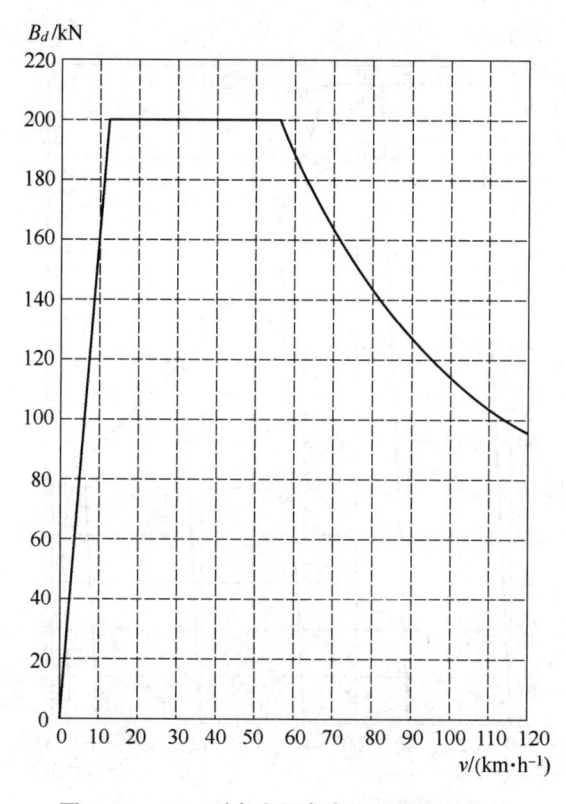

图 4-13　SS₇C型电力机车电阻制动特性曲线

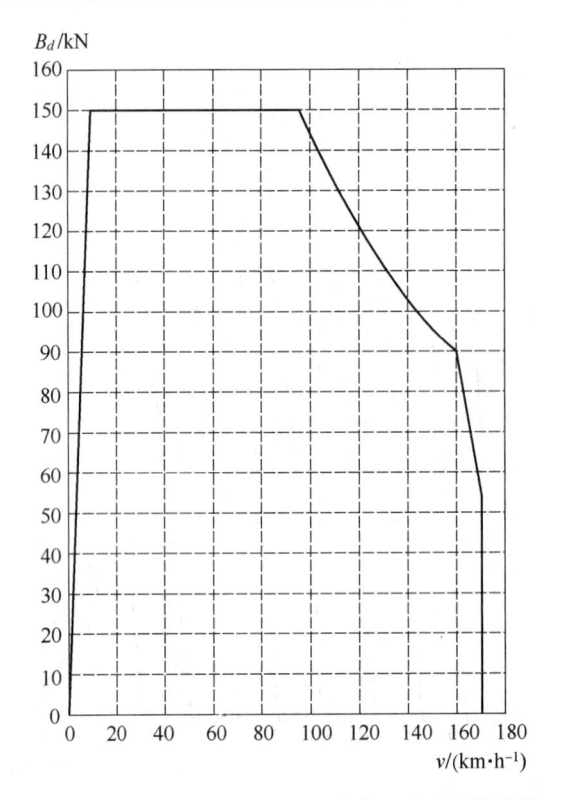

图 4-14 SS$_{7D}$、SS$_{7E}$型电力机车电阻制动特性曲线

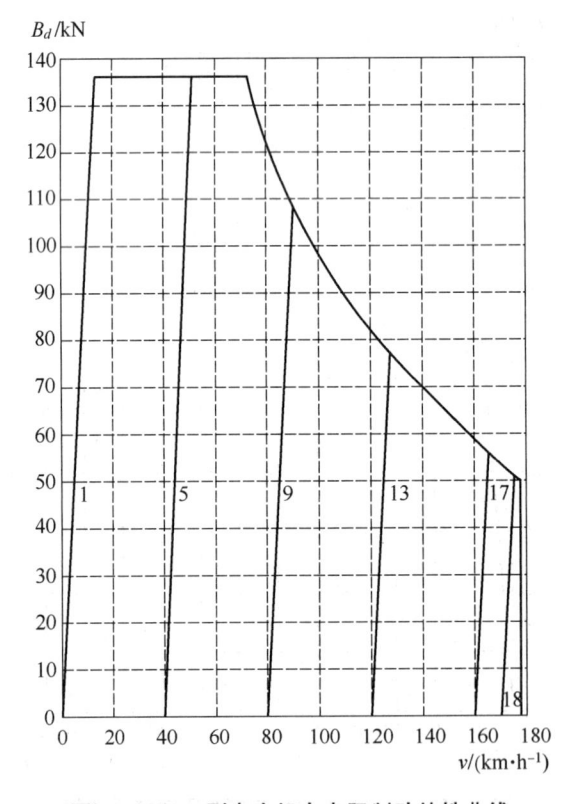

图 4-15 SS$_8$型电力机车电阻制动特性曲线

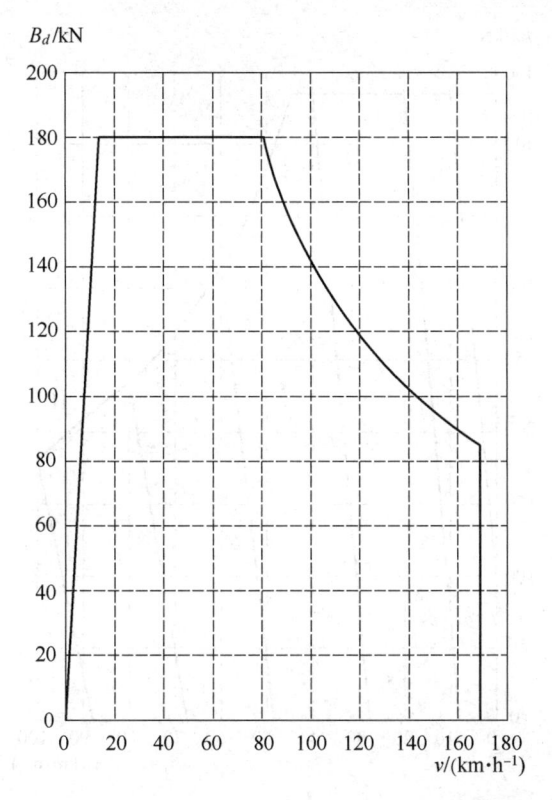

图 4-16　SS₉、SS₉（改）型电力机车电阻制动特性曲线

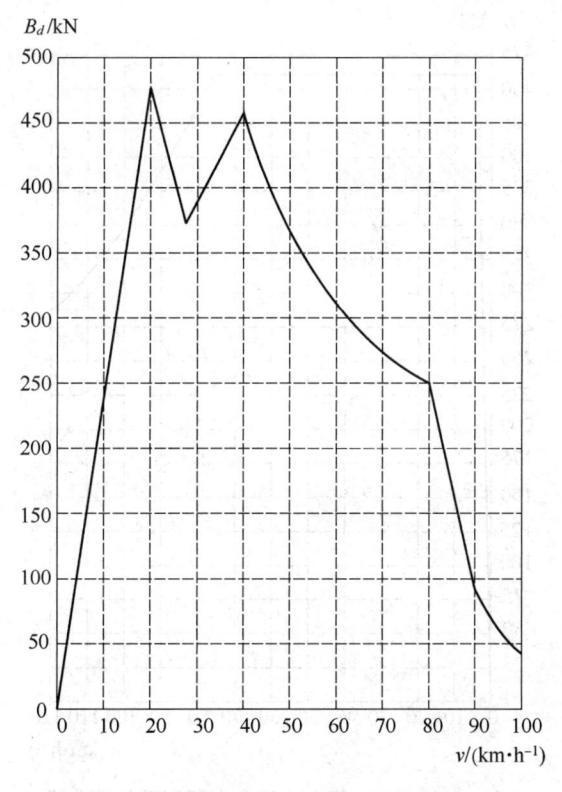

图 4-17　8G 型电力机车电阻制动特性曲线

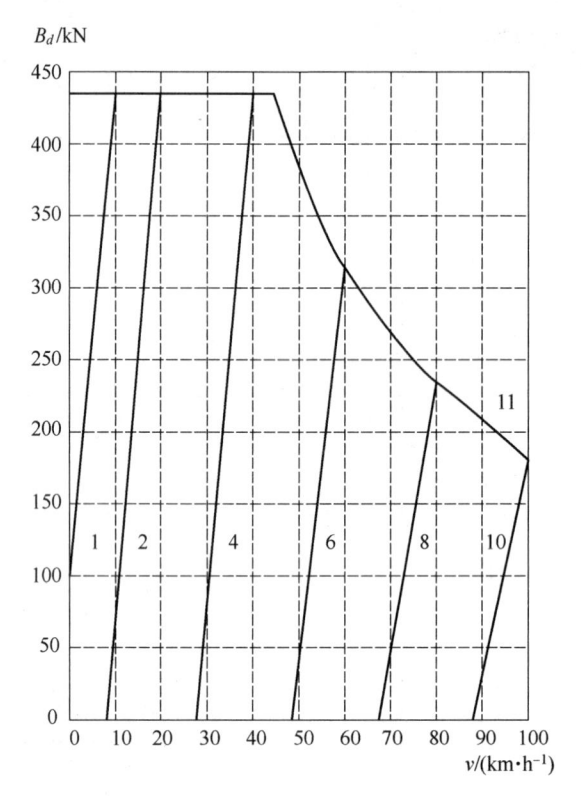

图 4-18　8K 型电力机车电阻制动特性曲线

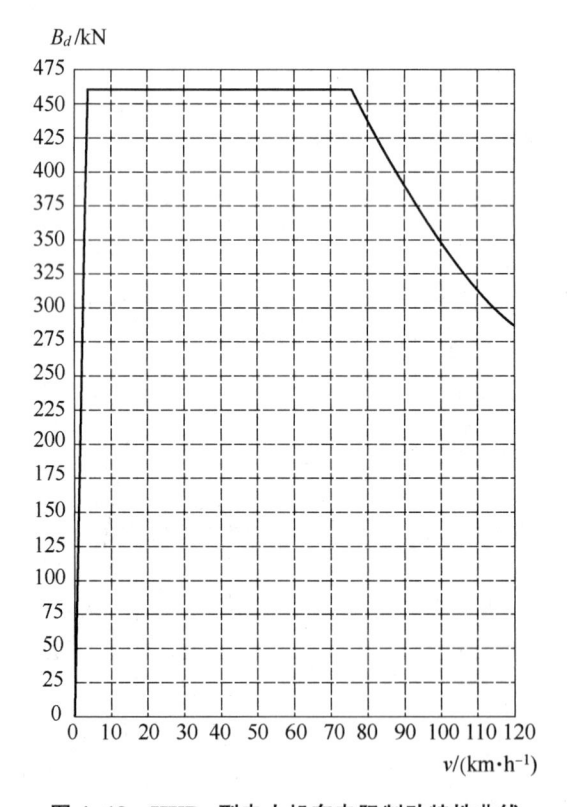

图 4-19　HXD₁ 型电力机车电阻制动特性曲线

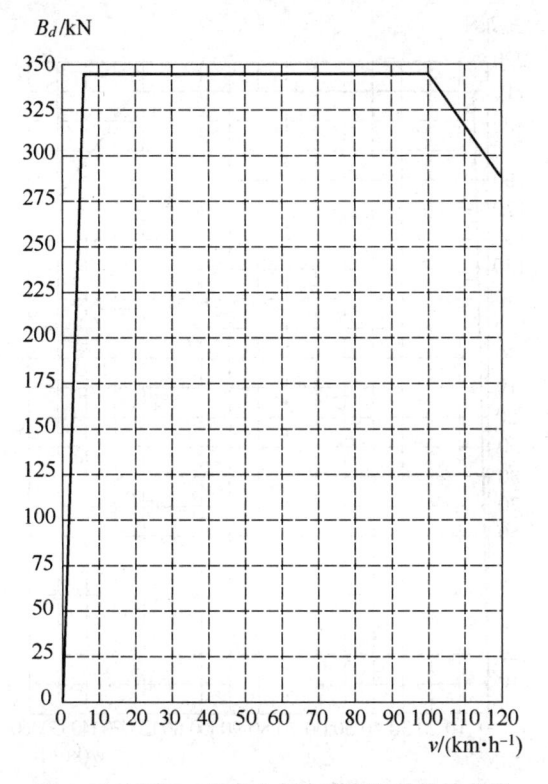

图 4-20 HXD$_{1B}$型电力机车电阻制动特性曲线

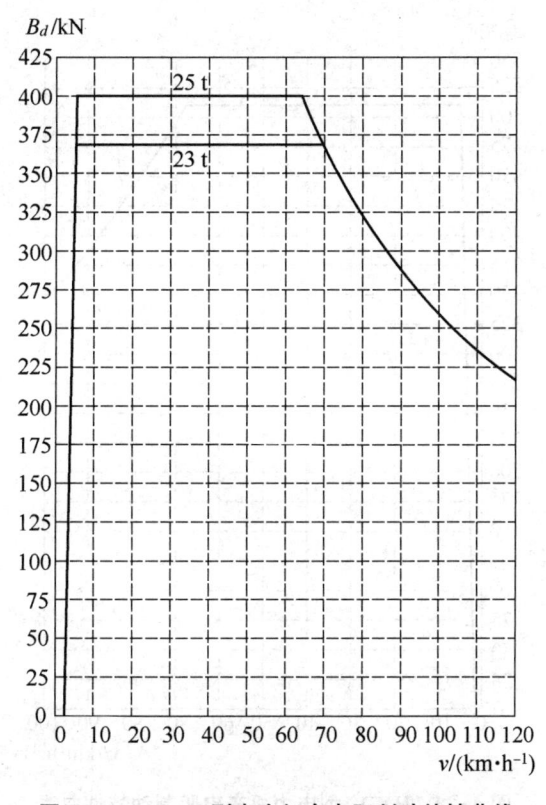

图 4-21 HXD$_{1C}$型电力机车电阻制动特性曲线

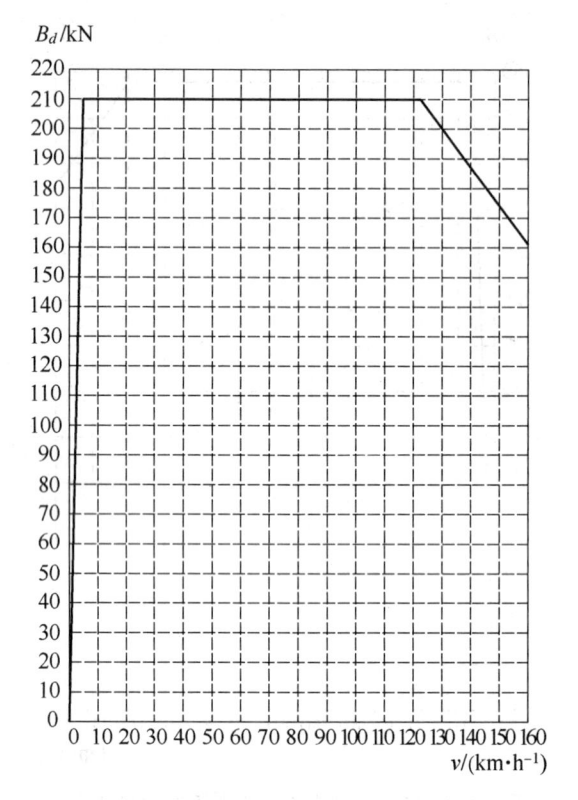

图 4-22 HXD$_{1D}$型电力机车电阻制动特性曲线

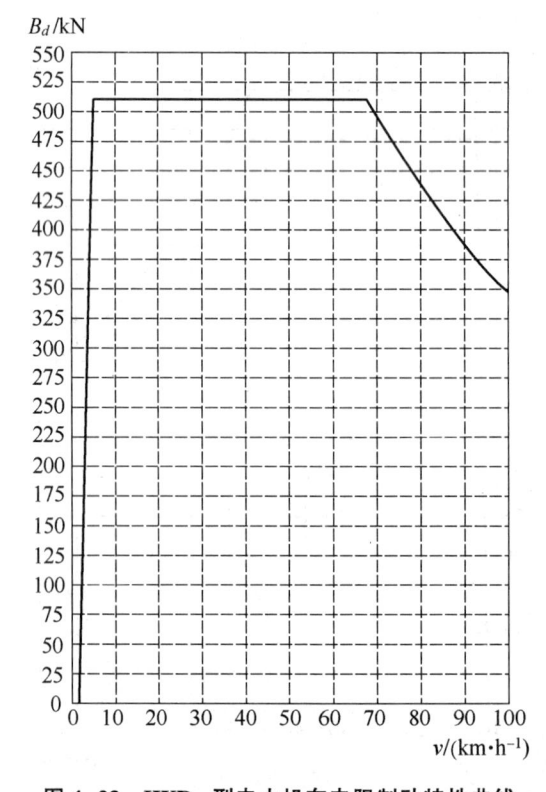

图 4-23 HXD$_{1F}$型电力机车电阻制动特性曲线

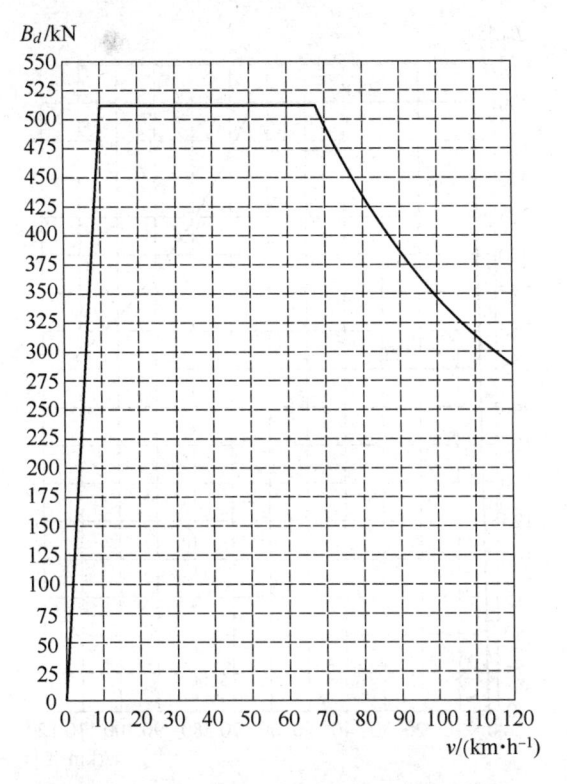

图 4-24　HXD₂型电力机车电阻制动特性曲线

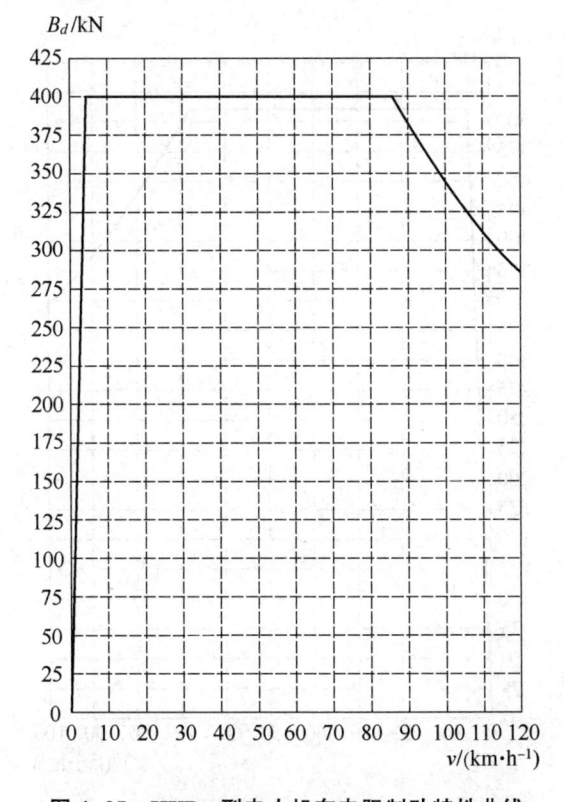

图 4-25　HXD₂ᵦ型电力机车电阻制动特性曲线

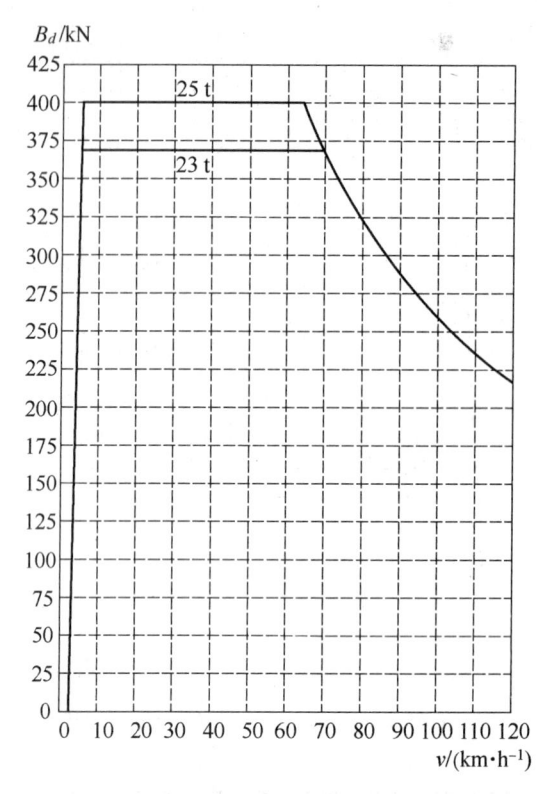

图 4-26 HXD$_{2C}$型电力机车电阻制动特性曲线

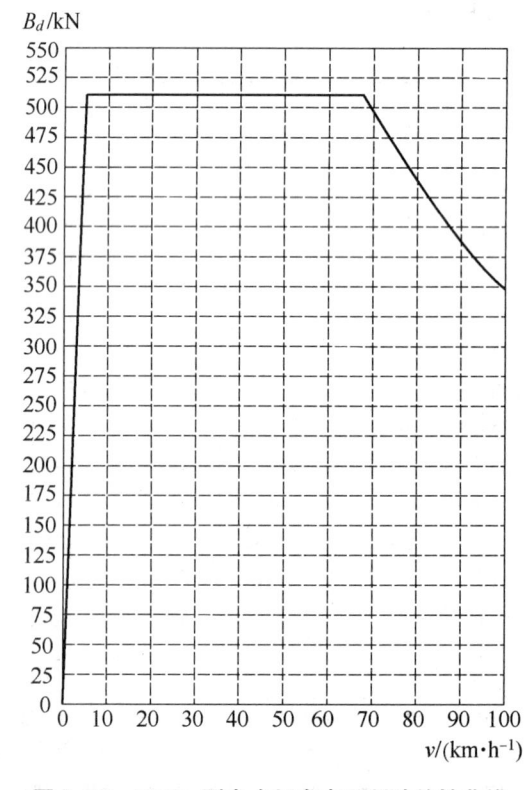

图 4-27 HXD$_{2F}$型电力机车电阻制动特性曲线

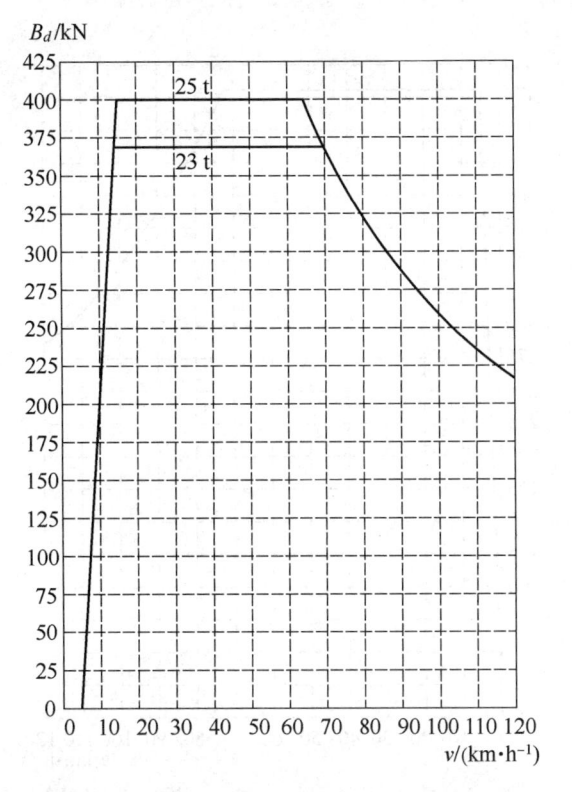

图 4-28　HXD₃型电力机车电阻制动特性曲线

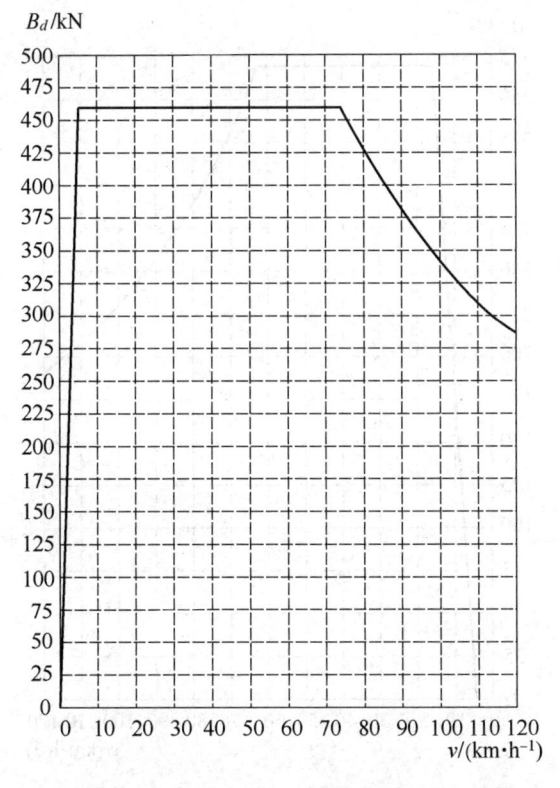

图 4-29　HXD₃ₐ型电力机车电阻制动特性曲线

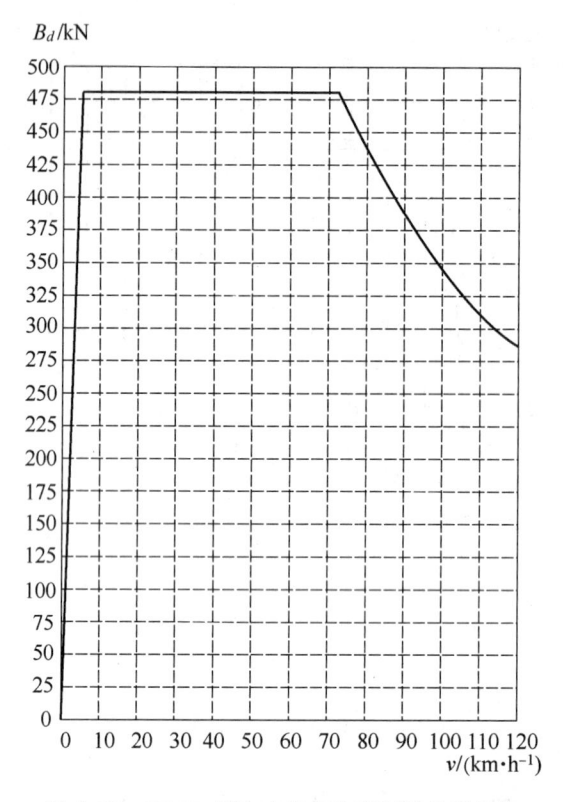

图 4-30　HXD$_{3B}$型电力机车电阻制动特性曲线

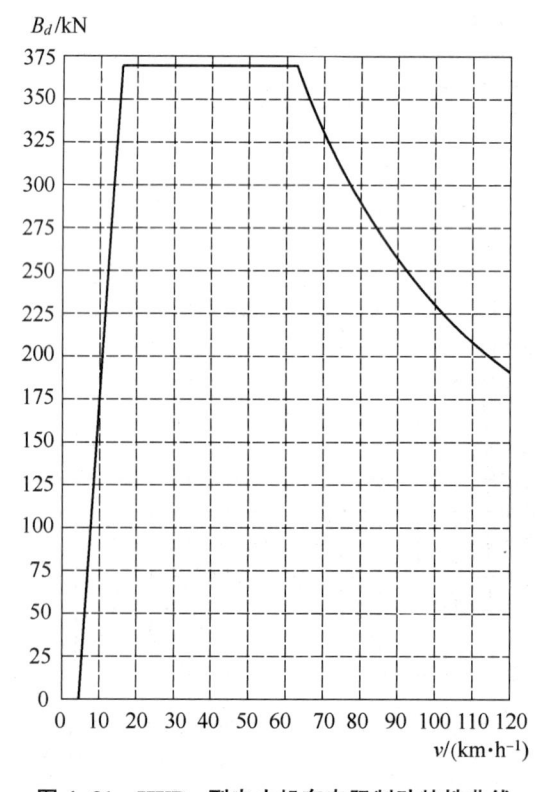

图 4-31　HXD$_{3C}$型电力机车电阻制动特性曲线

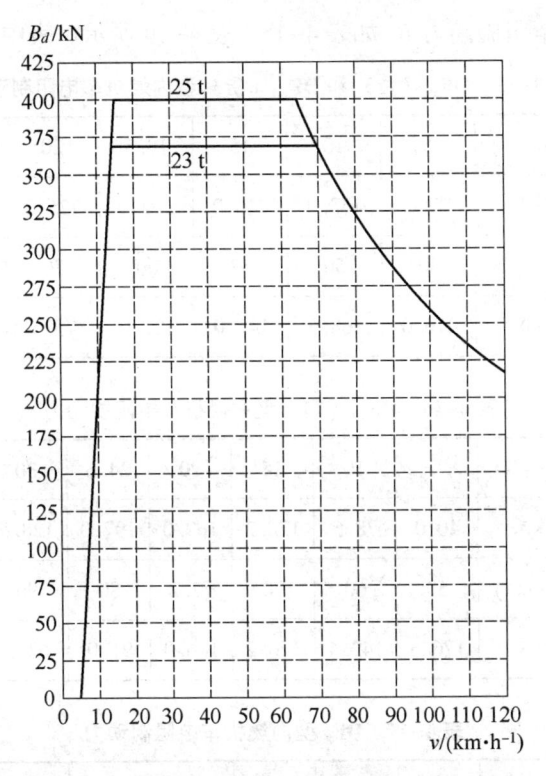

图 4-32　HXD$_{3CA}$型电力机车电阻制动特性曲线

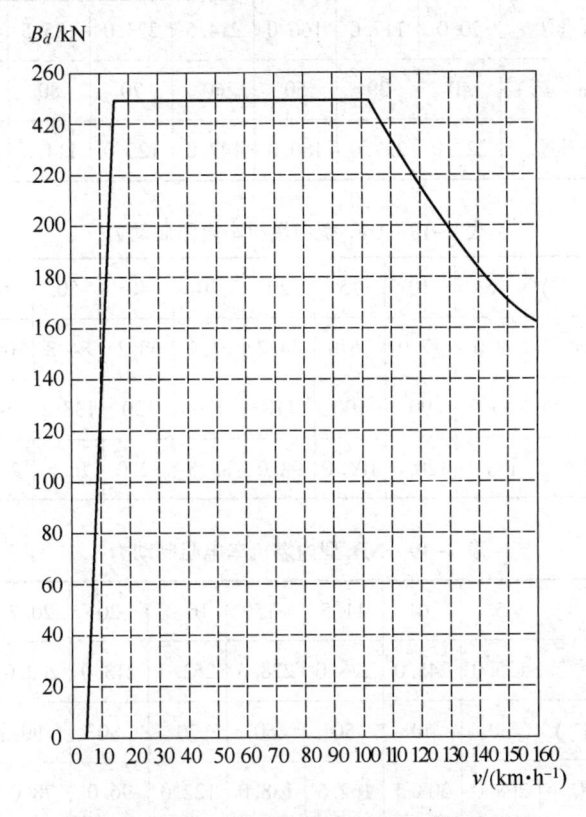

图 4-33　HXD$_D$型电力机车电阻制动特性曲线

各型内燃机车的电阻制动力 B_d 如表 4-15 -表 4-19 所示。表中，n_e 为柴油机转速。

表 4-15 DF$_{4B}$（货）和 DF$_{4C}$（货）型内燃机车电阻制动力

n_e/(r·min^{-1})	v/(m·s^{-1})	5	10	15	18.5	20	22.5	30	35
850	B_d/kN	70.0	143.0	216.0	262.0	225.0	171.0	230.0	267.0
n_e/(r·min^{-1})	v/(m·s^{-1})	40	50	58	60	70	80	90	100
850	B_d/kN	216.0	168.5	141.0	122.0	75.5	46.0	24.5	8.0

表 4-16 DF$_{4B}$（客）型内燃机车电阻制动力

n_e/(r·min^{-1})	v/(m·s^{-1})	5	10	15	20	24.6	30	35	40	46.6
850	B_d/kN	40.0	78.5	120.2	162.0	197.0	128.5	157.0	175.5	200.6
n_e/(r·min^{-1})	v/(m·s^{-1})	50	60	70	77.2	80	90	100	110	120
850	B_d/kN	176.6	142.4	120.2	106.0	91.0	63.5	45.0	30.0	18.4

表 4-17 DF$_8$ 型内燃机车电阻制动力

n_e/(r·min^{-1})	v/(m·s^{-1})	5	10	15	20	21	25	27.2	30	35
850	B_d/kN	70.0	117.0	166.0	214.5	223.0	185.5	168.3	84.0	209.5
n_e/(r·min^{-1})	v/(m·s^{-1})	40	39	50	60	70	80	85	90	100
850	B_d/kN	222.0	227.0	180.0	147.0	125.0	111.3	72.0	57.0	32.0

表 4-18 DF$_{11}$ 型内燃机车电阻制动力

n_e/(r·min^{-1})	v/(m·s^{-1})	5	10	15	20	30	40	50	60	70	80
850	B_d/kN	9.0	17.9	26.0	34.2	51.2	68.3	84.8	100.0	116.0	130.0
n_e/(r·min^{-1})	v/(m·s^{-1})	83.5	90	100	110	120	130	138.3	140	150	160	170
850	B_d/kN	134.5	120.0	106.0	98.0	88.5	82.0	76.5	72.8	56.8	44.0	34.0

表 4-19 ND$_5$ 型内燃机车电阻制动力

n_e/(r·min^{-1})	v/(m·s^{-1})	5	10	11.5	15	16.5	20	20.7	22	26	29.5
850	B_d/kN	125.0	245.0	278.0	228.0	262.0	213.0	202.0	271.0	222.0	273.0
n_e/(r·min^{-1})	v/(m·s^{-1})	30	40	50	60	70	80	90	100	110	118
850	B_d/kN	268.0	203.5	162.5	138.0	122.0	96.0	78.0	62.0	48	38.0

4.7.3 动力制动控制

内燃机车的电阻制动一般采用两级制动,根据运行速度高低自动转换。在电阻制动特性曲线图上有 1~2 个峰值,峰值左侧的一段直线受最大励磁电流限制,峰值右侧的一段曲线受最大制动电流限制,在高速区更陡的一段曲线受换向条件限制。

DF_4 型内燃机车在电阻制动时,将牵引发电机作为牵引电动机的他励电源。通过调节牵引发电机的电压,改变牵引电动机的他励电流和磁通,从而达到改变电磁转矩,调节机车电阻制动力的目的。具体方法如下。

①机车设有电阻制动控制手柄,共有 12 个位置,每个手柄位置均对应一定的柴油机转速,变换柴油机的转速,即改变了牵引发电机的电压。

②因为牵引电动机励磁绕组的阻值很小,不需要牵引发电机在各种转速下原有的高电压,故在牵引发电机的励磁系统中串入了电阻,使其输出电压减小。

③为了使制动电流不超过规定值,同时又能保持所需的制动电流,所以采用了自动调节制动电流的恒流励磁系统。

机车施行电阻制动时,司机手柄位置给定后,牵引电动机的励磁电流即被确定并保持不变。制动电流和制动力随机车速度的增大而增加,若忽略电枢反应,则此时制动力与速度呈线性关系。当制动电流增至规定值时,恒流励磁调节系统起作用,使制动电流保持恒定。此时制动力与速度呈双曲线关系,随着速度值的增加,牵引电动机的励磁电流减小,制动力降低,但制动电流不变,直到受换向火花限制为止;随着速度值的减小,励磁电流增加,制动力也增加,同样制动电流不变,直到励磁电流受到限制并过渡到直线段为止。

电力机车和电力动车组电阻制动分为非加馈电阻制动和加馈电阻制动两种。前者 SS_1 型电力机车为一级电阻制动,SS_3、SS_4、8G 电力机车为二级电阻制动。二级电阻制动除了不自动转换外,其他特点与内燃机车类似。

SS_1 型电力机车在电阻制动时,牵引电动机是要用励磁机来励磁的。由于励磁机自身励磁回路采用的是无级可调电阻,因此,牵引电机的励磁电流可得到无级调节,并且没有最小励磁电流限制。此外,机车上还设有最大制动电流恒流装置,当制动电流达到最大值时,恒流装置起作用,自动减小励磁,保证制动电流恒定在最大值上。机车电阻制动力随着速度上升而沿着直线加大,直到制动电流达到最大值受到限制后,制动力就沿着最大制动电流恒流曲线向速度加大的方向变化(制动力逐渐减小)。

SS_1 型电力机车沿最大励磁电流和最大制动电流曲线变化的电阻制动力数值如表 4-20 所示,其中 $v=37.6$ km/h、$B_d=334.2$ kN 为峰值。

表 4-20 SS_1 型电力机车各速度下最大电阻制动力表

列车制动速度 $v/(\text{km}\cdot\text{h}^{-1})$	5	10	20	30	37.6	40	50	60	70	80	90
电阻制动力 B_d/kN	45.1	89.2	178.4	266.6	334.2	312.6	249.9	208.7	181.3	159.7	143.1

动力制动力主要用于调速,可以和空气制动的常用制动联合使用,但不参与紧急制动。在计算列车制动限速,或者计算列车进站停车以及计算固定信号机间距离时,不将动力制动力计算在内。多机牵引时,列车头部每部机车的动力制动力取全值。

4.8　机车动力制动力

动力制动包括电阻制动、再生制动及液力制动,其中电阻制动使用最多,也最为广泛。机车动力制动力用码表示。

与闸瓦制动相比,动力制动有很多不同。在高速时,动力制动力随速度的减小而增大,而在低速时,动力制动力随速度的减小而减小。在长大下坡道上,采用动力制动可使列车安全地以较快速度行驶,提高线路通过能力;通过站场或在缓行区段时,使用动力制动减速,可节省轮、瓦的磨耗。但是,动力制动并不能代替闸瓦制动,而只能作为一种辅助制动。由于低速时动力制动的制动力随速度减小而减小,列车在低速和停车时还必须依靠闸瓦制动来控制。动力制动更多的还是应用在调速制动方面。

思 考 题

一、简答题

1. 什么是列车制动力?列车制动力是如何产生的?
2. 目前我国铁路上采用的列车制动方式主要有哪些?
3. 简述列车车轮与闸瓦发生"抱死"现象的原因,如何防止?
4. 什么叫换算制动率?如何取值?
5. 什么是常用制动系数?常用制动时,列车制动力如何取值?

二、计算题

1. SS_1型电力机车(一台)牵引50辆车,牵引质量为3 200 t,包括:①标记载重50 t,装有GK型制动机的重车30辆,空车5辆;②标记载重50 t,装有K2型制动机的重车7辆,其中有1辆关门车;③标记载重40 t,装有K2型制动机的重车3辆;④标记载重30 t,装有K1型制动机的重车5辆。车辆按高磷闸瓦计算,列车管定压为500 kPa。列车速度$v_0=60$ km/h时实行紧急制动,求停车时的列车总制动力和单位制动力。

2. DF_4(货)型内燃机车(一台)牵引45辆货车,其中装有GK型制动机、标记载重50 t的重车25辆(其中1辆是关门车),装有GK型制动机的空车10辆,装有K2型制动机、标记载重50 t的重车10辆(其中有1辆是关门车)。牵引质量为3 400 t,列车管空气压力为500 kPa,车辆按高磷闸瓦计算。计算制动初速度为80 km/h、列车管减压量为90 kPa的常用制动下,列车速度降至45 km/h时的列车单位制动力。

第五章 列车运动方程与速度时分计算

> **主要内容**
>
> 本章首先介绍了列车合力与单位合力的计算公式，分析了列车合力曲线图的绘制步骤，探讨了单位合力曲线在分析列车运行状态中的应用。在此基础上，说明了计算列车运行速度时分的分析法，并详细介绍了应用图解法计算列车速度时分的流程与方法，最后介绍了线路纵断面简化方法。

> **学习重点**
>
> 1. 列车在各种工况下单位合力的计算。
> 2. 列车单位合力曲线的绘制。
> 3. 应用图解法绘制列车速度—时分距离以及速度—距离曲线。
> 4. 列车运行时间和运行距离的解算。

5.1 列车合力与单位合力计算

牵引力、阻力和制动力都是列车速度的函数，当列车在无隧道的平直道上行驶时，作用于列车上的合力可表达为：

牵引运行时：$C = F - W_0 = f_1(v)$

惰行时：$C = -W_0 = f_2(v)$

制动运行时：$C = -(W_0 + B) = f_3(v)$

单位合力以小写字母 c 来表示，即

$$c = \frac{C \times 10^3}{(\sum P + G)g} \text{ (N/kN)} \tag{5-1}$$

牵引运行时的单位合力：

$$c = \frac{(\sum F - W_0) \times 10^3}{(\sum P + G)g} = \frac{\sum F \cdot 10^3 - [\sum (P \cdot w_0') + G \cdot w_0'']}{(\sum P + G)g} \text{ (N/kN)} \quad (5-2)$$

惰行时的单位合力：

$$c = \frac{-W_0 \times 10^3}{(\sum P + G)g} = -\frac{\sum (P \cdot w_0'') + G \cdot w_0''}{\sum P + G} \text{ (N/kN)} \quad (5-3)$$

常用制动时的单位合力：

$$c = \frac{-(B + W_0) \times 10^3}{(\sum P + G)g} - (0.5b + w_0) \text{ (N/kN)} \quad (5-4)$$

式中：$\sum F$——机车轮周牵引力，多机牵引或有补机时为各机车牵引力的总和，(kN)；

w_0'——机车单位基本阻力，N/kN；

w_0''——车辆单位基本阻力，N/kN；

g——重力加速度（取为 9.81 m/s²）。

例 5-1 不同工况下列车单位合力计算

SS₁ 型电力机车（一台）牵引货物列车，牵引质量 3 500 t，列车管定压 500 kPa。列车编组：标记载重 60 t 的滚动轴承重货车 40 辆，车辆制动机为 GK 型。分别计算牵引工况（第 33-Ⅲ级）、电阻制动工况下，列车在 -3‰ 的坡道上以 60 km/h 的速度运行时的单位合力。

解：（1）牵引工况

查表得牵引力 $F = 204$(kN)；

由于第 33-Ⅲ级为 SS₁ 型电力机车牵引工况下的最高负荷，因此实际使用的牵引力需要乘以牵引力使用系数 λ，即：

$$F_y = F \cdot \lambda = 204 \times 0.09 = 183.6 \text{(kN)}$$

机车单位基本阻力为：

$$w_0'' = 2.25 + 0.019\ 0v + 0.000\ 320v^2 = 2.25 + 0.019 \times 60 + 0.000\ 32 \times 60 \times 60$$
$$= 2.25 + 1.14 + 1.152$$
$$= 4.54 \text{(N/kN)}$$

机车基本阻力：

$$w_0' = 138 \times 9.81 \times 4.54 / 1\ 000 = 6.15 \text{(kN)}$$

货车单位基本阻力：

$$w_0'' = 0.92 + 0.004\ 8v + 0.000125v^2$$
$$= 10.92 + 0.004\ 8 \times 60 + 0.000\ 125 \times 60 \times 60$$
$$= 1.66 \text{(N/kN)}$$

货车基本阻力：
$$w''_0 = 3\,500 \times 9.81 \times 1.66 \times 1\,000 = 57.0(\text{kN})$$

列车运行基本阻力：
$$W_0 = w'_0 + w''_0 = 57 + 6.15 = 63.15(\text{kN})$$

合力：
$$C = F - W_0 = 183.6 - 63.15 = 120.45(\text{kN})$$

单位合力：
$$c = \frac{(\sum F - W_0) \cdot 10^3}{(\sum P + G)g} - i_j$$
$$= 120.45 \times 1\,000 / [(3\,500 + 138) \times 9.81] - (-3)$$
$$= 6.38(\text{N/kN})$$

(2) 电阻制动工况

查表得电阻制动力 = 208.7 (kN)

单位合力：
$$c = \frac{-(B_d + W_0) \cdot 10^3}{(\sum P + G)g}$$
$$= (-208.7 - 63.15) \times 1\,000 / [(3\,500 + 138) \times 9.81] + 3$$
$$= -4.62(\text{N/kN})$$

由于作用于列车的合力的大小和方向决定着列车运动状态，因此，为解算列车运行速度 v、运行时分 t、运行距离 S 以及它们之间的相互关系，就必须知道在不同速度时作用于列车的合力的变化规律。为此，把合力与速度的关系绘制成曲线，称为合力曲线，一般常用的是单位合力曲线 $c = f(v)$，牵引计算中许多问题的求解，都是以单位合力曲线为基础的。

5.2 列车合力曲线图绘制

把列车在不同运行工况的单位合力与运行速度的变化关系绘制成曲线 $c = f(v)$，就叫作列车单位合力曲线图，简称合力曲线图。合力曲线图明显地表示出列车速度与作用在列车上合力的关系，而合力的大小和方向又决定了列车的动态，所以，合力曲线图又称为列车的动态曲线图。

由于列车不同工况有不同的合力组成形式，所以合力曲线图亦由牵引运行、惰力运行、空气制动运行和动力制动运行 4 种曲线组成。在牵引计算中，合力曲线图是解算许多重要问题的基本资料。

在用手工进行牵引计算（不论用分析法还是图解法）时，合力图是必不可少的。在用电算法进行牵引计算时，合力图却不需要，因为在电算软件中列车单位合力是实时计算的。但是掌握合力图的概念，对理解列车牵引计算的基本理论是必需的。

5.2.1 单位合力曲线图的绘制

绘制列车单位合力曲线图,应先编制单位合力曲线计算表,列表计算出列车在不同速度下于牵引、惰行、制动等三种工况时所受到的单位合力。

1. 单位合力曲线计算表

绘制合力曲线图,需要借助合力表计算出各工况下不同速度的单位合力。表 5-1 所示为货物列车单位合力计算表,表的上方注明了计算条件,如机车类型及牵引方式、牵引质量、列车编组情况、换算制动率等。下面以例题 5-2 为例说明表 5-1 中各栏数字的计算方法。

例 5-2 列车单位合力计算表

SS_4 型机车牵引 5 000 t 货物列车 SS_4 机车,列车换算制动率 $v_h = 0.28$,车辆全是滚动轴承,计算不同工况下、不同速度的列车单位合力。

解:在列车单位合力计算表中,速度应从 0 km/h 开始,每隔 10 km/h 取一个值计算,直至达到机车最大速度或其他限制速度。此外,在机车牵引特性曲线和电阻制动特性曲线上,应列入各转折点对应的速度。如 SS_4 型机车,若取外包线的牵引力作为计算牵引力,黏着牵引力曲线与满级位牵引力曲线的交点速度为 50 km/h,满级位牵引力曲线与持续电流牵引力曲线的交点速度为 51.5 km/h,持续电流牵引力曲线与Ⅱ、Ⅲ级磁场削弱牵引力曲线的交点速度分别为 63.6 km/h 和 73.2 km/h。

机车的最大牵引力,低速时取黏着牵引力或受起动电流限制的牵引力,高速时取满手柄位(或柴油机标定转速)的牵引力。

惰行和空气制动各栏,对上述所有转折点速度可以不计算。

下面以计算列车运行速度为 10 km/h 时表 5-1 中各栏的数字为例进行详细说明。

第 1 行,机车最大牵引力,按"外包线"取值,在速度为 0~10 km/h 的范围内,牵引力取列车速度为 10 km/h 的黏着牵引力,查表得到牵引力数值为 554 kN。

第 2 行,将最大牵引力乘以牵引力使用系数 0.9,作为计算牵引运行单位合力用的牵引力。

第 3、4 行,分别为机车、车辆单位基本阻力。按规定的试验公式计算或查有关数据表。速度小于 10 km/h 时,机车、车辆单位基本阻力均按 $v = 10$ km/h 计算。

第 5 行,列车总基本阻力,按以下公式计算:

$$W_0 = (Pw_0' + Gw_0'') \text{ g} \times 10^{-3}$$
$$= (184 \times 2.47 + 5\,000 \times 0.98) \times 9.81 \times 10^{-3} = 52.5 \text{ (kN)}$$

第 6 行,牵引运行时的列车单位合力(平直道上),按以下公式计算:

$$c = \frac{(\sum - W_0) \cdot 10^3}{(\sum P + G)g} = \frac{(498.6 - 52.5) \times 1\,000}{(184 + 5\,000) \times 9.81} = 8.77 \text{ (N/kN)}$$

第 7 行,惰行时列车单位基本阻力,即平直道上惰行时的列车单位合力(绝对值),按以下公式计算:

$$c = \frac{(-w_0) \cdot 10^3}{(\sum P + G)g} = \frac{-52.5 \times 1\,000}{(184 + 5\,000) \times 9.81} = 1.03 \text{ (N/kN)}$$

表 5-1　货物列车单位合力计算表
（型电力机车，$P=184$ t，$G=5\,000$ t，$=0.28$）

工况	序号	项目	\multicolumn{16}{c}{$v/(\text{km}\cdot\text{h}^{-1})$}
			0	10	20	28.7	30	36.7	40	47	50	51.5	60	63.6	70	73.2	80
牵引运行	1	机车最大牵引力 F/kN	554.0	554.0	517.0		497.0		484.8		476.5	431.6		353.8		307.8	242.5
	2	$F_\gamma=0.9\,F$/kN	498.6	498.6	465.3		447.3		436.3		428.9	388.4		318.4		277.0	218.3
	3	$w_0'/(\text{N}\cdot\text{kN}^{-1})$	2.47	2.47	2.76	3.05	3.11	3.38	3.52	3.85	4.00	4.08	4.54	4.75	5.51	5.36	5.82
	4	$w_0''/(\text{N}\cdot\text{kN}^{-1})$	0.98	0.98	1.07	1.16	1.18	1.26	1.31	1.42	1.47	1.50	1.66	1.73	1.87	1.94	2.10
	5	$W_0=(Pw_0'+Gw_0'')g\times10^{-3}$	52.5	52.5	57.3	62.5	63.3	68.1	70.7	76.7	79.4	80.9	89.5	93.5	100.9	104.9	113.7
	6	$f_\gamma-w_0=(F_\gamma-W_0)\times 10^3/(P+G)g$	8.77	8.77	8.02		7.55		7.19		6.87	6.05		4.42		3.38	2.06
惰行	7	$w_0=W_0\times10^3/(P+G)g$	1.03	1.03	1.13		1.25		1.39		1.56		1.76		1.98		2.24
常用制动	8	换算摩擦系数 φ_h	0.420	0.191\,5	0.174		0.167		0.164		0.162		0.160\,6		0.159\,6		0.158\,8
	9	$b=1\,000\varphi_h\vartheta_h$	117.6	53.62	48.61		46.88		45.94		45.36		44.97		44.69		44.48
	10	$w_0+0.5b$	59.83	27.84	25.47		24.69		24.36		24.24		24.25		24.33		24.47

第 8 行，闸瓦换算摩擦系数。本例采用高磷闸瓦，按制动初速 v_0 = 80 km/h 计算：

$$\varphi_h = 0.372 \times \frac{17v+100}{60v+100} + 0.0012(120-v_0) = 0.1915$$

第 9 行，紧急制动时的列车单位制动力，按公式计算，列车换算制动率取 v_h = 0.28，因此，列车单位制动 $b = 1\,000 \cdot v_h \cdot \varphi_h = 1\,000 \times 0.1915 \times 0.28 = 53.62(\text{N/kN})$。

第 10 行，常用制动时的列车单位合力（平直道上值），是常用制动系数取 0.5，列车单位合力为：

$$c = \frac{-(B+w_0)}{(\sum P + G)g} = -(0.5b+w_0) = -(0.5 \times 53.62 + 1.03) = -27.84(\text{N/kN})$$

2. 单位合力曲线图的绘制

根据表 5-1 第 6、7、10 三行的数据，即可绘出 3 条单位合力曲线；牵引运行时的单位合力曲线 $f(v) = f_y - w_0$；惰行时的单位合力曲线 $-w_0 = f(v)$；常用制动时的单位合力曲线 $f(v) = -(w_0 + 0.5b)$，总称为单位合力曲线图，如图 5-1 所示。

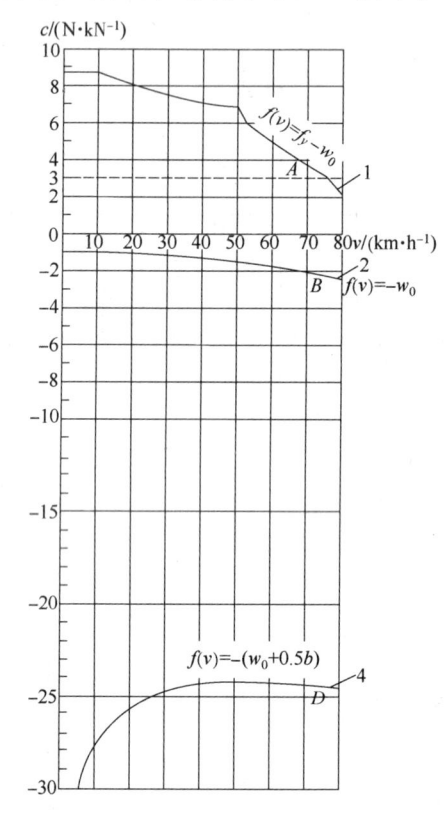

图 5-1 列车合力曲线图

5.2.2 单位合力曲线图的应用

1. 考虑加算坡道的影响

在计算列车单位合力曲线表时，只考虑基本阻力，并未计入加算坡道附加阻力，所以绘出的单位合力曲线仅是在无隧道的平直道上的情况。但因为附加阻力的计算值与列车运行速度无关，所以单位合力曲线也可应用于加算坡道坡度不等于零时的情况。其方法是，

将速度坐标轴向上（加算坡道的坡度千分数为正时）或向下（i_j为负时）平移i_j值（因为$w_j=i_j$），也相当于各速度下的列车单位合力加上或者减去$|i_j|$ N/kN。例如，列车在加算坡道的坡度千分数坡度为3的坡道上运行时，速度坐标轴将上移3 N/kN，如图5-1所示的虚线。

2. 判断列车运动状态

由单位合力曲线图可分析出列车在某种工况和速度时的运动状态：加速、减速、匀速。

（1）列车加速与减速动态的判断

由加算坡道的坡度千分数确定速度坐标轴的位置，再由所需判断点的速度值，确定其在速度坐标轴上的位置，由该点作速度坐标轴的垂线，与列车各运行工况的单位合力曲线相交，如交点在速度坐标轴以上，即$c>0$，列车将加速运行；若交点在速度坐标轴以下，即$c<0$，列车将减速运行；若交点就在速度坐标轴上，$c=0$，列车将匀速运行。

（2）列车的均衡速度

当速度坐标轴与三种工况的单位合力曲线中的任一曲线能够相交时，由于交点处$c=0$，该点的速度即为列车在该工况和该加算坡道的均衡速度$v_{均}$。

当列车为牵引或惰行工况时，合力曲线随着速度的提高而降低，在某一坡度上，当列车速度小于均衡速度$v_{均}$时，$c>0$，列车将加速运行，直至达到均衡速度，然后匀速运行；当列车速度大于均衡速度$v_{均}$时，$c<0$，列车将减速运行，直至达到均衡速度，然后匀速运行。

当列车为牵引或惰行运行时，速度坐标轴与合力曲线在机车构造速度以内不能相交时，如果速度坐标轴在合力曲线以上时，可以认为均衡速度$v_{均}=0$，列车在该坡道上运行，速度将一直下降为0；如果速度坐标轴在合力曲线以下时，可以认为均衡速度大于机车构造速度，列车在该坡道上运行，除非工况改为制动，否则列车运行速度将增大至机车构造速度，并且继续增大。所以，在牵引或惰行工况下，不管什么坡道，列车速度总是趋向于该工况的均衡速度。

当列车为制动工况时，速度坐标轴与单位合力曲线能够相交时，其交点的速度为该坡道、该工况下的均衡速度$v_{均}$。但是，这个均衡速度并不稳定。由于制动工况时单位合力随速度的提高而增大，当运行速度低于均衡速度$v_{均}$时，$c<0$，列车将减速运行，直到$v=0$，这是我们希望的。但是运行速度大于均衡速度$v_{均}$时，$c>0$，列车将加速运行，速度会越来越高，这是我们不希望的。所以除非制动时速度恰好等于均衡速度，否则即使稍有差异，列车速度总是背离均衡速度，这与牵引、惰行工况的规律完全相反。因此，在制动工况时，列车速度总是背离均衡速度的。

3. 常用制动限速

由上分析，在下坡道，速度如果超过均衡速度，即使施行常用制动，也不能使列车减速，而且速度还会越来越高。因此，常用制动均衡速度实际上是因制动而受限制的最高允许速度，也是一种制动限速。对于一定的坡度，这种限速的大小决定于常用制动的制动能力，故又称"常用制动限速"。过去，人们习惯于把计算制动距离标准紧急停车所允许的最高速度称为"制动限速"。实际上，它只是制动限速的一种，即"紧急制动限速"。对于一定的坡度，它的大小决定于紧急制动的制动能力和必须保证的紧急制动距离。常用制动限速和紧急制动限速相比较，较低的那个才是真正的制动限速。

5.3 列车运动方程

从单位合力曲线图上虽然可以得出作用于列车的合力大小和性质，分析列车运行的状态，但这只是一种定性的分析，要做到定量分析，还需要推导出列车运动方程。

把整个列车视为一个刚性系统，根据动能定律可以导出列车运动的微分方程式。以 E_k 表示整个列车的动能。因为在整个列车做平移运动的同时还有某些部分（如轮对等）在做回转运动，所以列车的动能应由两部分构成，即：

$$E_k = \frac{mv^2}{2} + \sum \frac{Iw^2}{2} \tag{5-5}$$

式中：m——整个列车的质量；
v——列车运行速度；
I——回转部分的转动惯量；
w——回转部分的角速度。

设回转部分的回转半径为 R_h，则 $w = v/R_h$，将此代入式（5-5），得：

$$E_k = \frac{mv^2}{2}(1+\gamma) \tag{5-6}$$

式中：$\gamma = \sum \dfrac{I}{mR_h^2} = \dfrac{\sum I/R_h^2}{m}$，即回转动能折算质量与列车质量之比，称 γ 为回转质量系数。对式（5-6）进行微分，得到列车动能的增量为：

$$dE = v \cdot dv \cdot m \cdot (1+\gamma) \tag{5-7}$$

动能的增量等于作用于列车上的合力做的功，即

$$v \cdot dv \cdot m \cdot (1+\gamma) = C \cdot dS = C \cdot v \cdot dt$$

$$\frac{dv}{dt} = \frac{C}{(1+\gamma) \cdot m} \cdot \frac{dv}{d}$$

$$= \frac{C \cdot g}{(1+\gamma) \cdot 1\,000(P+G)g}$$

$$= \frac{g}{1\,000(1+\gamma)} \cdot \frac{C}{(P+G)g}$$

因为 $g = 9.81 \text{ m/s}^2 = 127 \text{ km/h}^2$，所以可得，$\dfrac{dv}{dt} = \dfrac{127}{1+\gamma} \cdot c$

令 $\dfrac{127}{1+\gamma} = \zeta$，此为加速度系数，代入上式，即得出列车运动方程的一般形式：

$$\frac{dv}{dt} = \zeta \cdot c \tag{5-8}$$

加速度系数 ζ 值决定于回转质量系数 γ 值，因机车车辆类型不同而异。为计算方便，规定统一取平均值 $\zeta = 120$ 为计算标准（相当于 $\gamma = 0.06$）。故列车运动方程可写为：

$$\frac{dv}{dt} = 120c \text{ （km/h}^2\text{）} \tag{5-9}$$

或

$$\frac{dv}{dt} = 2c \text{ [km/(h·min)]} \tag{5-10}$$

或

$$\frac{\mathrm{d}v}{\mathrm{d}t}=c/30 \quad [\mathrm{km}/(\mathrm{h}\cdot\mathrm{s})] \qquad (5\text{-}11)$$

由式（5-8）可得：

$$\mathrm{d}t=\frac{1}{\zeta\cdot c}\cdot\mathrm{d}v \qquad (5\text{-}12)$$

对上式两边积分，便得到求解列车运行时分的方程：

$$\int\mathrm{d}t=\int\frac{1}{\zeta\cdot c}\cdot\mathrm{d}v \qquad (5\text{-}13)$$

考虑到：

$$\mathrm{d}s=v\cdot\mathrm{d}t=\frac{1}{\zeta\cdot c}\cdot\mathrm{d}v$$

对上式积分，即得到求解列车运行距离的方程：

$$\int\mathrm{d}s=\int\frac{v}{\zeta\cdot c}\cdot\mathrm{d}v \qquad (5\text{-}14)$$

但是直接利用式（5-13）和式（5-14）来求解列车运行时分和运行距离还很困难，由于被积分式中的单位合力是速度的复杂函数，因此在实际计算时，通常采用简化的办法，就是把列车速度范围划分为若干个速度间隔，以有限小的速度间隔来代替无限小的速度变化，并假定在每个速度间隔内单位合力为常数——等于该速度间隔内的平均速度所对应的单位合力 c_p（图 5-2）。

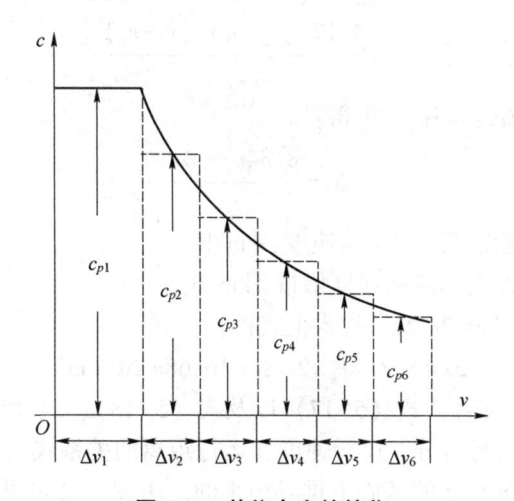

图 5-2 单位合力的简化

在图 5-2 中，对每个速度间隔来说，列车都是在做匀变速运动，式（5-13）就可改写为：

$$\int_{t_1}^{t_2}\mathrm{d}t=\int_{v_2}^{v_1}\frac{1}{\zeta\cdot c_p}\mathrm{d}v$$

列车在每个速度间隔内的运行时间：

$$\Delta t=t_2-t_1=\frac{v_2-v_1}{\zeta\cdot c_p}$$

即：
$$\Delta t = \frac{v_2 - v_1}{120 c_p} \text{ (h)} \tag{5-15}$$

$$\Delta t = \frac{v_2 - v_1}{2 c_p} \text{ (min)} \tag{5-16}$$

$$\Delta t = \frac{30 (v_2 - v_1)}{c_p} \text{ (s)} \tag{5-17}$$

式中：c_p——每个速度间隔内的平均速度下的单位合力，N/kN；

v_1、v_2——每个速度间隔的初速度与末速度，km/h。

同理，式（5-14）可改写为：
$$\int_{s_1}^{s_2} \mathrm{d}s = \frac{1}{\zeta \cdot c_p} \int_{v_1}^{v_2} v \mathrm{d}v$$

因而列车在每个速度间隔内的运行距离 Δs 为：
$$\Delta s = s_2 - s_1 = \frac{v_2^2 - v_1^2}{2\zeta c_p}$$

即：
$$\Delta s = \frac{v_2^2 - v_1^2}{240 c_p} \text{ (km)} \tag{5-18}$$

或
$$\Delta s = \frac{4.17 (v_2^2 - v_1^2)}{c_p} \text{ (m)} \tag{5-19}$$

由上式可导出 s 与 c_p 的关系式。式（5-19）可改写为：

因为：
$$\Delta s = \frac{4.17 (v_2 + v_1)(v_2 - v_1)}{c_p} \tag{5-20}$$

令 $v_p = (v_2 + v_1)/2$，$\Delta v = v_2 - v_1$，可得：
$$\Delta s = \frac{8.34 v_p \cdot \Delta v}{c_p} \tag{5-21}$$

式中：v_p——每个速度间隔的平均速度，km/h；

Δv——每个速度间隔的速度增量，km/h。

由式（5-20）可得 $\Delta v = 2 v_p \Delta t$，代入上式得：
$$\Delta s = 8.34 \times v_p \times 2 \times \Delta t = 16.68 v_p \Delta t \text{ (m)}$$

式（5-15）、式（5-16）、式（5-17）以及式（5-18）、式（5-19）就是根据列车运动方程导出的解算列车运行时分、运行速度和运行距离的关系式。

列车运动方程是在图 5-2 的基础上推导出来的。由图 5-2 可见，速度间隔越小，越接近单位合力的实际情况，计算结果也就越精确。但速度间隔取得很小的话，计算量很大。所以为了保证计算精度并且计算工作量又不是很大，所取得的速度间隔一般不要超过 10 km/h。

5.4　计算列车运行速度、时分的分析法

区间运行时分是编制列车运行图，解算电力机车耗电、内燃机车耗油以及进行新线设计和既有线路改造所必需的基本资料，区间运行时分可以通过牵引计算或运行试验获得。

计算列车运行速度与时分的方法很多，常用方法有分析法、图解法及电算法。应用

"分析法"计算列车运行时分,工作量非常大,计算过程烦琐,所以过去在实际工作中很少采用,而是采用另一种方法——图解法,但图解法同样也费工费时。当然,在计算机广泛使用的今天,基于分析法原理的计算机求解方法,成为计算列车运行时分的常用方法。但应用仿真软件计算列车运行速度与时分,必须通过学习分析法和图解法来了解并掌握相关的计算原理。本章主要介绍分析法和图解法,电算法将在第九章介绍。

用分析法计算列车运行速度和时分,必须绘制指定列车编组的单位合力曲线图和提供线路平纵断面图。

例 5-3 应用分析法计算列车运行时分

SS_4型电力机车牵引货物列车 5 000 t 的单位合力曲线(图 5-1),试计算在-1‰的坡道上起车加速到 60 km/h 所走的时间和距离。

解:如图 5-1 所示,将 0~60 km/h 的速度分为 0~10 km/h、10~20 km/h、20~30 km/h、30~40 km/h、40~50 km/h、50~51.5 km/h、51.5~60 km/h 等速度间隔。同时,由于坡度是-1‰,合力图的坐标原点移到"-1"处,查出各速度间隔的平均合力,利用列车运动方程计算运行速度和时间。计算过程如表 5-2 所示。

表 5-2 列车运行时间和距离计算表

速度间隔 $v_1 \sim v_2$	单位 km·h^{-1}	0~10	10~20	20~30	30~40	40~50	50~51.5	51.5~60
$\Delta v = v_2 - v_1$	km·h^{-1}	10	10	10	10	10	1.5	8.5
平均速度 v_p	km·h^{-1}	5	15	25	35	45	50.75	55.75
平均合力 c	N·kN^{-1}	9.77	9.40	8.80	8.37	8.03	7.50	6.50
$\Delta s = \dfrac{8.33 v_p \cdot \Delta v}{c}$	m	43	133	237	348	467	85	607
累计距离 $\sum \Delta s$	m	43	176	413	761	1 228	1 313	1 920
$\Delta t = \dfrac{\Delta v}{2c}$	min	0.51	0.53	0.57	0.60	0.62	0.10	0.65
累计时间 $\sum \Delta t$	min	0.51	1.04	1.61	2.21	2.83	2.93	3.58

根据表 5-2 计算得到:从起车到加速至 60 km/h,走行 1 920 m,运行 3.58 min。

以上只是利用分析法计算列车运行时分的一般过程,并不是分析法的全部内容。还包括:确定合理的机车工况,确定列车运行趋势,长大下坡道周期制动,站内停车以及每一个坡段的末速度需要多次试凑等,解算这些问题同样是复杂和烦琐的。

5.5 计算列车运行速度、时分的图解法

图解法以往一直是解算列车运行速度、时分的常用方法,即使是在计算机广泛使用的条件下,在某些特定的环境中,有时还需要使用图解法。图解法绘制列车速度-时分曲线的方法较多,比较常用的是垂直线法。

用垂直线法绘制速度曲线,是依据列车单位合力曲线 $c = f(v)$,并假定在一定的速度

间隔内单位合力为常数，用画垂直线的方法，绘出列车速度与运行距离（速度-距离）的关系曲线 $v=f(S)$，从 $v=f(S)$ 曲线可以看出列车在区间运行的速度变化情况。然后，根据 $v=f(S)$ 曲线，再用垂直线法，绘出运行时分与运行距离的关系曲线 $t=f(S)$ 曲线可得出列车在区间运行所花费的时间。

《列车牵引计算规程》规定，列车牵引计算绘制线图时，应遵守下列规则。

①图上必须具有纵横坐标轴及必要的格线，坐标轴线应较格线略粗。

②在坐标轴线旁应注明代表变量的符号及单位。

③绘制速度和时间曲线的图线标记。

④根据纸面幅宽，合理确定速度、时间曲线图的宽度；车站、信号、道岔、分相器等标志应置于该范围上方；公里标、线路平纵断面置于其下方。

⑤注明绘制日期、绘制人及所依据的主要条件（例如：机车类型、牵引质量等）。

5.5.1 速度-距离曲线 $v=f(S)$ 的绘制

1. 绘制方法

①先将单位合力曲线图逆时针转 90°，使速度坐标轴朝上，成为纵坐标轴，单位合力曲线坐标轴朝左，成为横坐标轴，如图 5-3 所示。为了简明介绍，图 5-3 中仅给出了牵引工况，省去了其他工况。

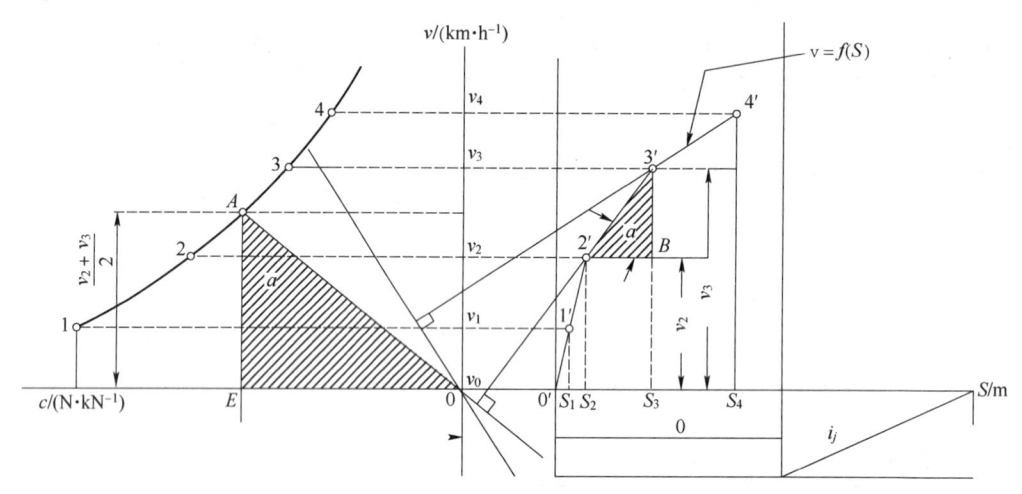

图 5-3 速度-距离曲线的绘制

②在图的右方绘上 $v=f(S)$ 曲线图的两个坐标轴，以纵坐标轴作为速度坐标轴、横坐标作为距离坐标轴，并在横坐标轴下面绘出区间的线路纵断面。

③图上必须具有纵横坐标轴及必要的格线，坐标轴线应较格线略粗。

④将两图的横坐标轴对齐。

⑤在速度坐标轴上从 $v=0$ 起，取速度间隔 $v_0\sim v_1$、$v_1\sim v_2$、…，依此类推。

⑥从坐标原点 O 向合力曲线上对应于每个速度间隔平均速度的点引射线，然后从 $v=f(S)$ 曲线图的坐标原点 O' 开始，逐段画 0'1'、1'2'、2'3'、…线段，使这些线段分别与相应的射线相垂直。这些线段连在一起形成的折线就是所要绘出的 $v=f(S)$ 曲线，它表示列车运行速度与距离的关系。

现在以绘制 v_2 和 v_3 之间的线段为例，说明绘制 $v=f(S)$ 曲线的具体方法。在速度坐标

轴上取速度间隔 v_2 至 v_3，这里的 v_2 应是前一个间隔的末速。由原点 0 向合力曲线上对应的平均速度 $\frac{v_2+v_3}{2}$ 的点 A 引射线 A'，然后，过点 2' 作 A' 的垂直线，与这一速度间隔的末速 v_3 的水平线交于点 3'，于是 2'3' 线即为速度曲线 $v=f(S)$ 的一个线段。2'3' 线段在横坐标轴上的投影 S_2S_3 即为列车速度由 v_2 到 v_3 所行驶的距离。

继续取速度间隔，按同样方法绘制，直到绘制到线路纵断面上坡段的终点——换坡点。当画下一坡段的速度曲线时，只有将单位合力曲线的速度坐标轴按照该坡段的加算坡度千分数 i_j 移到新的位置，得出新的原点，才能依照上述方法绘制下去，最终即可得出整个区间的 $v=f(S)$ 曲线。

2. 绘制速度-距离曲线时应遵守的规定

绘制列车运行速度-距离曲线时，应遵守下列规定。

①绘制曲线时，所用的比例尺应按规定选取，如表 5-3 所示。通常只用第一组比例尺。

表 5-3　图解法比例尺

序号	项目	单位	比例尺	关系公式	一般计算 1	一般计算 2	制动计算 3	制动计算 4	制动计算 5
1	合力	N/kN	k (mm) 代表 1 N/kN	$k=\frac{120m^2}{y}$	6	12	10	1	2
2	速度	km/h	m (mm) 代表 1 km/h	$m=\sqrt{\frac{k \cdot y}{120}}$	1	2	2	1	2
3	距离	km	y (mm) 代表 1 km	$y=\frac{120m^2}{k}$	20	40	48	120	240
4	固定间隔	mm	—	$\Delta=\frac{x \cdot k}{2m}$	30	30	25	—	—
5	时间	min	x (mm) 代表 1 min	$x=\frac{2m \cdot \Delta}{k}$	10	10	10	—	—

②使用规定的绘图标志。对于不同工况的速度曲线要用不同的线型表示。牵引运行用实线，惰行用虚线，空气制动用点画线，动力制动用实线加上小圆圈。

③应用图解法计算列车运行速度及区间运行时间，需要根据单位合力曲线或单位合力方程式。当作用于列车上的合力为 1 N/kN 时，列车加速度取 120 km/h²。为保证精算精度，速度间隔不超过 10 km/h。

④列车驶过换坡点的速度由试凑法决定，如图 5-4 所示。

图 5-4 中，AB 为换坡点的竖直线，假设坡段的最后一个速度间隔为 $v_1 \sim v_2$，v_2 即为需试凑的速度。试凑成功的标记应为：由 $v_1 \sim v_2$ 所决定的 $v=f(S)$ 线段与 v_2 正好交于 AB 线上。例如，第一次选定 $v_2=v_2'$，但所做的 $v=f(S)$ 线段与 v_2' 交于 D 点，超过了换坡点，说明 v_2 取得太大；于是缩小速度间隔，取 $v_2=v_2''$，交点 E 落在 AB 线的左侧，说明 v_2 又取得太小；于是再取 $v_2=v_2'''$ ($v_2'>v_2'''>v_2''$)，假定这次取得合适，那么 $v=f(S)$ 线段与 v_2''' 正好交于 AB 线上的 F 点，试凑成功，换坡点速度应为 v_2'''。

由此可见，用图解法对换坡点速度进行试凑与用分析法对换坡点速度进行试凑，在性质上是相同的，所遇到的困难也是相同的。

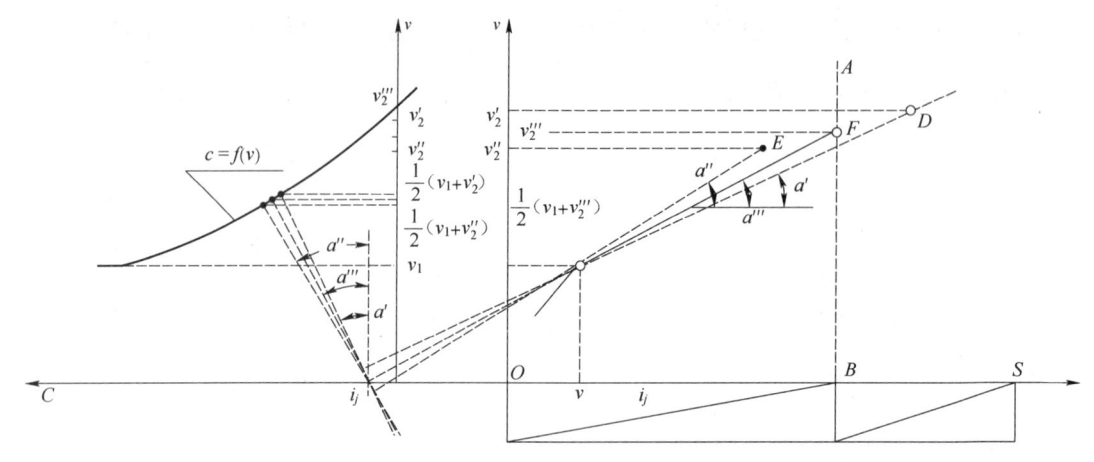

图 5-4　换坡点速度试凑的方法

⑤使用单位合力曲线时应注意：不同工况（牵引、惰行、制动）应使用相应的合力曲线；列车驶入下一坡段时，要按下一坡段的加算坡度千分数 i_j 将 $c=f(v)$ 曲线图的速度坐标轴做相应的左右移动。由牵引运行转为制动运行，或由制动运行转为牵引运行，中间应有一段合理的惰行过程，其长短决定于工况转换所需的时间，但为方便起见，通常只掌握惰行的距离，牵引转制动或制动转牵引一般取为不小于 500 m。两次制动之间的惰行时间需要更长些。

⑥列车运行不得超过下列任一限制速度：

机车、车辆的构造速度；线路允许的最高限速；常用制动限速或紧急制动限速；道岔、曲线及慢行地段规定的限速。

⑦列车到发时列车中心应对准到发场（线）中心。用手工进行牵引计算时，把列车当作一个质点，其质量全部集中在列车中心（重心），忽略了列车长度。因为 $v=f(S)$ 曲线表示的是列车质点的速度与运行距离的关系，所以，货物列车到发时，应以列车中心对准到发场（线）的中心绘制，旅客列车对准站线有效长的中心绘制；列车经过道岔及慢行地段时，应保证列车首尾经过该处均不得超过限速，下面以列车进站停车 $v=f(S)$ 曲线（图 5-5）的绘制进行说明。

列车进站时停车要经过道岔入侧线，因此存在列车首尾均不应超过侧向道岔限速（一般为 45 km/h）的问题。如果列车进站前速度很高，在操作上可采用二段制动法，即列车在进站前先施行一次常用制动，把速度减下来，然后缓速进站，以保证列车通过道岔时整个列车长度范围的速度均不超过侧向道岔的限速，最后在侧线再次制动停车。

因此，$v=f(S)$ 曲线的绘制方法应是：在进站道岔前取半个列车长（$L_c/2$），作竖直线与道岔限速 v_{ny} 交于 b 点，自 b 点向右绘制惰行速度曲线，使其右侧与自停车站中心。倒着画的第二次制动的速度曲线相交（交点 a 需进行试凑），自 b 点向左倒着画第一次制动的速度曲线，使它与区间速度曲线相交于 d 点（该点应试凑）。若相交的区间速度曲线是牵引工况的速度曲线，那么在牵引和制动之间还应有一段适当长度的惰行速度曲线。如 ba 段太短，不能满足空气制动机性能的要求，则第一次制动还应当提早一些，例如，提前于 d' 点制动，在 b' 点缓解。

若进站停车前的坡段是下坡道，惰行速度曲线将上升，此时 b 点的速度选择还需满足列车尾部亦不得超过进站道岔的限速，即 v_b 要低于 v_{nx}；电力机车由于起动加速快，还应

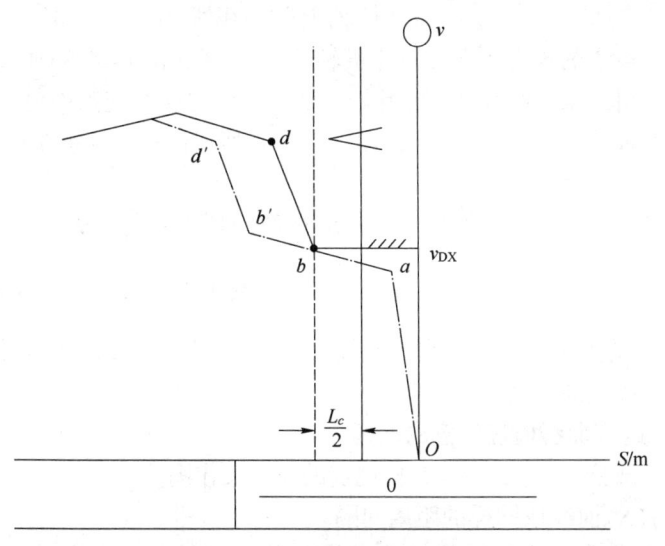

图 5-5 进站停车的试凑方法

保证列车首尾通过出站道岔时的速度均不超过道岔限速，对此可视情况用降低机车运行级位或惰行一段的办法来实现。对于其他限速地点均应做类似的处理。

单线区段应有车站均不停车和均停车的两种运行速度及区间运行时间；复线区段除有技术作业的车站外，可均按不停车绘制。

5.5.2 时间-距离曲线 $t=f(S)$ 的绘制

1. 绘制方法

时间-距离曲线 $t=f(S)$ 是根据已经绘好的速度-距离曲线 $v=f(S)$ 来绘制的。它仍然用 $v=f(S)$ 曲线的横坐标表示运行距离 S，但纵坐标则用另一个比例尺表示运行时间，如绘制方法如图 5-6 所示。

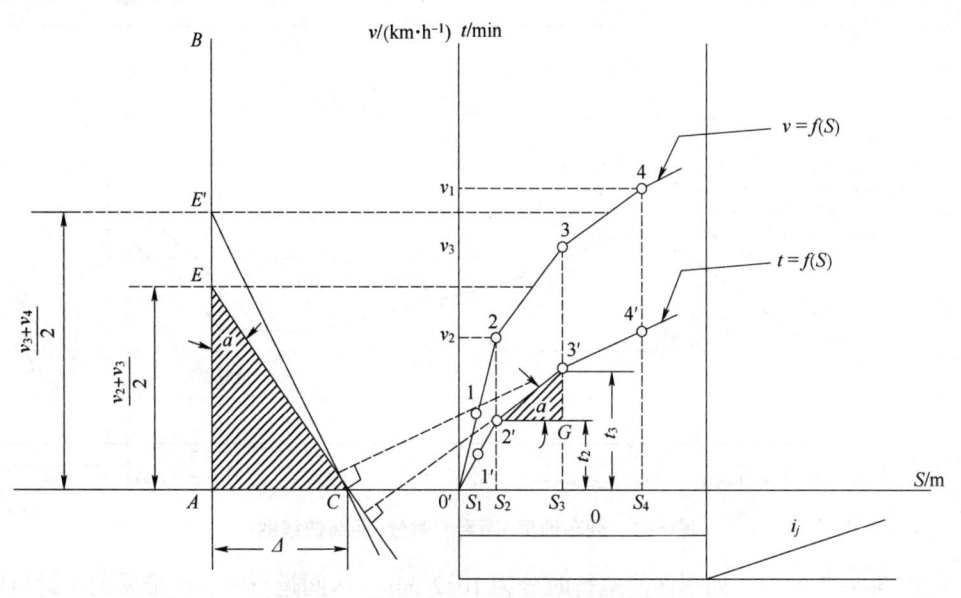

图 5-6 绘制时间-距离曲线的垂直线法

首先，在 $t=f(S)$ 曲线图的左端横坐标轴上取一线段 AC，它的长度假定为 Δ（mm），Δ 的取值应符合表 4-3 的规定。在 A 点作横轴的垂线 AB，由 $v=f(S)$ 曲线上原选定的速度间隔的平均速度点引出水平线与 AB 线相交，并从 C 点向这些交点引射线。然后由 $0'$ 点逐段向对应的射线引垂线，联结 $0'\sim1'\sim2'\sim3'\sim\cdots$各点所成的折线，就是所要绘制的 $t=f(S)$ 曲线。

现以绘制 $2'3'$ 线段为例，说明绘制 $t=f(S)$ 曲线的具体方法。从 C 点向 AB 线上，相当于 $\frac{v_2+v_3}{2}$ 高度的 E 点引射线 CE，经前一段 $t=f(S)$ 曲线的终点 $2'$，作与 CE 相垂直的直线，与由 $t=f(S)$ 曲线上的点 3 向横轴所作的垂线 $3S_3$ 相交于点 $3'$，$2'3'$ 线即为所求的 $t=f(S)$ 曲线中的一段。其他各段的绘制方法类似。

2. 绘制时间-距离曲线时应注意的问题

① 按《牵规》规定第 1、3、4、5 栏规定的比例尺作图。

② 与绘制 $v=f(S)$ 曲线取同样的距离间隔。

③ 由于 $t=f(S)$ 曲线总是上升的，为绘图整齐和便于计算，应将 $t=f(S)$ 曲线每 10 min 作为一段，每隔 10 min 即把终点投影到距离坐标轴上再继续绘制。中途遇有车站时，车站应是时间-距离曲线的分界点，不管停车或通过前时分是否达到 10 min，停车或通过后时间-距离曲线均应从距离坐标轴上，即从零开始绘制，以便统计各区间运行时分。

5.5.3 列车速度-距离及时分-距离曲线图

列车速度-距离、时分-距离曲线图（图 5-7）绘制完后，尚需注明绘制所依据的主要技术条件：机车类型及台数、牵引质量、编组、列车换算制动率以及绘制人姓名、绘制日期等。

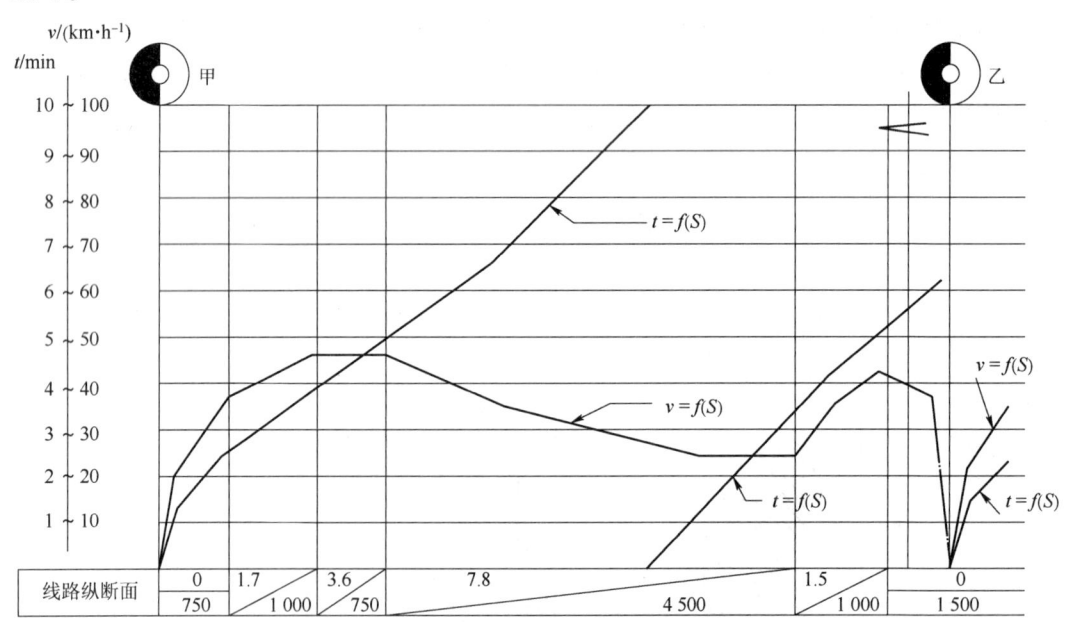

图 5-7 列车速度-距离、时分-距离曲线图

依据图 5-7 可知，列车区间运行时分为 16.2 min。区间运行时分标准是列车运行图的基本技术标准之一。区间运行时分标准通过牵引计算或者实际实验获得，必要时征求优秀

司机和指导司机的意见。《牵规》规定：计算的区间运行时间，取至一位小数，列车运行图的区间运行时间，货物列车化整为分的整数，旅客快车可为 0.5 min，快速列车可为 0.25 min，直达特快列车甚至可取 0.1 min 的整倍数。化整时不一定采取四舍五入的，要根据计算或实验机车功率发挥情况和各种限速利用情况具体掌握。牵引区段确定的运行时间总和，较计算运行时间的增加数不得超过 5%。

5.6 线路纵断面化简

计算列车运行速度和运行时分时，无论是用分析法还是图解法，在变坡点都要进行速度试凑。显然，区间内坡段数越多，工作量越大。因此，在实际计算中，为了减少计算工作量，并使计算结果更加接近实际情况，常常在不影响计算结果必要精度的前提下，尽可能地将区间以内坡度相差不大的相邻坡段合并起来计算，以减少坡段数，即事先对线路纵断面进行化简。因此，《牵规》规定：解算列车运行速度及运行时间前，可将线路纵断面简化成化简坡度，然后计算加算坡度。

1. 化简方法

用一个等效坡道代替几个相连的坡度相近的实际坡道，化简坡段的长度等于各实际坡段长度之和，而化简坡段的坡度等于化简坡段的终点与始点的高度差 (H_2-H_1) 除以化简坡段的长度 l_h，即：

$$i_h = \frac{H_2 - H_1}{l_h} \times 1\,000 \tag{5-22}$$

式中：H_1、H_2——化简坡段的线路纵断面始、终点标高，m；

$l_h = \sum l_i$——化简坡段长度，m。

为保证计算高精度，《牵规》规定：化简坡段中的任一实测坡道长度上必须符合下列检查公式方可化简：

$$l_i \leq \frac{2\,000}{\Delta i} \tag{5-23}$$

式中：2 000——经验常数；

$\Delta i = |i_h - i|$——化简坡度与化简地段中任一实测坡度代数差的绝对值，‰。

凡符合上述条件的，无论实际纵断面单元的坡度符号是否相同，均可合并成一个化简坡道。验算时，如果其中有一个不符合式 (5-23) 的要求，必须重新分组进行计算。此外，在化简时还需注意，车站到发线、动能坡道、限制坡道或其他需校验牵引质量的坡道，不得与其他坡段一起化简。

2. 化简坡段加算坡度的计算

线路纵断面化简后，还要考虑曲线、隧道等的影响，并计算出化简后的加算坡度千分数 i_{hj}。

(1) 化简坡段内的曲线换算坡度千分数

化简坡段中的所有曲线，按下列公式换算为曲线附加阻力折算坡度 i_r

$$i_r = \frac{600}{l_h} \sum \frac{l_r}{R} \tag{5-24}$$

式中：l_r——曲线的计算长度，m，其值等于曲线总长度减去两端缓和曲线长度的一半；

R——曲线半径，m。

用曲线中心角 α 表示，可写成：

$$i_r = \frac{10.5 \sum \alpha}{l_h} \quad (5-25)$$

（2）化简坡段内的隧道换算坡度千分数

化简地段的隧道附加阻力 w_s，按下式换算为隧道附加阻力折算坡度 i_s。

$$i_s = \frac{\sum (w_s l_s)}{l_h} \quad (5-26)$$

式中：l_s——化简坡段内各个隧道的长度，m；

w_s——隧道附加阻力；

l_h——化简坡段的长度。

（3）化简坡段的加算坡度千分数

综合上述，线路纵断面化简后的加算坡度千分数计算公式如下：

$$i_{hj} = i_h + i_r + i_s \quad (5-27)$$

加算坡度千分数，应按列车上、下行分别计算。上式中的数值与列车运行方向有关，上行为正，下行为负，而 i_r 以及 i_s 始终为正值。

例 5-4　线路坡道化简

将图 5-8 下部的甲站到乙站的实际线路纵断面进行化简。

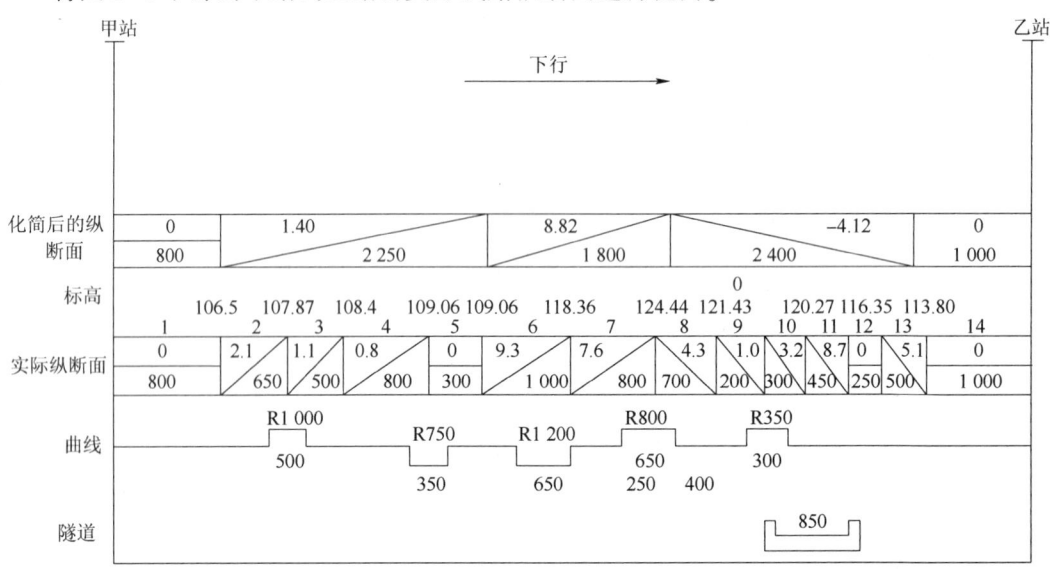

图 5-8　线路纵断面化简示意图

解：因为 1、14 号坡段处于站内，所以不予化简。2、3、4、5 号坡段都不长，且坡度相差不大，可将这 4 个坡段化简成一个坡段。6、7 号坡段坡度相差不大，可以化简成一个坡段。8、9、10、11、12、13 号坡段基本性质相同，虽然部分坡段坡度相差较大，但这几个坡道长度都很短，如果通过检验，可以合并为一个坡段。

（1）2、3、4、5 号坡段化简

其坡长为：$l_b = 650 + 500 + 800 + 300 = 2\ 250$（m）　$l_b = 650$

化简坡度千分数为：$i_h = \dfrac{H_2 - H_1}{L_h} \times 1\,000 = \dfrac{109.06 - 106.5}{2\,250} \times 1\,000 = 1.14$

校验：坡道 2：$\dfrac{2\,000}{|2.1 - 1.14|} = 2\,083 > 650$

坡道 3：$\dfrac{2\,000}{|1.1 - 1.14|} = 50\,000 > 500$

坡道 4：$\dfrac{2\,000}{|0.8 - 1.14|} = 5\,882 > 800$

坡道 5：$\dfrac{2\,000}{|0 - 1.14|} = 1\,754 > 300$

所以可以将 2、3、4、5 号坡段化简。

（2）6、7 号坡段化简

其坡长为：$l_h = 1\,000 + 800 = 1\,800(\text{m})$

化简坡度千分数为：$i_h = \dfrac{H_2 - H_1}{l_h} \times 1\,000 = \dfrac{124.44 - 109.06}{1\,800} \times 1\,000 = 8.54$

校验：坡道 6：$\dfrac{2\,000}{|9.3 - 8.54|} = 2\,632 > 1\,000$

坡道 7：$\dfrac{2\,000}{|7.6 - 8.54|} = 2\,128 > 800$

所以可以将 6、7 号坡段化简。

（3）8、9、10、11、12、13 号坡段化简

其坡长为：$l_h = 700 + 200 + 300 + 450 + 250 + 500 = 2\,400(\text{m})$

化简坡度千分数为：$i_h = \dfrac{H_2 - H_1}{l_h} \times 1\,000 = \dfrac{113.80 - 124.44}{2\,400} \times 1\,000 = -4.4i$

校验：坡道 8：$\dfrac{2\,000}{|4.4 - 4.3|} = 20\,000 > 700$

坡道 9：$\dfrac{2\,000}{|4.4 - 4.0|} = 588 > 200$

坡道 10：$\dfrac{2\,000}{|4.4 - 3.2|} = 1\,667 > 300$

坡道 11：$\dfrac{2\,000}{|4.4 - 8.7|} = 513 > 450$

坡道 12：$\dfrac{2\,000}{|4.4 - 0|} = 455 > 250$

坡道 13：$\dfrac{2\,000}{|4.4 - 5.1|} = 2\,857 > 500$

所以可以将 8、9、10、11、12、13 号坡段化简。

（4）计算曲线折算坡度和隧道折算坡度

对于 2、3、4、5 号坡段，曲线折算坡度为：

$$i_r = \dfrac{600}{l_h} \sum \dfrac{l_r}{R} = \dfrac{600}{2\,250} \times \left(\dfrac{500}{1\,000} + \dfrac{350}{750}\right) = 0.26$$

对于 6、7 号坡段，曲线折算坡度为：

$$i_r = \frac{600}{l_h} \sum \frac{l_r}{R} = \frac{600}{1\,800} \times \left(\frac{650}{1\,200} + \frac{250}{800}\right) = 0.28$$

对于 8、9、10、11、12、13 号坡段，曲线折算坡度为：

$$i_r = \frac{600}{l_h} \sum \frac{l_r}{R} = \frac{600}{1\,800} \times \left(\frac{400}{800} + \frac{300}{350}\right) = 0.24$$

隧道折算坡度为：$i_s = \dfrac{\sum(w_s l_s)}{l_h} = \dfrac{0.000\,13 \times 850 \times 850}{2\,400} = 0.04$

（5）求化简坡段的加算坡度千分数

对于 2、3、4、5 号坡段：

　　下行：$i_{hi} = 1.14 + 0.26 = 1.40$

　　上行：$i_{hi} = -1.14 + 0.26 = -0.88$

对于 6、7 号坡段：

　　下行：$i_{hi} = 8.54 + 0.28 = 8.82$

　　上行：$i_{hi} = -8.54 + 0.28 = -8.26$

对于 8、9、10、11、12、13 号坡段：

　　下行：$i_{hi} = -4.4 + 0.24 + 0.04 = -4.12$

　　上行：$i_{hi} = 4.4 + 0.24 + 0.04 = 4.68$

图 5-8 中的线路纵断面经化简之后，纵断面由 14 个坡道缩减为 5 个坡道。

思考题

1. 在机车三种不同的工况下，作用于列车的合力包括哪些力？
2. 在不同工况下如何根据均衡速度判断列车的运行趋势？
3. 合力计算表中各栏的意义是什么？计算公式又是如何确定的？
4. 什么叫均衡速度？其值如何确定？
5. 纵断面化简的实质是什么？其适用性如何？

第六章
列车制动问题解算

主要内容

本章首先介绍了列车制动距离的概念及各类型列车紧急制动距离限值，接下来阐述了列车制动问题的分类组成，重点介绍了列车制动距离的计算方法，包括空走距离、空走时间及有效制动距离的计算方法。以此为基础，提出列车紧急制动限速与列车所需换算制动率的计算模型，并介绍了列车紧急制动限速表的使用方法。

学习重点

1. 理解制动距离、制动空走距离和制动有效距离三者的关系。
2. 掌握列车制动距离的计算方法。
3. 掌握紧急制动限速和列车换算制动率的解算方法。

6.1 列车制动问题

列车制动问题是个非常重要而又比较复杂的问题，它不仅关系到行车安全，而且关系到运输能力。近年来，随着铁路高速化、重载化的发展，为保证列车的安全运行，对列车制动问题也提出了更高的要求。

列车制动距离是指从司机将制动阀手把置于制动位的瞬间至列车停车的瞬间为止列车所运行的距离，是综合反映制动装置性能和实际制动效果的重要技术指标。

为了保证行车安全，世界各国都根据自己的国情或路情（主要是列车运行速度、牵引质量、制动技术水平和信号、闭塞方式等方面），规定了本国紧急制动时所允许的最大制动距离，普通铁路在 700~1 200 m，高速列车计算制动距离更长，甚至长达 3 000 m 以上。我国《技规》规定，普通列车在任何线路坡道上的最大紧急制动距离不能超过 800 m，即普通列车在遇到任何紧急情况时实施紧急制动，都要保证 800 m 内能停下来，包括在长大下坡道也要满足这个要求。目前，关于紧急制动距离限值的要求对于提高列车的运行速度和牵引质量都已经成为一个重要的限制因素。

《技规》规定的紧急制动距离又称为计算制动距离。计算制动距离应该与列车运行速度、机车车辆制动技术等的发展水平相适应。为了适应列车提速的需要，2007 年《技规》规定了列车在任何线路坡道上的紧急制动距离限值（表 6-1）。

表 6-1 列车的紧急制动距离限值表

列车类型	最高运行速度/(km·h^{-1})	紧急制动距离限值/m
旅客列车（动车组）	120	800
	160	1 400
	200	2 000
货物列车	90	800
	120	1 400
行包列车（短编组）	120	1 100
行邮列车	120	800
	160	1 400

《技规》还规定"为了利用货物列车动能闯坡，在接近上坡道以前提高列车运行速度，铁路局可根据线路状况，在容许速度范围内，适当延长制动距离，但最大不得超过 1 100 m"。

列车制动问题解算过程中，左制动距离、列车换算制动率、制动地段的加算坡度千分数、制动初速度、制动末速度 5 个要素中，已知其中 4 个就可以求解另外一个。

列车制动问题解算就是在各种不同的线路条件下，列车制动能力（列车换算制动率）、列车运行速度和列车制动距离三个因素之间的相互关系，而且都是按照施行紧急制动的情况考虑的（列车制动力或列车换算制动率均按百分之百计算）。

列车制动问题解算通常有以下三种。

①已知列车制动能力（列车换算制动率）和列车运行速度，解算列车制动距离。

②已知列车制动能力（列车换算制动率）和必需的制动距离，解算平道或下坡道允许的紧急制动限速。

③已知列车的紧急制动限速和必需的制动距离，解算平道或下坡道至少必需的列车制动能力（列车换算制动率）。

其中，制动距离计算是关键。

6.2 制动距离及其计算

在司机施行制动时，列车中各车辆的闸瓦并非立即、同时压在车轮上，因为列车制动机是靠空气波的传递而发生作用的，即使机车本身或第一辆车，其闸瓦压力也不是瞬间达到最大值，制动缸压强有一个上升的过程。所以，全列车的闸瓦压力和制动力也有一小段增长的过程，而不是立即产生、立即达到最大值的。在列车制动初期，各辆车的制动缸压力（或闸瓦压力）从前至后发生并逐渐达到最大值，如图 6-1 所示。

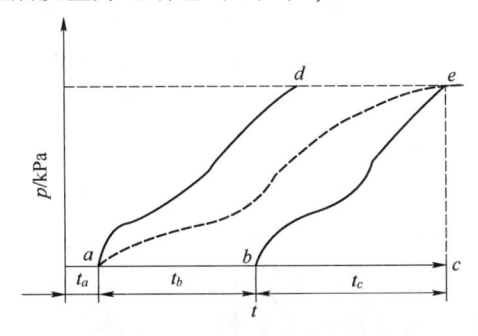

图 6-1　制动初期制动缸压力变化

图 6-1 中，t_a 和 t_a+t_b 分别为司机实施制动至第一辆车和最后一辆车的制动缸压强开始上升的时间，在 t_a 时间内，列车实际上是惰行。制动开始后经过一段时间 t_a，第一辆车制动缸空气压力才开始上升，沿着 ad 线逐渐达到最大值，并保持在 de 线上。最后一辆车经过时间 t_a+t_b 才开始上升，沿曲线增压，经 t_c 时间后达到最大值 e 点，其余车辆制动缸空气压力上升曲线介于 ad 与 be 之间，全列车制动缸压力可平均视为按 ae 曲线上升。t_c 是制动缸充气的时间，也就是压力从零上升到预定值的时间。所以，全列车的闸瓦压力和制动力也有一个逐渐上升的过程。

因此，为了方便、有效地研究列车制动问题，需要引入制动空走时间和制动空走距离的概念。全列车总闸瓦压力上升情况如图 6-2 中 ABF 曲线所示。按照这样的闸瓦压力上升曲线，列车闸瓦压力的计算应分为以下 3 个阶段。

① OA 时间内，$\sum k = 0$。

② AB 时间内，$\sum k$ 由 0 逐渐增大到最大值 $\sum k_{\max}$。

③ 在 B 以后直到停车（缓解）的一段时间内，一直保持最大值 $\sum k_{\max}$。

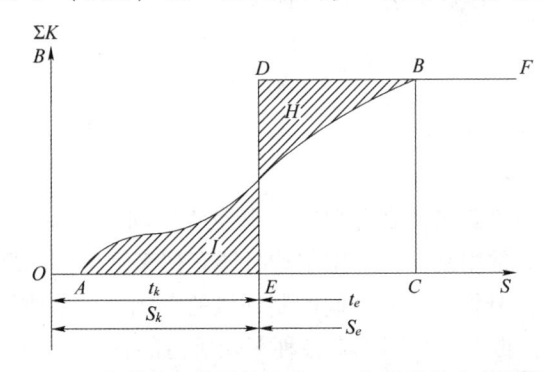

图 6-2　空走距离的原始概念（一般坡道的空走距离）

在第一、三两段时间闸瓦压力很容易计算，而在第二时间段内，每个瞬间闸瓦压力都在变化，计算起来就很复杂。为了简化闸瓦压力的计算，在尽量保证列车制动距离不变的条件下，假设全列车闸瓦压力不是沿 ABF 线变化，而是沿 EDB 变化，即在 D 点突然达到最大值。这样，闸瓦压力变化简化为两个阶段，即：

① OE 时间段内，$\sum k = 0$；

② E 点以后，$\sum k = \sum k_{\max}$。

假定全列车的闸瓦都是在同一瞬间压上车轮，并且闸瓦压力就是在这一瞬间从零突增到预定值，这样列车制动过程分成两段。第一段是从制动开始到全列车闸瓦同时突然以最大压压紧车轮的空走过程，该段过程经历的时间称为空走时间 t_k，列车在空走时间内靠惯性惰行的距离为空走距离 S_k。常用制动时空走时间与列车管排风时间有关，但不是一回事，不能把空走时间和列车管的排风时间混为一谈，它是为计算方便而假定的一个概念。第二段从突增的瞬间至列车停止的有效制动过程，也叫实制动过程，其经历的时间叫作有效制动时间或者实际制动时间。列车在有效制动时间内、在全部制动力和运行阻力的作用下急剧减速所运行的距离 S_e，称为有效制动距离或者实制动距离。制动距离的计算公式为：

$$S_z = S_k + S_e \tag{6-1}$$

式中：S_z——制动距离，m；

S_k——空走距离，m；

S_e——有效制动距离，m。

显然，制动距离计算的准确程度与假想的制动力突增的瞬间是否选择合适有关，如果选择得合适，就可以使假想的空走距离与有效制动距离之和等于实际的制动距离，即制动距离"等效"。

6.2.1 空走距离与空走时间的计算

列车在空走时间内假定是惰行，在平道、上坡道或坡度较小的下坡道，列车速度应当是逐渐降低的；在较陡的下坡道，当坡道下滑力大于基本阻力时，在空走时间内列车速度实际上是先升后降，始终高于制动初速。为了计算方便，通常假定在空走时间内，列车速度不变，始终按制动初速匀速运行。坡度对列车速度和空走距离的影响采取修正空走时间的办法来解决。空走距离按照如下公式简化计算：

$$S_k = \frac{v_0 t_k}{3\,600} \times 1\,000 \tag{6-2}$$

式中：v_0——制动初速，km/h；

t_k——空走时间，s。

决定空走距离 S_k 的两个要素是制动初速 v_0 和空走时间 t_k。而空走时间与列车编组辆数和制动方式（紧急制动或常用制动，常用制动时还有列车管的减压量 r）有关。

在制定《牵规》时，分别对装有不同的制动机的车辆进行单独编组试验，整理出各种制动机的空走时间公式，再根据我国现有各种车辆所占的百分比取平均值，从而得出客货列车制动空走时间的计算公式。

① 旅客列车。

紧急制动：

$$t_k = 3.5 - 0.08 i_j \,(\text{s}) \tag{6-3}$$

常用制动：
$$t_k = (4.1+0.002r \cdot n)(1-0.03i_j) \text{ (s)} \quad (6-4)$$

②货物列车。

紧急制动：
$$t_k = (1.6-0.065n)(1-0.028i_j) \text{ (s)} \quad (6-5)$$

常用制动：
$$t_k = (3.6+0.00176r \cdot n)(1-0.032i_j) \text{ (s)} \quad (6-6)$$

式中：n——牵引辆数；

r——列车管减压量，kPa；

i_j——制动地段加算坡度千分数的代数值，当 $i_j>0$ 时，按 $i_j=0$ 计算。

①单机不分类型，紧急制动空走时间均按 2.5 s 计算。

②上坡道的制动空走时间按平道取值。

在长大下坡道上，制动初期，列车是加速运行的，而计算空走距离时是等速运行的，如果不进行修正，计算出来的空走距离偏小。为了使空走距离计算符合实际，根据下坡道的坡度大小适当延长空走时间，减小空走距离按照等速计算产生的误差。

6.2.2　有效制动距离的计算

计算有效制动距离的方法有分析法（速度间隔法）、图解法、图算法、电算法、等效法等。一般常用的有分析法和等效法。

1. 分析法

分析法，也称手工计算法，根据第四章的内容，将列车有效制动过程分成若干个速度间隔，按列车运行距离计算公式分别求出各速度间隔内列车运行的距离 ΔS，然后累加所有速度间隔的列车运行距离，得到有效制动距离 S_e。

根据前述假定，列车紧急制动时，在有效制动距离内作用于列车的制动力都是最大制动力。此时，制动工况下列车的单位合力等于单位制动力、单位基本阻力以及单位附加阻力的代数和，即：

$$c = -(b+w_0+i_j) = -(1000\varphi_h v_h \beta_c + w_0 + i_j) \text{ (N/kN)} \quad (6-7)$$

式中：φ_h——换算摩擦系数；

v_h——列车换算制动率；

β_c——常用制动系数，紧急制动时，$\beta_c=1.0$；

w_0——列车单位基本阻力，N/kN；

i_j——制动地段的加算坡度千分数。

由于列车的单位制动力 b、单位基本阻力 w_0 都是随速度而变化的数值，所以列车的单位合力 c 也随速度而变化，有效制动距离 S_e 的计算公式为：

$$S_e = \sum \Delta S = \frac{4.17(v_2^2-v_1^2)}{c_p} = \sum \frac{4.17(v_2^2-v_1^2)}{1000v_h \cdot \varphi_h \cdot \beta_c + w_0 + i_j} \text{ (m)} \quad (6-8)$$

式中：v_1、v_2——每个速度间隔的初速度、末速度，km/h；

c_p——每个速度间隔内平均速度下的单位合力，N/kN。

应用分析法计算列车有效制动距离时，通常每个速度间隔不超过 10 km/h，w_h、w_0 均取速度间隔的平均速度对应值。

在针对具体编组的列车做制动计算时，v_h 和 w_0 按具体列车编组计算；在不针对具体列车编组进行一般计算时，v_h 取通用值或指定值，w_0 可以用车辆基本阻力计算。

2. 等效法

有效制动距离的分析法，计算过程比较复杂。速度间隔取得越小，计算量就越大，但计算精度越高。速度间隔越大，计算量越小，但计算误差越大。

为了简化计算有效制动距离的计算，假定闸瓦换算摩擦系数和制动时的单位基本阻力在制动过程中都不随速度而变化，把整个制动过程取为一个速度间隔，用等效的常量 φ_s 和 w_s 来代替 w_h 和 w_0。此时，式（6-8）改写为

$$S_e = \frac{4.17\ (v_0^2 - v_z^2)}{1\,000 v_h \cdot \varphi_s \cdot \beta_c + w_s + i_j}\ （\text{m}） \tag{6-9}$$

式中：φ_s——距离等效摩擦系数；

w_s——距离等效单位基本阻力，N/kN；

v_0——列车制动初速度，km/h；

v_z——列车制动末速度，km/h；制动（紧急、常用）停车时，制动末速度 $v_z = 0$。

这种计算方法称为"等效一次计算法"（简称"等效法"）。它比分段累计的"分析法"简单得多，但重点是如何计算出等效值 φ_s 和 w_s。

根据式（6-7）和式（6-8），并忽略坡度和阻力的影响，紧急制动时，可得：

$$\sum \frac{4.17\ (v_1^2 - v_2^2)}{1\,000 v_h \cdot \varphi_h} = \frac{4.17\ (v_0^2 - v_z^2)}{1\,000 v_h \cdot \varphi_h}$$

经过整理后，可得：

$$\varphi_s = \frac{v_0^2 - v_z^2}{\sum \dfrac{v_1^2 - v_2^2}{\varphi_h}} \tag{6-10}$$

用同样的方法，并忽略坡度和制动力的影响，可得：

$$w_s = \frac{v_0^2 - v_z^2}{\sum \dfrac{v_1^2 - v_2^2}{w_0}}\ （\text{N/kN}） \tag{6-11}$$

不同初速度（v_0）和不同终速度（v_z）下的中磷闸瓦的孔值、旅客列车和货物物列车的 w_s 值分别列于表6-2、表6-3和表6-4中。

表6-2 中磷闸瓦的距离等效摩擦系数 φ_s

v_0/(m·s^{-1})	\multicolumn{12}{c}{v_z/(m·s^{-1})}
	120	110	100	90	80	70	60	50	40	30	20	10
0	0.109	0.118	0.127	0.137	0.147	0.158	0.171	0.185	0.201	0.223	0.254	0.317
10	0.109	0.117	0.127	0.136	0.146	0.157	0.169	0.182	0.197	0.216	0.240	—
20	0.108	0.116	0.125	0.135	0.144	0.155	0.166	0.178	0.191	0.206	—	—

续表

$v_0/(\text{m}\cdot\text{s}^{-1})$	$v_z/(\text{m}\cdot\text{s}^{-1})$											
	120	110	100	90	80	70	60	50	40	30	20	10
30	0.107	0.115	0.124	0.133	0.142	0.152	0.162	0.173	0.185	—	—	—
40	0.106	0.114	0.123	0.131	0.140	0.150	0.160	0.170	—	—	—	—
50	0.105	0.113	0.121	0.130	0.139	0.148	0.157	—	—	—	—	—
60	0.104	0.112	0.120	0.128	0.137	0.146			—			
70	0.103	0.111	0.119	0.127	0.136				—			
80	0.102	0.110	0.118	0.126				—				
90	0.101	0.109	0.117					—				
100	0.101	0.108					—					
110	0.100						—					

表 6-3 旅客列车的距离等效单位基本阻力 w_s

$v_0/(\text{m}\cdot\text{s}^{-1})$	$v_z/(\text{m}\cdot\text{s}^{-1})$											
	120	110	100	90	80	70	60	50	40	30	20	10
0	3.13	2.96	2.79	2.63	2.48	2.33	2.20	2.08	1.97	1.87	1.78	1.70
10	3.15	2.98	2.81	2.65	2.49	2.35	2.22	2.10	1.99	1.89	1.81	—
20	3.20	3.03	2.86	2.69	2.54	2.40	2.27	2.15	2.04	1.94	—	—
30	3.28	3.10	2.93	2.77	2.62	2.47	2.34	2.22	2.11	—	—	—
40	3.39	3.20	3.03	2.87	2.71	2.57	2.43	2.31	—	—	—	—
50	3.51	3.32	3.15	2.98	2.82	2.68	2.54	—	—	—	—	—
60	3.65	3.46	3.28	3.11	2.95	2.80			—			
70	3.81	3.62	3.43	3.26	3.09				—			
80	3.98	3.78	3.60	3.42				—				
90	4.17	3.96	3.77					—				
100	4.36	4.16					—					
110	4.57						—					

表 6-4 货物列车（滚动轴承）的距离等效单位基本阻力 w_s

$v_0/(\text{m}\cdot\text{s}^{-1})$	$v_z/(\text{m}\cdot\text{s}^{-1})$									
	100	90	80	70	60	50	40	30	20	10
0	1.73	1.61	1.50	1.40	1.30	1.21	1.13	1.06	1.00	0.95
10	1.75	1.63	1.52	1.41	1.32	1.23	1.15	1.08	1.02	—
20	1.78	1.67	1.55	1.45	1.35	1.27	1.19	1.12	—	—
30	1.85	1.73	1.61	1.51	1.41	1.32	1.24	—	—	—
40	1.92	1.80	1.69	1.58	1.48	1.39	—	—	—	—
50	2.02	1.89	1.77	1.66	1.56	—	—	—	—	—
60	2.12	1.99	1.87	1.76	—	—	—	—	—	—
70	2.24	2.11	1.98			—				
80	2.37	2.23								
90	2.50				—					

6.2.3 列车制动距离计算例题

例 6-1 列车制动距离计算

某货物列车由 55 辆重货车编组而成（均为滚动轴承、中磷闸瓦）。列车换算制动率为 0.30。在加算坡度为 10‰ 的坡道上以 60 km/h 的速度下坡时施行紧急制动停车。试按分析法和等效一次计算法，分别计算其紧急制动距离。

解：（1）计算空走时间

根据式（6-5）求得空走时间：

$$t_k = (1.6 + 0.065 \times 55) \times [1 - 0.028 \times (-10)] \approx 6.6 (\text{s})$$

（2）计算空走距离

根据式（6-2）求得空走距离：

$$S_k \approx \frac{60 \times 6.6}{3.6} = 110 (\text{m})$$

（3）按分段累计的分析法计算列车有效制动距离

从制动初速 60 km/h 到 0 划分为 6 个速度间隔，然后列表逐项进行计算，如表 6-5 所示。表中 v_p 为每个速度间隔的平均值，w_0 为列车运行单位基本阻力，φ_k 为换算摩擦系数。

表 6-5 有效制动距离计算表

$v/(\text{km}\cdot\text{h}^{-1})$	60~50	50~40	40~30	30~20	20~10	10~0
$v_p/(\text{km}\cdot\text{h}^{-1})$	55	45	35	25	15	5

续表

$w_0 = 0.92+0.004\,8v_p +$ $0.000\,125v_p^2 / (\text{N}\cdot\text{kN}^{-1})$	1.56	1.39	1.24	1.12	0.99	0.95
φ_h	0.157	0.163	0.171	0.185	0.212	0.282
$b = 1\,000\varphi_h v_h$	47.1	48.9	51.3	55.5	63.6	84.6
$c = b + w_0 + i_j$	38.66	40.29	42.54	46.62	54.59	75.55
$\Delta S = \dfrac{4.17\,(v_1^2 - v_2^2)}{c}$	118.6	93.1	68.6	44.7	22.9	5.5
$S_e = \sum \Delta S$	353.4					

由表 6-5 最下面一栏可求列车有效制动距离为 353.4 m。

（4）按等效法计算列车有效制动距离

由表 6-2 查得 $\varphi_s = 0.171$；由表 6-4 查得 $w_s = 1.3$ N/kN，带入式（6-9）得：

$$S_e = \frac{4.17 \times 60 \times 60}{1\,000 \times 0.3 \times 0.171 + 1.3 + (-10)} = \frac{15\,012}{42.6} = 352.4 \approx 352(\text{m})$$

分析法和等效法相比较，列车有效制动距离 S_e 的计算结果只相差 1 m。

（5）计算列车制动距离

按分析法：$S_b = 110 + 353 = 463(\text{m})$

按等效法：$S_b = 110 + 352 = 462(\text{m})$

因此，可以证明等效法计算精度较高。

例 6-2 列车制动距离计算

DF 型内燃机车（一台）牵引 50 辆货车，牵引质量为 3 000 t。列车编组：空货车 15 辆（总重量 400 t），标记载重 501 的滚动轴承重货车 35 辆（总重量 2 600 t），车辆制动机为 GK 型。列车管定压 500 kPa。求该列车在 -10‰ 的坡道上以制动初速度 $v_0 = 80$ km/h 施行紧急制动停车的制动距离。

解：空走时间：

$$t_k = (1.6 + 0.065n)(1 - 0.028i_j) = (1.6 + 0.065 \times 50) \times [1 - 0.028 \times (-10)]$$
$$= 4.85 \times 1.28 = 6.2(\text{s})$$

空走距离：

$$S_k = \frac{v_0 t_k}{3.6} = 80 \times 6.2 / 3.6 = 138(\text{m})$$

列车换算制动率：

$$v_h = \frac{\sum K_h + \sum K_h''}{(\sum P + G) \cdot g} = \frac{15 \times 160 + 35 \times 250 + 550}{(3\,000 + 124) \times 9.81}$$
$$= \frac{11\,700}{30\,646.44} = 0.38$$

空重换算系数：

$$\alpha = \frac{G_重 + 2G_空}{G_重 + G_空} = \frac{2\,600 + 800}{2\,600 + 400} = 1.13$$

列车有效制动距离：

$$S_e = \frac{4.17(v_1^2 - v_z^2)}{1\,000 v_h \cdot \varphi_s \cdot \beta_c + \alpha \cdot w_s + i_j}$$

$$= \frac{4.17 \times 80^2}{1\,000 \times 0.38 \times 0.147 \times 1.0 + 1.13 \times 1.5 + (-10)}$$

$$= \frac{26\,688}{55.86 + 1.695 - 10} = 561(\mathrm{m})$$

因此，列车制动距离 $S_b = S_k + S_e = 561 + 138 = 699(\mathrm{m})$

例 6-3　列车制动距离计算

根据例 6-2 的已知条件，计算该列车在 $-10‰$ 的坡道上以制动初速度 $v_0 = 80\,\mathrm{km/h}$ 施行常用减压 100 kPa、并使列车速度降低到 30 km/h 时的列车制动距离。

解：空走时间：

$$t_k = (3.6 + 0.001\,76 r \cdot n)(1 - 0.032 i_j)$$

$$= (3.6 + 0.001\,76 \times 100 \times 50) \times [1 - 0.032 \times (-10)]$$

$$= 12.4 \times 1.32 = 16.368(\mathrm{s})$$

空走距离：

$$S_k = \frac{v_0 t_k}{3.6} = 80 \times 16.368 / 3.6 = 363.7(\mathrm{m})$$

换算制动率：

$$v_h = \frac{15 \times 160 + 35 \times 250 + 550}{(3\,000 + 124) \times 9.81} = 0.38$$

空重换算系数：

$$\alpha = \frac{2\,600 + 800}{2\,600 + 400} = 1.13$$

由表 6-2 查得 $\varphi_s = 0.142$；由表 6-4 查得 $w_s = 1.61\,\mathrm{N/kN}$；由表 4-9 查得 $\beta_c = 0.68$。

列车有效制动距离：

$$S_e = \frac{4.17(v_1^2 - v_z^2)}{1\,000 v_h \cdot \varphi_s \cdot \beta_c + \alpha \cdot w_s + i_j}$$

$$= \frac{4.17 \times (80^2 - 30^2)}{1\,000 \times 0.38 \times 0.142 \times 0.68 + 1.13 \times 1.61 + (-10)}$$

$$= \frac{222\,935}{38.69 + 1.819 - 10} = 751.7(\mathrm{m})$$

因此，列车制动距离 $S_b = S_k + S_e = 363.7 + 751.7 = 1\,115.4(\mathrm{m})$

需要说明的是，本例题中，列车制动距离虽然超过 800 m，但因为列车采取的是常用制动，因此并不受普通列车紧急制动距离 800 m 的限制。

6.3　列车紧急制动限速计算

为了保证列车在各种坡道上运行时遇到紧急情况都能在规定的距离内安全停车，列车的最高允许运行速度受到限制，这个最高允许运行速度就是紧急制动限速。列车制动限速分为常用制动限速和紧急制动限速两种，两者之中的较低限速值才是真正的制动限速。

一般上坡道和平坡是不存在制动限速问题的。但在下坡道，由于坡道附加阻力变成负值，成了坡道下滑力，制动距离比平道和上坡道要长。下坡道越陡，制动距离越长。为了保证《技规》规定的相应的紧急制动距离，列车在下坡道的运行速度必须限制得比构造速度低。对于一定的坡度和一定的制动距离来说，这个限速决定于列车的制动能力——列车制动率。

由于闸瓦摩擦系数和单位基本阻力都是速度的函数，因此，计算紧急制动限速需要采用试凑的办法。即，先假设一个制动限速，变"求制动初速"为"求制动距离"。如果计算的列车制动距离正好等于《技规》规定的相应的紧急制动距离，表明该速度即为紧急制动限速；如果求得的制动距离大于《技规》规定的相应的紧急制动距离，说明初速度取高了，可取较低的初速度重新试凑；如果求得的制动距离小于《技规》规定的相应的紧急制动距离，说明初速度取低了，可取较高的初速度重新试凑，如此反复试凑计算，直到计算所得的制动距离等于或略小于《技规》规定的相应的紧急制动距离为止。

实际计算过程中，也可以用速度误差来控制。例如，按 70 km/h 计算时，超过《技规》规定的相应的紧急制动距离；按制动限速为 65 km/h 计算时，又小于《技规》规定的相应的紧急制动距离，说明紧急制动限速是在 65~70 km/h。如果速度误差允许在 5 km/h 之内，则紧急制动限速就可以取为 65 km/h。

例 6-4　列车紧急制动限速计算

计算例 6-1 中的货物列车在 10‰ 的下坡道的紧急制动限速（按等效法计算）。

解：由例 6-1 中的解算可知，该列车在制动限速为 60 km/h 时的紧急制动距离按等效法为 462 m。由此可知紧急制动限速比 60 km/h 高得多。先取制动初速 v_0 为 80 km/h 试算。

由表 6-2 查得 $\varphi_s = 0.147$，由表 6-4 查得 $w_s = 1.5$ N/kN，由例题 6-1 可知，$t_h = 6.6$ s。所以：

$$S_b = S_k + S_e = \frac{80 \times 6.6}{3.6} + \frac{4.17 \times 80 \times 80}{1\,000 \times 0.3 \times 0.147 + 1.5 - 10} = 146.7 + 749.7 \approx 896\,(\text{m})$$

如果紧急制动距离按照 800 m 取值，S_b 已经超过了 800 m。所以，初速度还应再取低些。假定再取制动初速为 70 km/h 试算，查得 $\varphi_s = 0.158$，由表 6-4 查得 $w_s = 1.4$ N/kN，故：

$$S_e = \frac{4.17 \times 70^2}{1\,000 \times 0.3 \times 0.158 + 1.4 - 10} = 527\,(\text{m})$$

$$S_k = \frac{70 \times 6.6}{3.6} \approx 128\,(\text{m})$$

$$S_b = S_k + S_e = 128 + 527 = 665\,(\text{m})$$

显然，v_0 又取低了。再取制动初速为 75 km/h 试算，按插值法求得 $\varphi_s = 0.153$，$w_s = 1.45$ N/kN，故：

$$S_e = \frac{4.17 \times 75^2}{1\,000 \times 0.3 \times 0.153 + 1.45 - 10} = 628\,(\text{m})$$

$$S_k = \frac{75 \times 6.6}{3.6} \approx 138\,(\text{m})$$

$$S_b = S_k + S_e = 138 + 628 = 776\,(\text{m})$$

S_b 值只比 800 m 小 34 m，所以，紧急制动限速计算值可以取 75 km/h。

6.4 列车所需换算制动率计算

列车在坡道上运行或在某种情况下，最高速度常常受到制动能力（列车换算制动率）的限制。因此，在列车制动问题解算中，有时是已知某长大下坡道的最高允许速度，需要知道列车至少必须具有多大的制动能力（列车换算制动率），才能保证在这个最高允许速度下的紧急制动距离不大于《技规》规定的紧急制动距离。这是一个在已知指定制动距离、制动初速、制动末速和坡度的情况下，计算所需要的列车换算制动率的问题。

根据已知的制动初速度 v_0 和计算制动距离 S_{bj}，可以计算出应保证的有效制动距离 S_e：

$$S_e = S_{bj} - S_k = S_{bj} - \frac{v_0 \cdot t_k}{3.6} \tag{6-12}$$

由于 $S_e = \dfrac{4.17(v_0^2 - v_z^2)}{1\,000 v_h \cdot \varphi_s \cdot \beta_c + w_s + i_j}$

由已知的 v_0 查出 φ_s 和 w_s 值，可以计算必需的列车换算制动率 v_h：

$$v_h = \frac{\dfrac{4.17(v_0^2 - v_z^2)}{S_e} - (w_s + i_j)}{1\,000 \cdot \varphi_s \cdot \beta_c} \tag{6-13}$$

如果不用等效法而用累计分析法，则不能直接解算 v_h，仍需要进行试凑。其方法是，先假定一个 v_h 值，变"求列车换算制动率"为"求制动距离"。若求出的 S_b 大于《技规》规定的紧急制动距离，则表明 v_h 太小，应再取一个较大的 v_h 值，再求制动距离；若求出的 S_b 小于《技规》规定的紧急制动距离，则表明 v_h 太大，应将 v_h 值再取小一些，再求制动距离；若求出的 S_b 正好等于《技规》规定的紧急制动距离，则该值正是列车至少必须具备的换算制动率。实际上很少有这么巧，通常，只要求算得的 S_b 比《技规》规定的紧急制动距离小不多即可。

例 6-5　列车所需的换算制动率计算

货物列车由 55 辆重货车编组而成，如果该货物列车希望在 20‰ 的下坡道上的紧急制动限速为 65 km/h，问：该货物列车至少需要多大的换算制动率？

解：
$$t_k = (1.6 + 0.065 \times n)(1 - 0.028 i_j)$$
$$= (1.6 + 0.065 \times 55) \times [1 - 0.028 \times (-20)] = 8.07(s)$$
$$S_k = \frac{65 \times 6.6}{3.6} = 146(m)$$
$$S_e = 800 - 146 = 654(m)$$

通过表 6-2 和表 6-4，应用插值法分别求出 $\varphi_s = 0.165$，$w_s = 1.35$ N/kN。因此所需要的列车换算制动率至少为：

$$v_h = \frac{\dfrac{4.17(v_0^2 - v_z^2)}{S_e} - (w_s + i_j)}{1\,000 \cdot \varphi_s \cdot \beta_c} = \frac{\dfrac{4.17(65^2 - 0^2)}{654} - 1.35 - (-20)}{1\,000 \times 0.016\,5 \times 1.0} = 0.28$$

例 6-6　列车所需的换算制动率计算

DF$_4$（货）型内燃机车（一台）牵引 40 辆货车，牵引质量为 3 200 t，其中重车为 2 800 t，其余为空车，车辆采用中磷闸瓦，在 -10‰ 的坡道上由初速 60 km/h 施行紧急制动停车,计算紧急制动距离为 800 m 时,列车所需的换算制动率。

解:

空走时间:

$$t_k = (1.6+0.065 \times n)(1-0.028i_j)$$
$$= (1.6+0.065 \times 40) \times [1-0.028 \times (-10)]$$
$$= 4.2 \times 1.28 = 5.376(\text{s})$$

空走距离:

$$S_k = \frac{v_0 t_k}{3.6} = 60 \times 5.376/3.6 = 89.6(\text{m})$$

有效制动距离 S_e:

$$S_e = S_{bi} - S_k = 800 - 89.6 = 710.4(\text{m})$$

空重换算系数:

$$\alpha = \frac{G_重 + 2G_空}{G_重 + G_空} = \frac{2\,800 + 2 \times 400}{2\,800 + 400} = 1.125$$

换算制动率:

$$v_h = \frac{\frac{4.17(v_0^2 - v_z^2)}{S_e} - (\alpha \cdot w_s + i_j)}{1\,000 \cdot \varphi_s \cdot \beta_c} = \frac{\frac{4.17 \times 60^2}{710.4} - [1.3 \times 1.125 + (-10)]}{1\,000 \times 0.171 \times 1.0} = 0.17$$

6.5 列车紧急制动限速表及其应用

列车紧急制动限速的高低,与每百吨列车重量的换算闸瓦压力、下坡道坡度以及列车类型和编组辆数有关。紧急制动限速与线路限速、机车车辆限速同样重要。当列车运行速度超过紧急制动限速时,施行紧急制动不能保证在规定的距离内停车。计算紧急制动限速需要应用计算紧急制动距离的方法来试凑,如果用手工计算,不但工作量大,而且相当复杂和烦琐。

为了应用方便,提前将平道、各种下坡道的坡度千分数、各种换算制动率的制动限速计算出来,并列成表格的形式,即编成"列车紧急制动限速表"。《技规》中规定了列车紧急制动限速。计算制动距离 800 m 的货物列车按表 6-6(《技规》第 20 表)规定;普通旅客列车及快速行邮列车按表 6-10(《技规》第 21 表)规定。其他列车制动限速如表 6-7、表 6-8、表 6-9 及表 6-11 所示。列车下坡道制动限速随下坡道千分数的增加而递减,坡道每增加 1‰,限速减少 1 km/h。

表 6-6 货物列车制动限速表(计算制动距离 800 m,高摩合成闸瓦)

i	每百吨列车重量的换算闸瓦压力/kN(机车的重量及其闸瓦压力可除外)											
	40	60	80	100	120	140	160	180	200	220	240
0	45	54	61	68	73	78	82	87	91	94	98
1	42	51	60	66	71	76	81	86	90	93	97

续表

i	每百吨列车重量的换算闸瓦压力/kN（机车的重量及其闸瓦压力可除外）										
	40	60	80	100	120	140	160	180	200	220	240
2	40	49	58	65	70	75	80	85	89	92	96
3	37	48	56	63	69	74	79	84	88	91	95
4	35	46	55	62	67	73	78	83	87	90	94
5	33	45	53	60	66	71	76	82	86	89	93
6	31	43	51	59	65	70	75	80	85	88	92
7	28	41	50	57	63	69	74	79	84	87	91
8		39	48	56	61	68	73	78	83	86	90
9		38	47	54	60	66	72	77	82	85	89
10		37	46	52	59	65	70	76	81	84	88
11		35	44	51	57	64	69	75	80	83	87
12		33	42	49	56	63	68	74	79	82	86
13		29	40	48	55	62	67	72	78	81	85
14			38	46	53	60	66	71	77	80	84
15			36	45	52	59	65	70	76	79	83
16			34	43	51	58	63	69	75	78	82
17			32	42	50	57	62	68	74	77	81
18				40	48	55	61	67	72	76	80
19				39	47	54	60	66	71	75	79
20				37	46	53	59	65	70	74	79

i	每百吨列车重量的换算闸瓦压力/kN（机车的重量及其闸瓦压力可除外）										
	260	280	300	320	340	360	380	400	420	440	460
0	101	105	108	111	114						
1	100	104	107	110	113	116					
2	99	103	106	109	112	115					
3	98	102	105	108	111	114					

续表

i	每百吨列车重量的换算闸瓦压力/kN（机车的重量及其闸瓦压力可除外）											
	260	280	300	320	340	360	380	400	420	440	460
4	97	101	104	107	110	113	116				
5	96	100	103	106	109	112	115				
6	95	99	102	105	108	111	114	117			
7	95	98	102	105	108	111	114	116			
8	94	97	101	104	107	110	113	115			
9	93	96	100	103	106	109	112	114	116		
10	92	95	99	102	105	108	111	113	115		
11	91	94	98	101	104	107	110	112	114	117	
12	90	93	97	100	103	106	109	111	113	116	
13	89	92	96	99	102	105	108	110	112	115	117
14	88	91	95	98	101	104	107	109	111	114	116
15	87	90	94	97	100	103	106	108	110	113	115
16	86	89	93	96	99	102	105	107	109	112	114
17	85	88	92	95	98	101	104	106	108	111	113
18	84	87	91	94	97	100	103	105	107	110	112
19	83	86	90	93	96	99	102	104	106	109	111
20	82	85	89	92	95	98	101	103	105	108	110

注：1. 每百吨列车重量的高摩合成闸瓦换算闸瓦压力不得低于 180 kN（87 km/h），货车装用高磷铸铁闸瓦时的换算闸瓦压力按相应高摩合成闸瓦换算压力的 170% 计算。

2. 对于超过 20‰ 的下坡道，列车制动限速由铁路局根据实际试验以命令规定。

3. i 为下坡度千分数（‰）。

4. 本表每百吨列车重量的换算闸瓦压力计算不包括机车。

表 6-7　货物列车及混合列车紧急制动限速表（计算制动距离 800 m，高磷铸铁闸瓦）

i	每百吨列车重量的换算闸瓦压力/kN（机车的重量及其闸瓦压力可除外）											
	40	60	80	100	120	140	160	180	200	220	240
0	42	49	54	59	63	67	70	73	76	78	80
1	40	47	53	57	61	65	69	72	75	77	79

续表

i	每百吨列车重量的换算闸瓦压力/kN（机车的重量及其闸瓦压力可除外）									
	40	60	80	100	120	140	160	180	200	220	240
2	38	45	51	56	60	64	68	71	74	76	78
3	35	44	50	55	59	63	67	70	73	75	78
4	33	42	49	54	58	62	66	70	73	75	77
5	31	41	47	53	57	61	65	69	72	74	76
6	29	39	45	52	56	60	64	68	71	73	75
7	26	37	44	50	55	59	63	67	70	72	74
8	15	35	42	49	54	58	62	66	69	71	73
9		34	41	47	53	57	61	65	68	70	72
10		33	40	46	51	56	60	64	67	70	71
11		20	38	44	50	55	59	63	66	69	71
12		9	36	43	49	54	58	62	65	68	70
13			34	41	47	52	57	61	64	67	69
14			23	39	45	51	56	60	63	66	68
15			18	37	44	50	55	59	62	65	67
16			13	36	43	49	54	58	61	64	66
17				25	41	47	52	56	60	63	65
18				17	40	46	51	55	59	62	64
19				10	36	45	50	54	58	61	64
20					27	44	49	53	57	60	63

i	每百吨列车重量的换算闸瓦压力/kN（机车的重量及其闸瓦压力可除外）									
	260	280	300	320	340	360	380	400	420	440	460
0	82	85	87	88	90						
1	82	84	86	88	89	91					
2	81	83	85	87	89	90					
3	80	82	84	86	88	90	91				

续表

i	每百吨列车重量的换算闸瓦压力/kN（机车的重量及其闸瓦压力可除外）										
	260	280	300	320	340	360	380	400	420	440	460
4	79	81	83	85	87	89	91				
5	78	80	83	84	86	88	90	91			
6	77	80	82	84	86	87	89	91			
7	77	79	81	83	85	87	88	90			
8	76	78	80	82	84	86	88	89	91		
9	75	77	79	81	83	85	87	89	90		
10	74	76	79	81	83	84	86	88	89	91	
11	73	76	78	80	82	84	85	87	89	90	
12	72	75	77	79	81	83	85	86	88	90	91
13	71	74	76	78	80	82	84	86	87	89	90
14	71	73	75	77	80	81	83	85	87	88	90
15	70	72	75	77	79	81	83	84	86	87	89
16	69	71	74	76	78	80	82	84	85	87	88
17	68	71	73	75	77	79	81	83	84	86	88
18	67	70	72	74	77	78	80	82	84	85	87
19	66	69	71	74	76	78	80	81	83	85	86
20	66	68	71	73	75	77	79	81	82	84	86

注：1. 每百吨列车重量的换算闸瓦压力不得低于 280 kN，否则应进行甩挂，有特殊原因不得甩挂时，需经铁路局（跨局列车需经铁道部）调度批准，限速运行。

2. 本表列车按照 65 辆编组。

3. 本表中粗折线左下方为常用制动限速。

表 6-8　快运货物列车紧急制动限速表（计算制动距离 1 400 m，新型高磨合闸瓦）

i	每百吨列车重量的换算闸瓦压力/kN（机车的重量及其闸瓦压力可除外）					
	140	160	180	200	220	240
0	117	120				
1	115	120				
2	114	120				

续表

i	每百吨列车重量的换算闸瓦压力/kN（机车的重量及其闸瓦压力可除外）					
	140	160	180	200	220	240
3	113	120				
4	112	119				
5	111	118				
6	109	116				
7	107	114	120			
8	106	113	120			
9	104	111	118			
10	102	109	117			
11	101	108	115			
12	99	106	114	102		
13	98	105	113	119	120	
14	96	104	111	118	120	
15	95	103	110	117	120	
16	94	102	109	115	120	
17	92	100	107	114	120	
18	90	98	106	112	119	
19	88	96	104	111	118	
20	86	95	103	110	117	120

注：1. 每百吨列车重量的换算闸瓦压力不得低于 160 kN，否则应进行甩挂，有特殊原因不得甩挂时，需经铁路局（跨局列车需经铁道部）调度批准，限速运行。

2. 由于受制动热负荷限制，最高速度不得超过 120 km/h。

表 6-9　行包快运货物列车紧急制动限速表

（计算制动距离 1 100 m，新型高摩合成闸瓦，短编组，181 轴重）

i	每百吨列车重量的换算闸瓦压力/kN（机车的重量及其闸瓦压力可除外）							
	140	160	180	200	220	240	260	280	300
0	102	108	114	120					
1	101	107	113	119	120				

续表

i	每百吨列车重量的换算闸瓦压力/kN（机车的重量及其闸瓦压力可除外）									
	140	160	180	200	220	240	260	280	300
2	100	106	112	118	120				
3	99	105	111	116	120				
4	97	103	109	115	120				
5	96	102	108	114	119	120			
6	95	101	107	113	118	120			
7	93	99	105	111	116	120			
8	92	98	104	110	115	120			
9	91	97	103	109	114	119	120		
10	89	96	102	108	113	118	120		
11	88	95	101	107	112	117	120		
12	87	93	99	105	110	115	120		
13	85	92	98	104	109	114	119		
14	84	91	97	103	108	113	118	120	
15	83	90	96	102	107	112	117	120	
16	81	88	94	100	105	110	115	120	
17	80	87	93	99	104	109	114	119	120
18	79	86	92	98	103	108	113	118	120
19	78	84	90	97	102	107	112	117	120
20	76	82	89	95	101	106	111	116	120

注：1. 每百吨列车重量的换算闸瓦压力不得低于 200 kN，否则应进行甩挂，有特殊原因不得甩挂时，需经铁路局（跨局列车需经铁道部）调度批准，限速运行。

2. 由于受制动热负荷限制，最高速度不得超过 120 km/h。

表 6-10　旅客列车制动限速表（计算制动距离 800 m，高磷铸铁闸瓦）

i	每百吨列车重量的换算闸瓦压力/kN（包括机车的重量及其闸瓦压力）												
	500	520	540	560	580	600	620	640	660	680	700	720	740	760
0	106	107	109	110	111	112	113	114	115	116	117	118	119	120

续表

i	每百吨列车重量的换算闸瓦压力/kN（包括机车的重量及其闸瓦压力）												
	500	520	540	560	580	600	620	640	660	680	700	720	740	760
1	105	107	108	109	110	111	113	114	115	116	117	118	118	119
2	105	106	107	109	110	111	112	113	114	115	116	117	118	118
3	104	105	107	108	109	110	111	112	114	115	116	117	117	118
4	104	105	106	107	109	110	111	112	113	114	115	116	117	117
5	103	104	106	107	108	109	110	111	112	113	114	115	116	116
6	102	104	105	106	107	109	110	111	112	113	114	115	116	116
7	102	103	104	106	107	108	109	110	111	112	113	114	115	115
8	101	102	104	105	106	107	109	110	111	112	113	114	115	115
9	100	102	103	104	106	107	108	109	110	111	112	113	114	114
10	100	101	103	104	105	106	107	109	110	111	112	113	114	114
11	99	101	102	103	104	106	107	108	109	110	111	112	113	113
12	99	100	101	103	104	105	106	107	109	110	111	112	113	113
13	98	99	101	102	103	105	106	107	108	109	110	111	112	112
14	97	99	100	101	103	104	105	106	107	109	110	111	112	112
15	97	98	100	101	102	103	105	106	107	108	109	110	111	111
16	96	98	99	100	102	103	104	105	106	107	108	109	110	111
17	96	97	98	100	101	102	103	105	106	107	108	109	110	110
18	95	96	98	99	100	102	103	104	105	106	107	108	109	110
19	94	96	97	99	100	101	102	104	105	106	107	108	109	109
20	94	95	97	98	99	101	102	103	104	105	106	107	108	109

注：1. 每百吨列车重量的换算闸瓦压力不得低于 660 kN（115 km/h）；否则应进行甩挂。有特殊原因不能甩挂时，须经铁路局（跨局列车须经铁道部）调度批准，限速运行。

2. 对于超过20‰的下坡道，列车制动限速由铁路局根据实际试验以命令规定。

3. i 为下坡度千分数（‰）。

4. 本表每百吨列车重量的换算闸瓦压力计算包括机车。

5. 本表适用于快速行邮列车。

表 6-11　旅客列车紧急制动限速表（计算制动距离 1 400 m，盘形制动）

i	每百吨列车重量的换算闸瓦压力/kN（包括机车的重量及其闸瓦压力）									
	300	310	320	330	340	350	360	370	380	390
0	155	157	160							
1	154	156	159	160						
2	153	155	158	160						
3	152	154	157	159	160					
4	151	153	156	158	160					
5	150	152	155	157	160					
6	150	152	155	157	159	160				
7	149	151	154	156	158	160				
8	148	150	153	155	158	160				
9	147	149	152	154	157	159	160			
10	146	149	152	154	156	158	160			
11	145	148	151	153	155	157	160			
12	144	147	150	152	154	156	159	160		
13	143	146	149	151	153	156	158	160		
14	142	145	148	150	152	155	158	160		
15	142	145	148	150	152	154	157	159		
16	141	144	147	149	151	153	156	158	160	
17	140	143	146	148	150	152	155	157	160	
18	139	142	145	147	150	152	155	157	159	160
19	138	141	144	146	149	151	154	156	158	160
20	137	140	143	145	148	150	153	155	158	160

注：每百吨列车重量的换算闸瓦压力不得低于 320 kN，否则应进行甩挂。有特殊原因不得甩挂时，需经铁路局（跨局列车需经铁道部）调度批准，限速运行。

列车紧急制动限速表中出现的阶梯粗折线（表 6-7）为紧急制动限速与常用制动限速的分界线：分界线以上为紧急制动限速，分界线以下为常用制动限速。

常用制动限速是受常用制动力限制的列车最高运行速度。使用空气常用制动时，列车单位制动力可按下式计算：

$$b_c = \beta_c b = 1\,000\varphi_h v_h \beta_c \tag{6-14}$$

常用制动限速是按照常用制动的单位合力为零进行计算的：

$$c = b_c + w_0 + i_j = 0 \tag{6-15}$$

或

$$1\,000\varphi_h \beta_c w_0 + i_j = 0 \tag{6-16}$$

式中：w_0——列车单位基本阻力，N/kN；

　　　B——单位换算制动力，N/kN；

　　　β_c——常用制动系数，取 0.5 计算；

　　　i_j——加算坡度的千分数。

客车限速表中无紧急制动限速和常用制动限速的分界线，这是因为，旅客列车的制动能力较强，即使在 34‰ 的下坡道，换算制动率为 0.52 时，常用制动限速也比紧急制动限速高得多。所以，对旅客列车来说，制动限速就是紧急制动限速。

在线路加算坡度和列车换算制动率已知时，可以很方便地从列车紧急制动限速表中查出该下坡道真正的制动限速。例如，已知货物列车采用高摩合成闸瓦，计算制动距离为 800 m，加算坡度 $i_j = -10$，每百吨列车重量的换算闸瓦压力为 220 kN，从表6-6即可查到紧急制动限速为 84 km/h。

在已知线路加算坡度和列车最高运行速度的条件下，也可以很方便地从列车紧急制动限速表中反查出在该下坡道至少必须有多大的制动率。例如，已知旅客列车采用高磷铸铁闸瓦，计算制动距离为 800 m，加算坡度 $i_j = -8$，列车运行限速 110 km/h，从表6-10即可查到该列车至少必需的每百吨列车重量的换算闸瓦压力为 640 kN。

思考题

一、简答题

1. 为什么列车制动过程要分成假定的"空走过程"和"有效制动过程"两部分？在什么条件下该假设是成立的？

2. 什么是制动有效距离？

3. 什么是空走时间？如何计算？

4. 为什么列车运行在下坡线路上施行紧急制动时，要限制其最大制动速度？闸瓦摩擦系数的大小与哪些因素有关？

5. 列车紧急制动时，其制动距离指什么？写出其计算公式。

二、计算题

1. SS_1 型电力机车，牵引 40 辆滚动轴承重车，$G = 3\,400$ t，在 -10‰ 的坡道上由初速 70 km/h 施行紧急制动停车，其紧急制动距离为 800 m，计算列车所需的换算制动率。（该列车使用中磷闸瓦）

2. SS_{3B} 型电力机车（高摩合成闸瓦）牵引 4 000 t 货物列车，编组 50 辆，GK 型、120 型制动机的重车 45 辆，空车 2 辆，关门车 3 辆。管定压为 500 kPa，车辆按高磷闸瓦计算。该列车运行在 $i_j = -6$ 的上坡道上，速度 80 km/h 时，求：①实行紧急制动，求制动距离；②采用常用制动减压 100 kPa，减速到 50 km/h 时的制动距离。

第七章 牵引质量确定

> **主要内容**
>
> 本章在分析限制牵引质量因素的基础上,介绍了牵引质量的计算与验算方法,分析了确定区间限制坡道的方法,并介绍了如何确定区段内的列车牵引定数。

> **学习重点**
>
> 1. 限制坡道的确定。
> 2. 牵引质量的计算方法。
> 3. 牵引定数的计算方法。
> 4. 牵引质量的验算方法。

7.1 概述

牵引质量和运行速度是铁路运输工作中两个最重要的指标,标志着铁路生产能力和科学技术的发展水平,决定着铁路的通过能力和运输成本。准确地确定牵引质量和运行速度对国民经济的发展具有重要意义。

在机车车辆和线路条件不变的情况下,牵引质量和运行速度相互影响。牵引质量增加,列车运行速度自然降低。列车运行速度要想提高,牵引质量必须减少。最有利的牵引质量和运行速度的确定,与许多技术因素和经济因素有关,这里所讨论的内容,仅是根据机车车辆的性能和线路条件,从技术上计算或验算牵引质量的方法。

从技术上讲,除机车功率外,限制牵引质量的因素还有以下几个。

① "限制坡道"的加算坡度(限制坡度)。
② 平直道上达到最高运行速度时的保有加速度(或称剩余加速度)。

③起动地段的加算坡度。
④车站到发线的有效长度。
⑤小半径曲线的"粘降"。
⑥"动能闯坡"的坡顶速度。
⑦长大下坡道列车缓解充风时间和制动空走时间。
⑧内燃机车通过长大隧道的最低限速。

前5项可较简单地直接求出一个牵引质量的数值，后三项比较复杂，通常只作为验算用。故本书将前5项归纳为"牵引质量的计算"，后三项归纳为"牵引质量的验算"。实际上，如果牵引质量为已知数，则按以上因素进行的计算均为验算；如果牵引质量为未知数，则可先按前4项中任何一项计算出一个牵引质量，然后再进行其他7个因素的验算。其中有些因素明显不起限制作用或根本不存在，则可不必计算或验算。在牵引质量验算中如有任何一项不合格，则应降低牵引质量或采取其他技术措施。

牵引质量和运行速度的确定是一个综合性的技术经济问题，影响的因素很多，本章将主要从列车运行计算的角度分析如何确定牵引质量。

7.2 牵引质量的计算

若 $G_q > G$（已知值），则列车不受起动条件限制。否则，牵引质量应取 G_q 或采取列车在该站不停车的办法，旅客列车一般不需要按起动地段校验牵引质量。

7.2.1 按限制坡度计算

在牵引区段内，牵引质量受到最困难上坡道的限制，这种坡道就是限制坡道，也就是指某个区间或区段内对牵引质量起限制作用的坡道。在限制坡道上要求保证列车不低于机车速度运行。

区间或区段内的限制坡道不仅一定是坡度最大的上坡道，还要考虑坡长以及坡前的线路纵断面等因素。当坡道陡而长，或虽不太长，但坡前线路纵断面困难，或靠近车站，或有限速地点时，列车不能依靠动能闯过坡道全长，最后以等速运行通过，这种坡道就是限制坡道。一般来说，最陡坡道长度在 5 km 以上的，很可能是限制坡道；在坡前线路纵断面困难或有限速地点时，1~2 km 长的最陡坡道也可能是限制坡道。如果坡道陡而短，列车在驶入此坡道前已经具有较高速度，或者具有提高列车速度的有利条件，列车可以利用动能闯坡，速度渐减但最后不低于机车计算速度通过坡道全长的称为动能坡道，但此坡道不一定是计算牵引质量用到的限制坡道。

当列车进入区间或区段内的限制坡道后，由于坡道阻力很大，速度将连续下降，直至机车计算速度 v_j，列车仍未驶出这个坡道。此时，如果速度继续下降，则表明牵引质量太大，因为列车以低于 v_j 的速度运行是不合理的，甚至可能导致"坡停事故"。如果列车能保持 v_j 匀速运行出坡，则表明牵引质量正合适，此时作用于列车上的合力为零，即：

$$\sum F_j \times \lambda_y = \left[\sum (P \times w_0') + \sum P \times i_x + G \times (w_0'' + i_x) \right] \times g \times 10^{-3} \quad (7-1)$$

式中：F_j——机车计算牵引力，kN；
P——机车计算重量，t；

λ_y——引力使用系数，取 0.9；

w_0'、w_0''——计算速度下的机车、车辆单位基本阻力，N/kN；

i_x——限制坡道的加算坡度千分数；

G——牵引质量，t；

g——重力加速度（取 9.81m/s²）。

由此可得，按限制坡度和机车计算速度计算牵引质量的公式为：

$$G = \frac{\sum F_j \times \lambda_y - \left[\sum P \times (w_0' + i_x)\right] \times g \times 10^{-3}}{(w_0'' + i_x) \times g \times 10^{-3}} \quad (7-2)$$

多机牵引和补机推送进行牵引质量计算时，机车计算重量应为各机车计算重量总和，机车计算牵引力应按各种机车计算标准的规定分别计算和叠加。

计算所得的牵引质量应按规定化为 10 的整数倍，不足 10 者舍去。

例 7-1　按限制坡度计算的牵引质量

计算一台 DF$_{4c}$（货）内燃机车在 9‰ 限制坡道上的货物列车（车辆全部是滚动轴承重货车）的牵引质量。

解：DF$_{4c}$（货）内燃机 $P=138$ t，　　$v_j=24.5$ km/h，　　$F_j=301.5$ kN

机车的单位基本阻力：

$$w_0' = 2.28 + 0.029\,3v + 0.000\,178v^2$$
$$= 2.28 + 0.029\,3 \times 24.5 + 0.000\,178 \times 24.5^2$$
$$= 3.1(\text{N/kN})$$

滚动轴承货车的单位基本阻力：

$$w_0'' = 0.92 + 0.004\,8v + 0.000\,125v^2$$
$$= 0.92 + 0.004\,8 \times 24.5 + 0.000\,125 \times 24.5^2$$
$$= 1.11(\text{N/kN})$$

$$G = \frac{\sum F_j \times \lambda_y - \left[\sum P \times (w_0' + i_x)\right] \times g \times 10^{-3}}{(w_0'' + i_x) \times g \times 10^{-3}}$$

$$= \frac{301.5 \times 0.9 - 138 \times (3.1 + 9) \times 9.81 \times 10^{-3}}{(1.11 + 9) \times 9.81 \times 10^{-3}}$$

$$= 2\,569(\text{t})$$

取整为 2 560 t。

例 7-2　按限制坡度计算的牵引质量

一台 SS$_1$ 型电力机车与一台 SS$_4$ 型电力机车牵引货物列车，SS$_4$ 为补机，车辆全部是滚动轴承重货车，求该列车在 12‰ 的限制坡道上运行时最大牵引质量。

解：SS$_1$ 型电力机车 $P=138$ t，SS$_4$ 型电力机车 $P=184$ t

SS$_1$ 型电力机车计算速度为 43 km/h，SS$_4$ 电力机车计算速度为 51 km/h，因为牵引力与速度呈反比变化，所以取 51 km/h 计算。则在此速度下的牵引力：SS$_1$ 电力机车为 256.3kN（插值计算）；SS$_4$ 电力机车为 431kN。由于 SS$_4$ 为补机，牵引力需要乘以修正系数 0.95。

SS$_1$、SS$_4$ 型：$w_0' = 2.25 + 0.019\,0v + 0.000\,320v^2 = 4.05(\text{N/kN})$，$(v=51\text{ km/h})$

滑动轴承重货车：$w_0''=1.07+0.001\ 1v+0.000\ 236v^2=1.74$（N/kN），（$v=51$ km/h）
$\lambda_y=0.9$，$i_x=12$

$$G=\frac{\sum F_j\times\lambda_y-\sum[P(w_0'+i_x)]\times g\times 10^{-3}}{(w_0''+i_x)\times g\times 10^{-3}}$$

$$=\frac{(256.3+431\times 0.95)\times 0.9-((138+184)\times(4.05+12))\times 9.81\times 10^{-3}}{(1.74+12)\times 9.81\times 10^{-3}}$$

$$=\frac{599.175-50.65}{0.134\ 8}=4\ 069(\text{t})$$

取整为 4 060 t。

7.2.2 按平直道最高运行速度下的保有加速度计算

为了使列车在运行过程中具有一定加速能力，列车能在平直道较快地达到最高运行速度（速度目标值），机车牵引力除了克服相应的阻力外，还要有一定的加速余力。这就要求列车在接近和达到最高运行速度时仍有一定的加速度（尽管不需要它超过最高运行速度）。此时，牵引质量按下式计算：

$$G=\frac{\sum F_R-\sum(P\cdot w_0')\cdot g\cdot 10^{-3}-\sum P\cdot(1+\gamma)\cdot a}{w_0''\cdot g\cdot 10^{-3}+(1+\gamma)\cdot a} \tag{7-3}$$

式中：F_g——列车最高运行速度时的机车牵引力，kN；

γ——机车车辆回转质量系数，$\gamma=0.06$；

a——列车保有加速度，m/s²。

加速度值的选取与速度目标值的大小、牵引功率的匹配、起动加速度以及运营指标有关。如果加速度取值过大，则牵引质量偏小，功率储备偏大，机车功率利用率偏小；如果加速度取值过小，则牵引质量偏大，功率储备偏小，机车功率利用率偏大。《牵规》对机车剩余加速度的取值做了如下规定：

旅客列车：

$a=0.01$ m/s²　　　　　　（$v_{\max}=120$ km/h）

$a=0.015$ m/s²　　　　　　（$v_{\max}=40$ km/h）

$a=0.02$ m/s²　　　　　　（$v_{\max}=160$ km/h）

$a=0.03\sim 0.05$ m/s²　　　　（$v_{\max}=200\sim 300$ km/h）

$a=0.06$ m/s²　　　　　　（$v_{\max}\geqslant 300$ km/h）

货物列车：

$a=0.005$ m/s²　　　　　　（$v_{\max}=80\sim 90$ km/h）

以上加速度值比国外规定偏低。随着机车功率和列车速度的提高，保有加速度应取较大值。否则，列车达到最高速度的时间和走形距离过长，就会降低平均速度。对于 $v_{\max}\geqslant 200$ km/h 的高速列车，保有加速度可以取到 0.05 m/s² 以上，而 300 km/h 的高速动车组的保有加速度可以取到 0.06 m/s²。

7.2.3 按起动地段的加算坡度计算

列车在起动时，起动阻力要比列车运行中的基本阻力大得多。此外，列车静态惯性力也包括在列车起动时的基本阻力之中，这也是起动阻力大得多的又一个原因。单位起动阻力的取值是在牵引计算中按起动地段的坡度计算牵引质量或校验列车能否在停车地点起动时应用的。

为了使列车在车站停车后再起动，应计算在区段内最困难车站能够起动的牵引质量。起动时的列车总阻力如下：

$$W_q = \left[\sum (w'_q \cdot P) + w''_q \cdot G + i_q \cdot \left(\sum P + G \right) \right] g \times 10^{-3} \quad (\text{kN}) \tag{7-4}$$

列车最大的起动牵引质量，可以根据机车的起动牵引力 F_q 等于列车起动总阻力 W_q 条件求得。即能起动的牵引质量：

$$G_q = \frac{\sum F_q \cdot \lambda_y \times 10^3 - \left[\sum (P \cdot w'_q) + \sum P \cdot i_q \right] \cdot g}{(w''_q + i_q) \cdot g} (t) \tag{7-5}$$

式中：F_q——机车的计算起动牵引力，kN；

w'_q、w''_q——机车、车辆起动时的单位基本阻力，N/kN；

λ_y——牵引力使用系数，取 0.9；

i_q——起动地段的加算坡度千分数。

例 7-3 按起动地段的坡度计算的牵引质量

计算两台 DF_{4D}（货）内燃机车双机牵引（不使用重联操作方式）的货物列车（车辆全部是滚动轴承重货车）在 12‰ 的加算坡道上的起动牵引质量。

解： DF_{4D}（货）内燃机 $P = 138$ t，$F_q = 480.0$ kN

由于是双机牵引分别操纵，第二台机车的牵引力取全值的 0.98。

$$G_q = \frac{\sum F_q \cdot \lambda_y \times 10^3 - \left[\sum (P \cdot w'_q) + \sum P \cdot i_q \right] \cdot g}{(w''_q + i_q) \cdot g}$$

$$= \frac{1.98 \times 480.0 \times 0.9 \times 10^3 - 2 \times 138 \times (5+12) \times 9.81}{(3.5+12) \times 9.81}$$

$$= 5\,323(t)$$

取整为 5 320 t。

7.2.4 按车站到发线有效长度计算

车站到发线有效长度是指到发线两端警冲标之间的距离，因此对列车长度有限制作用。如果列车太长，则在到发线上停留时，其端部可能超出警冲标，与邻线列车发生侧面冲突。所以，《技规》规定：列车长度不得超过区段内最短到发线有效长度减去 30 m 附加制动距离后的长度。

按区段内最短到发线有效长计算的最大牵引质量为：

$$G_e = G_c \frac{L_e - \sum L_j - 30}{L_c} \tag{7-6}$$

式中：L_e——车站到发线有效长度，m；

G_c——每辆货车的平均总重，t；

L_j——机车长度，m。

铁道部（X6）铁基字 15417 号文件规定：$G_e = 69.4$ t，$L_e = 14$ m。

若 $G_e > G$（已知值），则列车长度不受到发线有效长度的限制。否则，牵引质量应取 G_e，或规定在该站禁止该列车停车会让。

《技规》规定了 30 m 的附加制动距离，也就是说，当列车满长时，给司机掌握的制动距离的富余量只有 30 m。这一规定是沿用中华人民共和国成立初期的数据，那时牵引定数只有 1 000 t，而现在铁路主要干线的牵引定数已经增加到 4 000~6 000 t。目前，30 m 的附加制动距离已经不够用，满长的货物列车进站时经常出现二次停车现象，降低了通过能力，因此列车附加制动距离需要延长。

7.2.5 按小半径曲线"粘降"计算

在小半径曲线上，机车黏着系数要降低。随着机车黏着系数的降低，机车黏着牵引力也要减小。当粘降后的黏着牵引力小于机车的计算牵引力，而且，小半径曲线所在的坡道又是坡度较大的上坡道时，牵引质量可能受到粘降的限制。受粘降限制的牵引质量按式（7-7）计算：

$$G_{\mu r} = \frac{\sum F_{\mu r} \times 10^3 - [\sum(P \cdot w_0') + \sum P \cdot i_j] \cdot g}{(w_0'' + i_j)g}(t) \quad (7-7)$$

式中：$F_{\mu r}$——粘降后的机车牵引力，kN；

w_0'、w_0''——计算速度下的机车、车辆起动时的单位基本阻力，N/kN；

i_j——小半径曲线地段的加算坡度千分数。

若 $G_{\mu r} > G$（已知值），则牵引质量不受粘降限制。否则，牵引质量应取 $G_{\mu r}$。

7.3 牵引质量的验算

7.3.1 按"动能闯坡"验算

某个区间或区段内坡度最大的上坡道不一定是限制坡道。但是，按另一个较大的坡度计算所得的牵引质量，列车通过坡度最大的上坡道时能否以不低于 v_j 的速度闯过坡顶，还需要进行"闯坡验算"。图 7-1 中第 4 个坡段为需要进行动能闯坡验算的坡道，也就是"动能坡道"。依据动能坡道上确定的牵引质量与坡前运行速度、坡道的坡度与长度等因素有关。较高的坡前运行速度要求动能坡道之前的线路纵断面有提高速度的条件，例如，离车站起动地点较远、没有限速地段、线路比较平直或有连续下坡道等。这些因素很复杂，通常需要采用"试凑法"校验牵引质量。

假设按另一个较大坡度算得的牵引质量为 G_3，闯坡结果是坡顶速度 $v_3 < v_j$，这说明，牵引质量取得太大。再取牵引质量为 $G_1 (<G_3)$，再进行闯坡验算，闯坡结果是坡顶速度 v_1 远远高于 v_j。这说明，牵引质量又取得太小了。最后取牵引质量为 $G_2 (G_3 > G_2 > G_1)$，进行第三次闯坡验算，得到坡顶速度 v_2 仍高于 v_j。这时，由三次验算的牵引质量及相应的坡顶速度，可做出如图 7-1 右边的 $v=f(G)$ 曲线。在该曲线上可找出坡顶速度为机车计算速度时的牵引质量 G。

图 7-1 "动能闯坡"计算

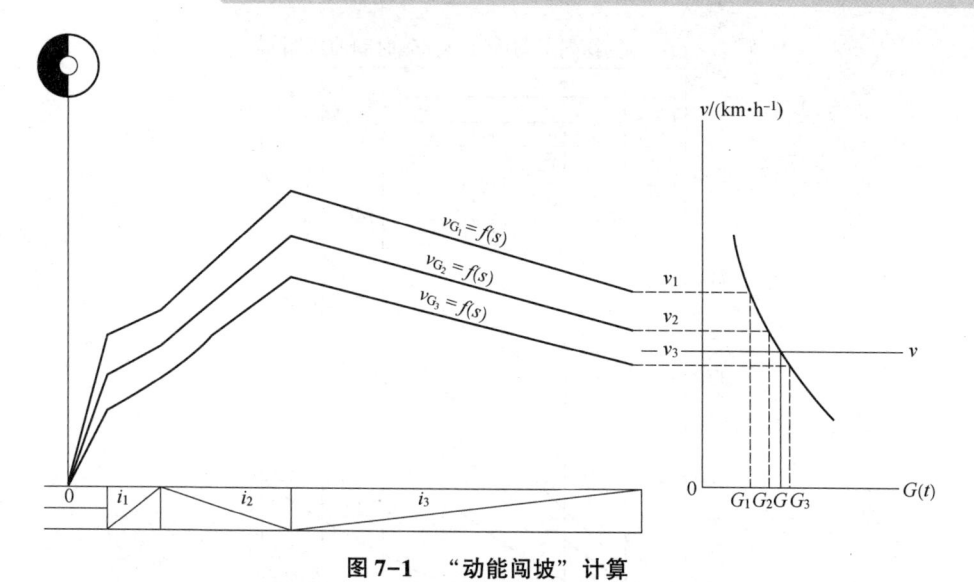

7.3.2 按长大下坡道缓解充气时间及制动空走时间验算

列车在长大下坡道运行时,坡道附加阻力变成了坡道下滑力,而且远远大于列车其他阻力,列车的运行速度将迅速升高。为了使列车速度不超过规定限速,没有动力制动的机车牵引的货物列车,通常采用空气制动的周期制动调速,即制动,缓解,再制动,再缓解,直至驶出长大下坡道。如果坡道很陡或者牵引质量很大,即使有动力制动,也需要空气制动的周期制动与之相配合。

施行周期制动时,每次制动前,全列车各车辆副风缸的空气压强都必须恢复到规定值。这个过程所需要的时间,称为(缓解)充气时间缸。并且,列车施行制动时还有一个(制动)空走时间。为了保证行车安全,列车缓解后速度上升到该坡道限制速度时所经过的增速时间与应大于上述这两个时间之和,即

$$t_z > t_c + t_k$$

充气时间 t_c 与制动机类型、列车管减压量 r 和牵引量数 n 有关。图 7-2 和图 7-3 是《牵规》上的货物列车制动机列车管定压分别为 500 kPa 和 600 kPa 时的副风缸再充气时间曲线。

图中曲线上的数字为减压量,一般取 $r = 80$ kPa。增速时间按分段累计法计算:

$$t_z = \sum \frac{30(v_1 - v_2)}{-(w_0 + i_3)} \ (\text{s})$$

式中:v_1——速度间隔内的初速度,km/h,第一个间隔的初速度为限度;

v_2——速度间隔内的末速度,km/h,最末一个间隔的末速度可取 10 km/h;

w_0——列车运行时的单位基本阻力,N/kN;

i_j——加算坡度千分数。

一般来说,牵引质量越大,即牵引数量越多,列车就越长,则 $t_c + t_k$ 也就越长,有可能大于 t_z,所以牵引质量需要受到限制。

货物列车副风缸再充气时间曲线图

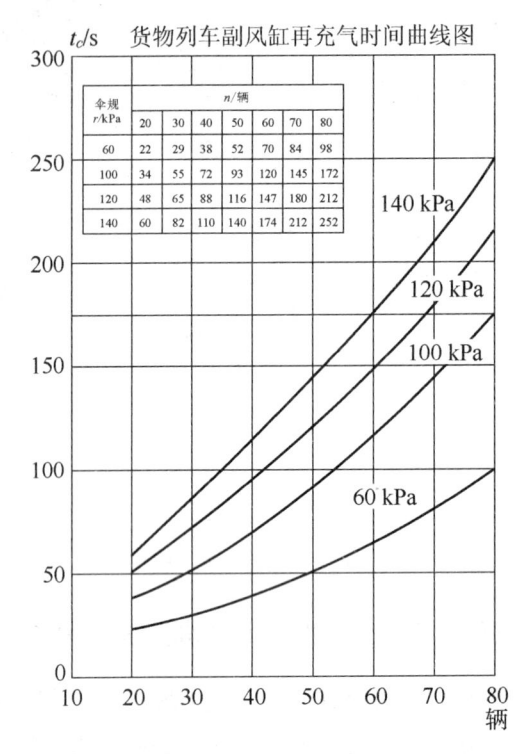

牵规 r/kPa	n/辆					
	20	30	40	50	60	70	80
60	22	29	38	52	70	84	98
100	34	55	72	93	120	145	172
120	48	65	88	116	147	180	212
140	60	82	110	140	174	212	252

图 7-2 货物列车不同列车管减压量副风缸再充气时间
（列车管空气压力 500 kPa）

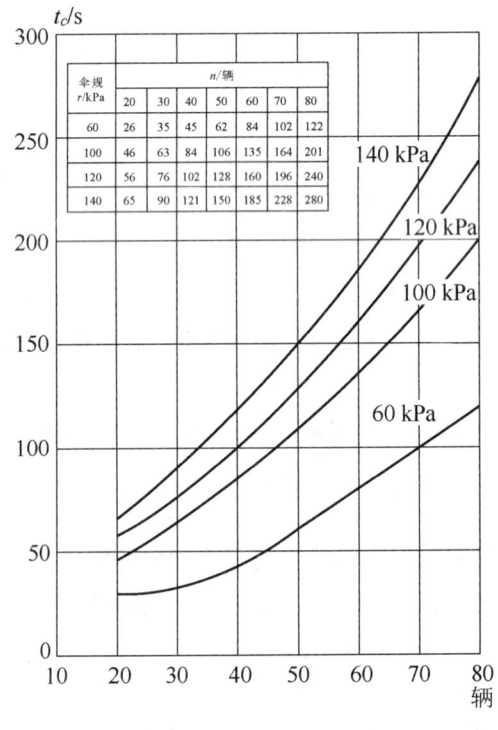

牵规 r/kPa	n/辆					
	20	30	40	50	60	70	80
60	26	35	45	62	84	102	122
100	46	63	84	106	135	164	201
120	56	76	102	128	160	196	240
140	65	90	121	150	185	228	280

图 7-3 货物列车不同列车管减压量副风缸再充气时间
（列车管空气压力 600 kPa）

7.3.3 按内燃机车隧道最低限速验算

内燃机车通过隧道时所排出的高温燃气对乘务员正常作业和身体健康有很大影响。因此《牵规》对内燃机车通过长隧道规定了最低限速：内燃机车通过长度 1 000 m 以上隧道的最低速度要比计算速度高 5 km/h。

内燃机车通过隧道时所排出的高温燃气对乘务员正常作业和身体健康有很大影响。当列车在隧道内的运行速度过低时，司机室内的温度和烟气浓度急剧上升，乘务员被熏倒，导致列车失去控制。因此《牵规》为内燃机车通过长隧道规定了最低限速：内燃机车通过长度 1 000 m 以上隧道的最低速度为 vs/min，要比计算速度高 5 km/h。当隧道内的机车运行速度低于 vs/min 时，应以 vs/min 作为计算速度来确定牵引重量。

7.3.4 列车追踪时间间隔的限制

《牵规》中还规定：牵引质量还需要满足区段内列车追踪时间间隔的限制。缩短追踪时间间隔，需要提高列车的运行速度，因此可能会降低牵引质量。这样有可能提高了区段通过能力，但运量并没有提高。因此，应当进行合理的技术经济比较，合理确定牵引质量。

7.4 区段内限制坡道的确定

在牵引区段内，牵引质量受到限制坡道的限制，但是，判断区段内的限制坡道，不仅需要考虑坡度，还需要综合考虑坡长、坡前线路纵断面配置情况等因素。本节将结合具体案例分析区段内各区间线路纵断面，在充分发挥机车功率和列车动能的情况下，确定限制坡道，计算牵引质量。

设 AG 区段共有 6 个区间，如图 7-4 所示的线路纵断面。

AB 区间：最大上坡道为 10‰，但其长度只有 1 500 m，而且其坡前有下坡和平道，线路条件并不困难，列车可以动能闯坡。区间内次陡的上坡道坡度为 7‰，长度为 3 500 m，该坡道紧接 10‰的动能坡道后，速度已经降低，故可认为 7‰的坡道就是限制坡道。

BC 区间：最大上坡道的坡度为 9‰，长度为 2 000 m，但其坡前条件较好，可以认为是动能坡道。次陡的 7‰上坡道较长，而且列车闯过 9‰坡道后速度已降低，虽然它前方有一平道，但长度只有 500 m，列车速度来不及提高，所以 7‰的坡道即为限制坡道。

CD 区间：该区间的限制坡道为 10‰，因为列车出 C 站后就有 7‰和 3‰两个上坡道。其后虽有一平道，但长度只有 500 m，列车速度达不到可以动能闯坡通过 10‰坡道的程度。

用同样的分析方法，可确定 DE、EF、FG 间的限制坡道分别为 4‰、7.8‰、6‰。

图 7-4 线路纵断面

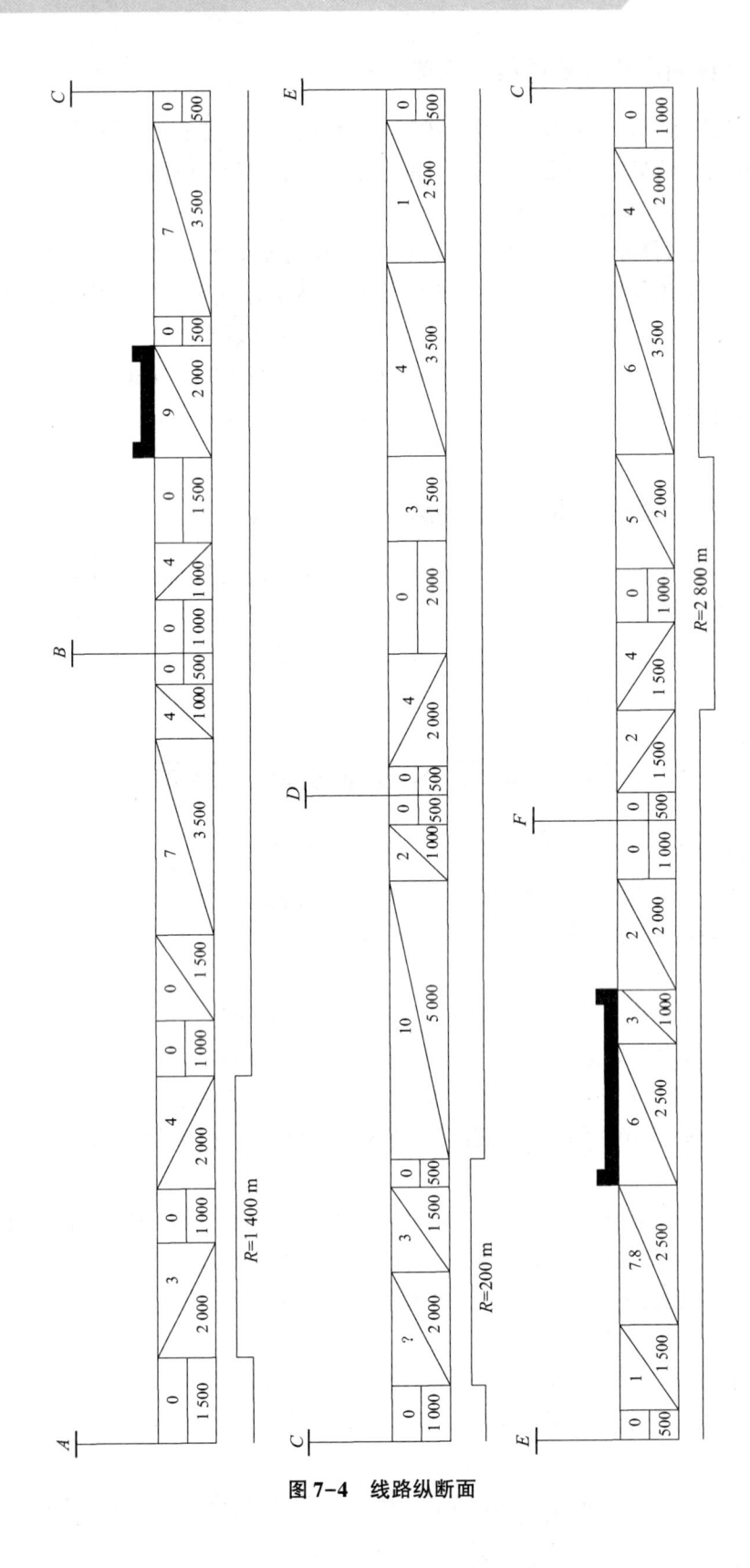

7.5 牵引定数的确定

牵引定数是列车牵引区段的牵引质量标准。牵引定数应根据计算结果，结合具体情况和运输需要，在列车运行图中确定。《牵规》同时规定：因严寒或季节性大风影响运输秩序时，允许将牵引定数降低10%~20%。但是区间运行时间及机车用电、燃油、煤等消耗量保持原定指标不变。

在确定牵引定数时，需要根据各区间的限制坡道和给定的牵引动力，计算各区间相应的牵引质量，但结果很可能是：计算出来的各个区间的牵引定数都不同。因此，需要统筹兼顾，选定区段内的牵引定数，并且通过有针对性地采取下列某一措施，统一区段内的牵引定数。

①在某些车站不停车。
②在某些地点停车。
③短时间内提高机车牵引力。
④困难区间使用大功率机车牵引。
⑤双机牵引或补机推送。

在制定几个相连的区段，或者同一方向几条线路的牵引定数时，需要考虑下列问题。

①相邻区段或邻接线路的牵引定数应尽量统一，否则应考虑区段站或枢纽站改编列车的能力。如果区段站或枢纽站不能胜任每次列车的改编作业，那么就应选定较小的牵引定数。

②制定牵引定数应同时考虑上、下行列车对数的平衡及空、重车流向合理安排等问题，还要考虑整个区段或线路的运输任务和通过能力。

③制定牵引定数，除进行一系列计算和校验外，还需进行列车运行试验，并吸取先进工作人员的经验和技术，以求牵引定数。

思考题

一、简答题

1. 如何确定区段内的限制坡道？
2. 说明动能坡道和限制坡道的区别。
3. 如何用等速运行计算法确定牵引质量？
4. 什么是缓解充气时间？
5. 牵引质量的校验受哪些条件的限制？若不符合，应采取什么措施？

二、计算题

1. 计算一台 DF_{4B}（货）内燃机车牵引的货物列车（车辆全部是滚动轴承重货车）在8‰的限制坡道上的起动牵引质量。

2. 一台 DF_{4B}（货）内燃机车和一台 DF_{4C}（货）内燃机车双机牵引货物列车运行在11‰的限制坡道上，车辆全部是滚动轴承重货车，求该车最大牵引质量。

第八章 列车运行能耗计算

主要内容

本章主要介绍了列车运行过程中电力机车耗电量与内燃机车耗油量的计算方法。

学习重点

1. 电力机车耗电量的计算方法。
2. 内燃机车耗油量的计算方法。

8.1 电力机车耗电量计算

对于电力机车来说,能量消耗是以机车消耗的电流为基础的。电力机车区段耗电量包括牵引运行耗电量(包括自用电量),惰行、制动及停站自用电量,以及出入段及途中调车作业耗电量 Q_t 三部分。

$$Q = Q_y + Q_0 + Q_t \tag{8-1}$$

1. 牵引运行耗电量

电力机车牵引运行耗电量 Q_y,按下列公式计算:

$$Q_y = Q_{y1} + Q_{y2} \tag{8-2}$$

式中:Q_{y1}——机车最高负荷牵引运行的耗电量;

Q_{y2}——机车部分负荷牵引运行的耗电量。

机车最高负荷牵引运行的耗电量 Q_{y1} 按式(8-3)计算:

$$Q_{y1} = \frac{U_w \cdot \left[\sum (I_{p1} \cdot \lambda_y \cdot \Delta t) + I_{po} \cdot \sum \Delta t \right]}{60 \times 10^3} (\text{kW} \cdot \text{h}) \tag{8-3}$$

式中：U_w——受电弓处网压，V；

I_{p1}——时间间隔内机车最高负荷的平均有功电流，A；其值由各型电力机车有功电流曲线图或牵引计算数据表查出，图 8-1 所示为 SS_1 型电力机车有功电流曲线图。《牵规》规定：最高负荷或最高手柄的取值打九折（即查出的 I_{p1} 值乘以牵引力使用系数 $\lambda_y = 0.9$）；

I_{po}——自用电有功电流，A；牵引运行 4 轴和 6 轴机车取 6 A，8 轴机车取 7.5 A；

Δt——相应的工况时间，min。

机车部分负荷牵引运行的耗电量 Q_{y2} 按式（8-4）计算：

$$Q_{y2} = \frac{U_w \cdot \left[\sum (I_{P2} \cdot \Delta t) + I_{po} \cdot \sum \Delta t \right]}{60 \times 10^3} (\text{kW} \cdot \text{h}) \tag{8-4}$$

式中：I_{p2}——时间间隔内机车最高负荷的平均有功电流，A；部分负荷或其他手柄位的 I_{p2} 取值不应大于同一速度上述最高负荷打九折后的 I_{p2} 值。

图 8-1~图 8-6 所示为各型号电力机车的有功电流曲线图。按"有功电流"求电力机车牵引运行耗电量时，为清晰起见，一般列成表格的形式逐项填表计算，如表 8-1 所示。

表 8-1　按"有功电流"求电力机车牵引运行耗电量计算表

速度间隔序号	操纵方式	初速度 $v_1/(\text{km} \cdot \text{h}^{-1})$	末速度 $v_2/(\text{km} \cdot \text{h}^{-1})$	平均速度 $v_p/(\text{km} \cdot \text{h}^{-1})$	运行时间 $\Delta t/\text{min}$	平均有功电流 I_p/A	$I_p \cdot \Delta t/(\text{A} \cdot \text{min})$

将表 8-1 中，$(I_p \cdot \Delta t)$ 项相加得到 $\sum (I_p \cdot \Delta t)$，$\Delta t$ 相加得到 $\sum \Delta t$，带入式（8-3）和式（8-4），即可求得 Q_{y1}、Q_{y2}。

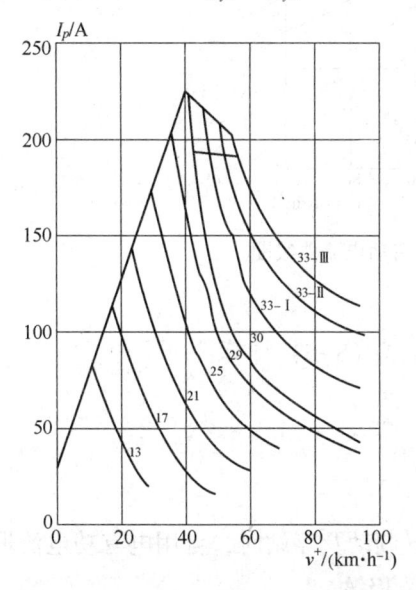

图 8-1　SS_1 型电力机车有功电流曲线图

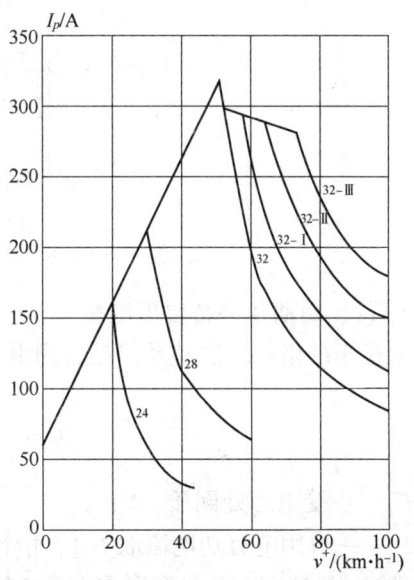

图 8-2　SS_4 型电力机车有功电流曲线图

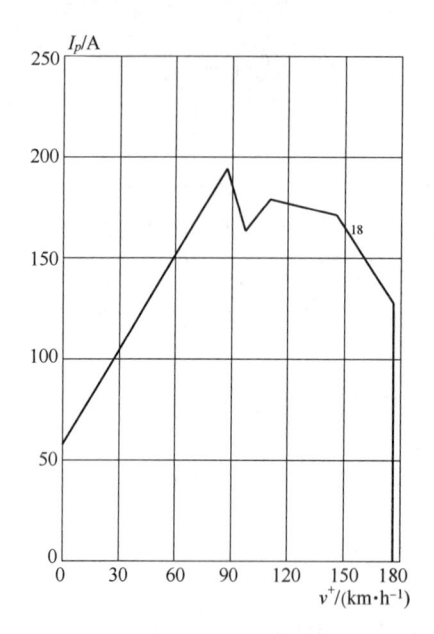

图 8-3 SS₈型电力机车有功电流曲线

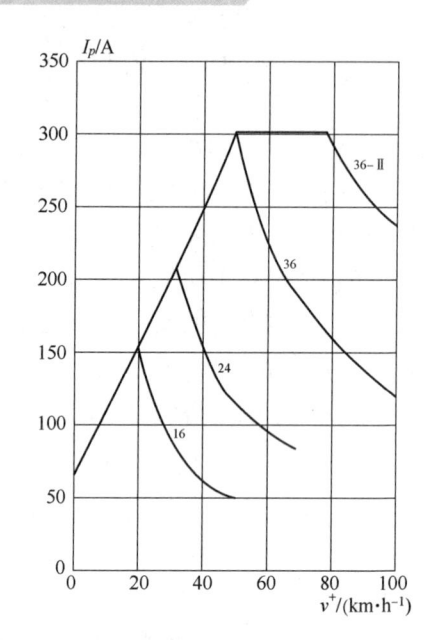

图 8-4 8G型电力机车有功电流曲线图

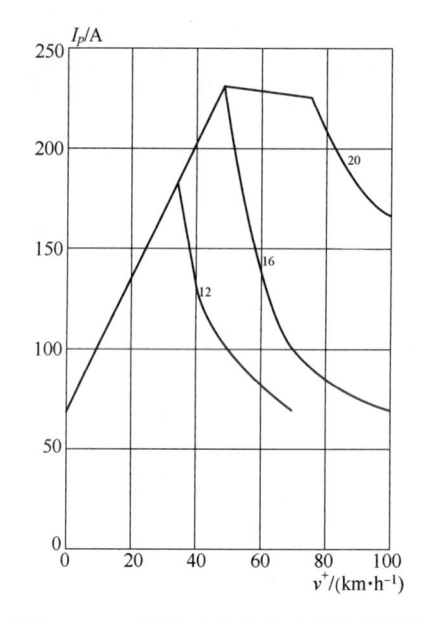

图 8-5 6K型电力机车有功电流曲线图

2. 惰行、制动及停站自用电量

电力机车的惰行、制动及停站自用电量 Q_0 按式（8-5）计算：

$$Q_0 = \frac{U_w \cdot I_{po} \cdot \sum t}{60 \times 10^3} \quad (8-5)$$

式中：U_w——受电弓处网压，V；

I_{po}——自用电有功电流取 1 A；惰行、空气制动及停站时，自用电有功电流取 2 A；电阻制动时，4 轴和 6 轴机车取 10 A，8 轴机车取 13 A。

t——相应工况时间，min。

3. 出入段及途中调车作业耗电量

电力机车出入段及途中调车作业耗电量 Q_t 按下列规定计算：

① 出入段每小时 100 kW·h；

② 途中调车作业每小时 250 kW·h。

4. 单位电量

电力机车每总质量万吨公里计的耗电量 q 按式（8-6）计算（取一位小数）：

$$q = \frac{Q \cdot 10^4}{G \cdot L} [\text{kW} \cdot \text{h}/(10^4 \text{t} \cdot \text{km})] \tag{8-6}$$

式中：G——牵引质量，t；

Q——电力机车区段耗电量，kW·h；

L——牵引区段长度，km。

电力机车在限速条件下牵引，应先确定部分功率运行所采用的手柄级位，然后根据限速由燃油消耗量曲线图查出相应手柄级位。部分功率手柄级位的确定方法为：先计算该限速条件下牵引运行时的机车牵引力值，再由电力机车牵引特性曲线查出相应的手柄级位。电力机车用电有功电流数据如表 8-2～表 8-20 所示。

表 8-2 SS$_4$型电力机车用电有功电流数据表

速度/(km·h^{-1})	有功电流 I_p/A	速度/(km·h^{-1})	有功电流 I_p/A	速度/(km·h^{-1})	有功电流 I_p/A
0	12.5	30.0	210.8	65.0	294.3
2.5	17.8	35.0	239.5	70.0	290.2
4.0	37.3	40.0	268.2	73.2	287.5
5.0	48.0	45.0	296.8	75.0	275.3
7.0	69.5	50.0	325.5	80.0	241.5
10.0	91.0	51.5	305.5	85.0	223.5
15.0	126.7	55.0	299.7	90.0	205.5
19.5	139.6	60.0	298.5	95.0	197.0
20.0	143.0	63.6	295.5	100.0	188.5
25.0	176.9				

注：表中部分非 5 km/h 整数倍数据由《牵规》中补充。其他电力机车最大有功电流数据如表 8-3～表 8-20 所示。

表 8-3 SS$_1$型电力机车最大用电有功电流数据

速度/(km·h^{-1})	有功电流 I_p/A	速度/(km·h^{-1})	有功电流 I_p/A
0	14.4	52.9	199
12.4	91	57.4	198

续表

速度/(km·h^{-1})	有功电流 I_p/A	速度/(km·h^{-1})	有功电流 I_p/A
18.6	121	60.0	185
24.8	151	70.0	153
31.0	180	80.0	136
37.0	209	90.0	126
41.2	230	95.0	123
9	200		

表 8-4　SS$_3$ 型电力机车最大用电有功电流数据

速度/(km·h^{-1})	有功电流 I_p/A	速度/(km·h^{-1})	有功电流 I_p/A
0	12.5	48.0	226.9
7.5	24.6	54.5	223.0
12.5	55.3	60	219.6
17.5	87.7	66	216.0
22.5	130.6	70	196.1
27.5	169.6	80	166.1
38.4			
40			

表 8-5　SS$_3$4000 型电力机车最大用电有功电流数据

速度/(km·h^{-1})	有功电流 I_p/A	速度/(km·h^{-1})	有功电流 I_p/A
0	10.8	60	213.7
10	61.8	70	190.1
20	114.8	80	190.1
30	157.3	90	145.9
40	193.3	100	137.6
50	219.7		

表 8-6 SS$_{3B}$型电力机车最大用电有功电流数据

速度/(km·h^{-1})	有功电流 I_p/A	速度/(km·h^{-1})	有功电流 I_p/A
0	21.6	60	427.4
10	123.6	70	380.2
20	228.0	80	320.2
30	314.6	90	291.8
40	386.6	100	275.2
50	439.4		

表 8-7 SS$_4$（改）型电力机车最大用电有功电流数据

速度/(km·h^{-1})	有功电流 I_p/A	速度/(km·h^{-1})	有功电流 I_p/A
0	10.7	60	291.0
7.5	85.9	70	283.0
20	153.5	80	234.0
30	214.8	90	198.0
40	266.4	100	181.0
50	318		

表 8-8 SS$_{4B}$型电力机车最大用电有功电流数据

速度/(km·h^{-1})	有功电流 I_p/A	速度/(km·h^{-1})	有功电流 I_p/A
0	20.0	60	325.0
10	84.0	70	327.0
20	149.0	80	327.0
30	212.0	90	292.0
40	266.0	100	255.0
50	316.0		

表 8-9　SS$_6$型电力机车最大用电有功电流数据

速度/(km·h^{-1})	有功电流 I_p/A	速度/(km·h^{-1})	有功电流 I_p/A
0	20.0	60	239.6
10	71.0	70	240.1
20	126.0	80	240.7
30	172.0	90	209.0
40	210.0	100	180.0
50	239.0		

表 8-10　SS$_{6B}$型电力机车最大用电有功电流数据

速度/(km·h^{-1})	有功电流 I_p/A	速度/(km·h^{-1})	有功电流 I_p/A
0	10.1	60	217.9
10	58.2	70	217.0
20	106.3	80	216.2
30	159.3	90	199.0
40	193.3	100	192.8
50	218.7		

表 8-11　SS$_7$型电力机车最大用电有功电流数据表

速度/(km·h^{-1})	有功电流 I_p/A	速度/(km·h^{-1})	有功电流 I_p/A
0	35.5	60	220.2
10	86.1	70	220.0
20	129.0	80	219.9
30	167.6	90	219.8
44.4	220.4	100	98.0
50	220.4		

表 8-12 SS$_{7C}$型电力机车最大用电有功电流数据表

速度/(km·h^{-1})	有功电流 I_p/A	速度/(km·h^{-1})	有功电流 I_p/A
0	10.6	70	157.9
10	41.2	80	157.9
20	67.8	90	157.9
30	91.4	100	157.9
44.4	113.7	110	157.9
50	132.4	120	157.9
60	150.0		

表 8-13 SS$_{7D}$、SS$_{7E}$型电力机车最大用电有功电流数据表

速度/(km·h^{-1})	有功电流 I_p/A	速度/(km·h^{-1})	有功电流 I_p/A
0	13.5	90	0
10	36.3	100	121.0
20	57.1	110	121.0
30	73.1	120	121.0
44.4	88.0	130	121.0
50	101.1	140	121.0
60	114.9	150	121.0
70	121.0	160	121.0
80	121.0	170	121.0

表 8-14 SS$_8$电力机车最大用电有功电流数据

速度/(km·h^{-1})	有功电流 I_p/A	速度/(km·h^{-1})	有功电流 I_p/A
0	14.1	102	169.3
10	43.8	110	180.0
20	72.5	120	177.7
30	96.0	130	175.4
40	117.5	140	173.1
50	136.0	155	156.2
60	153.0	160	150.0
75	177.0	170	136.5
87	195.0	177	128.0
98	164.0		

表 8-15　SS_9、SS_9（改）电力机车最大用电有功电流数据

速度/(km·h^{-1})	有功电流 I_p/A	速度/(km·h^{-1})	有功电流 I_p/A
0	13.3	90	253.9
10	46.5	100	232.4
20	79.7	110	232.4
30	114.2	120	232.4
40	144.4	130	232.4
50	172.2	140	232.4
60	197.6	155	232.4
70	220.5	160	232.4
80	240.9	170	219.9

表 8-16　8G 型电力机车最大用电有功电流数据

速度/(km·h^{-1})	有功电流 I_p/A	速度/(km·h^{-1})	有功电流 I_p/A
0	15.2	50	301.0
5	45.2	57.6	301.0
10	59.0	67.3	301.0
25	165.0	77.8	301.0
30	194.9	80	290.0
32.2	206.0	90	258.0
40	248.0	100	237.0

表 8-17　8K 型电力机车最大用电有功电流数据

速度/(km·h^{-1})	有功电流 I_p/A	速度/(km·h^{-1})	有功电流 I_p/A
0	14.3	60	318.2
10	78.0	70	316.8
20	141.7	80	315.3
30	205.4	90	261.5
40	269.1	100	211.8
48	320.0		

表 8-18 HXD$_1$型电力机车最大用电有功电流数据表

速度/(km·h^{-1})	有功电流 I_p/A	速度/(km·h^{-1})	有功电流 I_p/A
0	0	60	287.6
1.6	0	75	362.4
10	41.7	80	362.4
20	90.9	90	362.4
30	140.0	100	362.4
40	189.3	110	362.4
50	238.5	120	362.4

表 8-19 HXD$_2$型电力机车最大用电有功电流数据表

速度/(km·h^{-1})	有功电流 I_p/A	速度/(km·h^{-1})	有功电流 I_p/A
0	25.0	70	470.0
10	121.0	80	470.0
20	206.0	90	470.0
30	281.0	100	470.0
40	348.0	110	470.0
50	407.0	120	470.0
60	460.0		

表 8-20 HXD$_{3A}$型电力机车最大用电有功电流数据表

速度/(km·h^{-1})	有功电流 I_p/A	速度/(km·h^{-1})	有功电流 I_p/A
0	24.0	75	474.7
10	115.6	80	474.7
20	228.7	90	474.7
30	306.0	100	474.7
40	367.7	110	474.7
50	420.5	120	474.7
60	458.9		

例 8-1 电力机车耗电量计算

SS$_1$ 电力机车（一台）牵引滚动轴承重货车，牵引质量 2 400 t，在加算坡度 1.63‰的坡道上以 70 km/h 匀速运行，求运行时的有功电流。

解：在 $i_j = 1.63$，$v = 70$ km/h 时的机车牵引力为：

$$F = [P(w_0' + i_j) + G(w_0'' + i_i)]g \times 10^{-3}$$
$$= [138 \times (5.15 + 1.63)] + 2400 \times (1.87 + 1.63) \times 9.81 \times 10^{-3}$$
$$\approx 91.6(\text{kN})$$

由SS_1电力机车的机车牵引特性曲线图,查得手柄位相当于33-Ⅰ级,$I_p = 96.2$ A。

8.2 内燃机车耗油量计算

内燃机车能量消耗的计算是以机车耗油量为基础的。内燃机车的区段燃油消耗量E包括牵引运行燃油消耗量、惰行、空气制动、停站等柴油机空转的燃油消耗量、电阻制动工况燃油消耗量以及出入段及途中调车作业燃油消耗量。计算公式如下(按规定,区段计算结果要以整数计):

$$E = E_y + E_0 + E_d + E_t \tag{8-7}$$

1. 牵引运行燃油消耗量

内燃机车的牵引运行燃油消耗量按公式计算:

$$E_y = E_{y1} + E_{y2} \tag{8-8}$$

相对于式(8-3),内燃机车最高符合牵引运行的燃油量E_{y1},按下式计算:

$$E_{y1} = \sum (e_{y1} \cdot \Delta t_{y1}) \cdot \lambda_y (\text{kg}) \tag{8-9}$$

式中:e_{y1}——机车最高负荷(最高手柄位或柴油机标定转速)时的单位时间燃油消耗量,kg/min;其值由各型内燃机车燃油消耗量曲线图或牵引计算数据表查出,图8-7所示为DF型内燃机车燃油消耗量曲线,单位时间燃油消耗量取至两位小数。《牵规》规定:最高手柄位或柴油机转速的燃油消耗量打九折(即查出的取值乘以牵引力使用系数$\lambda_y = 0.9$)。

Δt_{y1}——机车最高负荷时牵引工况的运行时分,min。

相对于式(8-4),内燃机车部分负荷牵引运行的燃油消耗量E_{y2}按下式计算:

$$E_{y2} = \sum (e_{y2} \cdot \Delta t_{y2}) \tag{8-10}$$

式中:e_{y2}——机车部分负荷(部分手柄位或柴油机部分负荷转速)时的单位时间燃油消耗量,kg/min。e_{y2}的取值不应大于同一速度上述最高手柄位打九折后的e_{y1}值。

Δt_{y2}——机车部分负荷时牵引工况的运行时分,min。

内燃机车在高原地区、高温地区采用修正后的牵引力F_x时,单位时间燃油消耗量取值也要按照相应的系数进行修正。随周围环境空气温度的修正系数λ_{be}如表8-21所示;随海拔高度的修正系数λ_{pe}如表8-22所示。

表8-21 内燃机车燃油消耗量随周围空气温度的修正系数λ_{be}

车型	30	32	34	36	38	40
DF	1.000	0.978	0.975	0.971	0.968	0.964
DF_4(货、客)	1.000	0.985	0.958	0.930	0.904	0.877
DF_{4B}(货、客)	1.000	0.975	0.949	0.924	0.898	0.875
DF_{4C}(货)	1.000	1.000	1.000	1.000	0.983	0.896
DF_8及DF_{11}	1.000	0.994	0.964	0.934	0.904	0.878

表 8-22　内燃机车燃油消耗量随海拔高度的修正系数 λ_{pe}

海拔 H/m		500	1 000	1500	2000	2500	3000	3500	4000
大气压力 P_h/kPa		95.23	89.64	84.32	79.40	74.61	70.22	65.97	61.85
DF		1.000	1.000	0.912	0.886	0.861	—	—	—
DF$_4$（货、客）		1.000	0.933	0.855	0.780	0.707	0.638	0.569	0.503
DF$_{4B}$（货、客）	45GP802—A 增压器	1.000	0.968	0.915	—	—	—	—	—
	ZN310 增压器	—	—	0.918	0.858	0.798	0.740	0.675	0.615

2. 柴油机空转燃油消耗量

内燃机车的惰行、空气制动及停站燃油消耗量，按柴油机空转燃油消耗量 E_0 计算：

$$E_0 = \sum (e_0 \cdot \Delta t_0) \qquad (8-11)$$

式中：e_0——柴油机空转单位时间燃油消耗量，kg/min，其值由各型内燃机车牵引计算数据表查出；

Δt_0——惰行、空气制动、停站等柴油机空转的运行时分，min。

3. 电阻制动工况燃油消耗量

各型内燃机车电阻制动工况的燃油消耗量 E_d 按下式计算：

$$E_d = \sum (e_d \cdot \Delta t_d) \qquad (8-12)$$

式中：e_d——电阻制动工况单位时间燃油消耗量，kg/min，其值由各型内燃机车牵引计算数据表查出；

Δt_d——电阻制动工况的运行时分，min，出入段及途中调车作业燃油消耗量 E_1，由铁路局查定。

4. 单位燃油消耗量

为便于对担当不同交路、牵引不同重量的货运内燃机车进行评比考核及制订统一的燃料消费定额，还需要计算出每万吨公里的燃油消耗量（规定取至一位小数），内燃机车每万吨公里计的燃油消耗量 e 按下式计算：

$$e = \frac{E \cdot 10^4}{G \cdot L} [\text{kg}/(10^4 \text{t} \cdot \text{km})] \qquad (8-13)$$

式中：G——牵引质量，t；

E——区段燃油消耗量，kg；

L——引区段长度，km。

计算内燃机车燃油消耗量时一般列成表格的形式逐项填表计算，如表 8-22 所示。计算内燃机车燃油消耗量时应注意以下几点。

起动过程中 0~10 km/h 的单位时间燃油消耗量，DF$_4$ 型机车按 3 kg/min 取算，DF$_4$ 型按 2.2 kg/min 取算。

惰行、空气制动的单位时间燃油消耗量按柴油机空转第 0、1 手柄位取算（表8-23）。

牵引运行的单位时间燃油消耗量取值，应根据运行速度和手柄位查表或查图取算，运行速度应按每个速度间隔的平均速度取值，而运行时间应处于同一间隔内。

表 8-23 内燃机车燃油消耗量计算表

坡段序号	运行工况	运行速度			牵引工况			惰行和空气制动			电阻制动			区段燃油消耗量 E
		v_1	v_2	v_p	Δt_y	e_y	E_y	Δt_0	e_0	E_0	Δt_d	e_d	E_d	

各型号内燃机车的燃油消耗量曲线如图 8-6~图 8-13 所示。表 8-24 列出了内燃机车柴油机空转第 0、1 手柄位燃油消耗量。

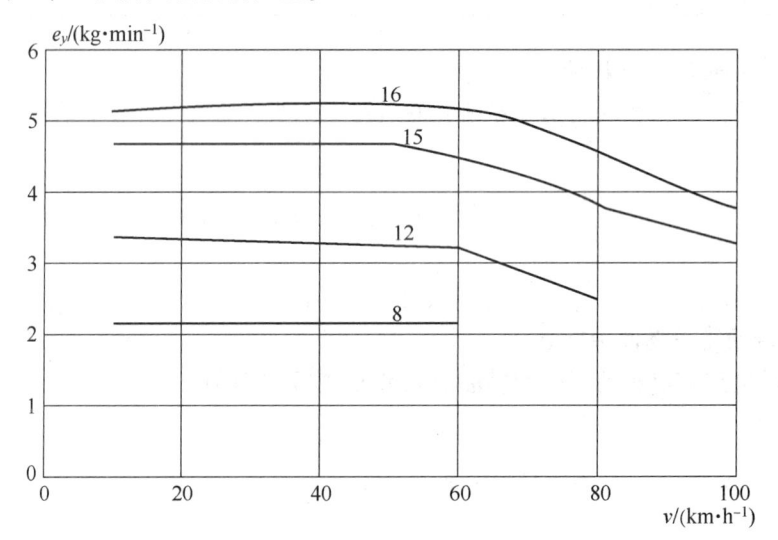

图 8-6 DF 型内燃机车燃油消耗量曲线图

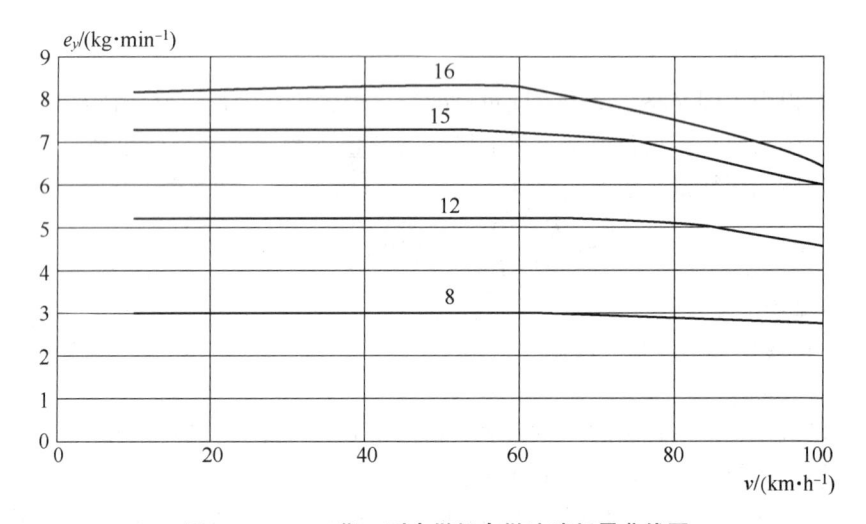

图 8-7 DF$_4$（货）型内燃机车燃油消耗量曲线图

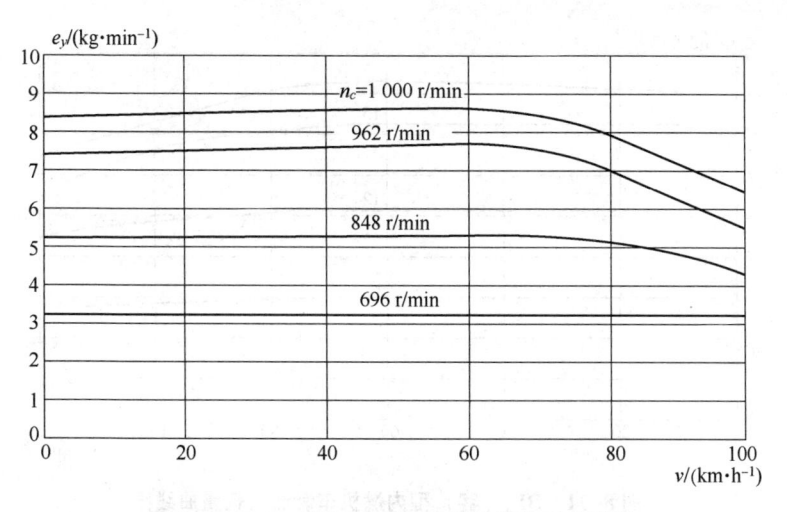

图 8-8　DF_{4B}（货）内燃机车燃油消耗量曲线图

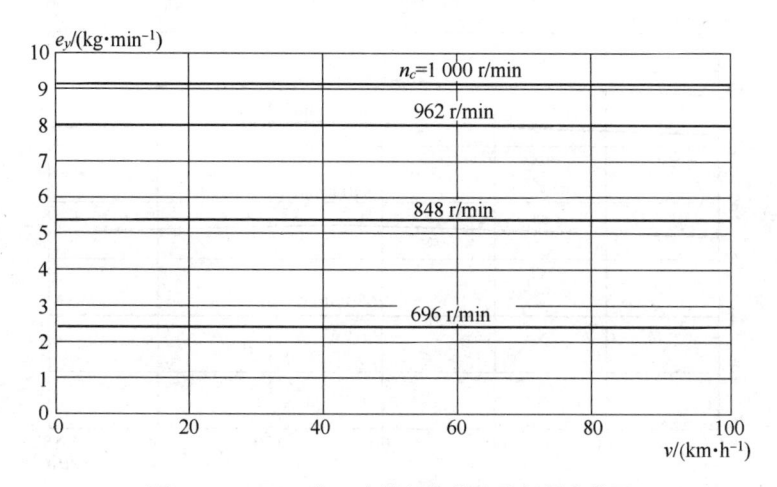

图 8-9　DF_{4C}（货）内燃机车燃油消耗量曲线图

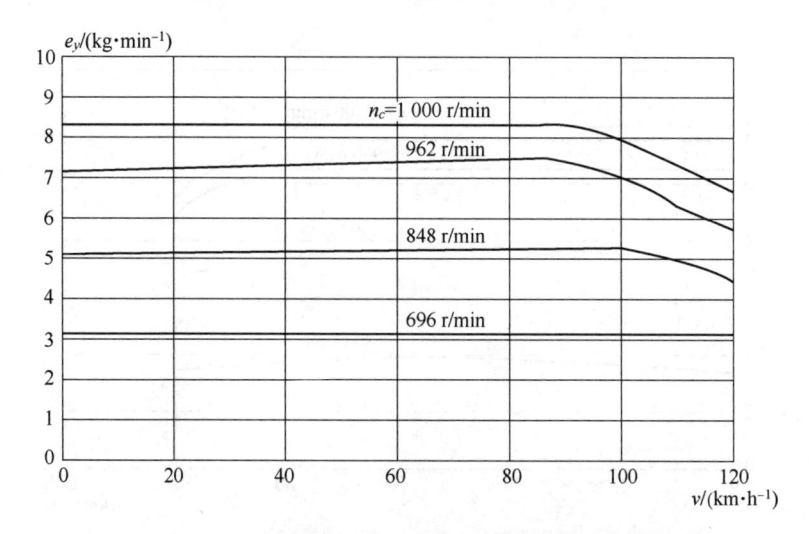

图 8-10　DF_{4B}（客）型内燃机车燃油消耗量曲线图

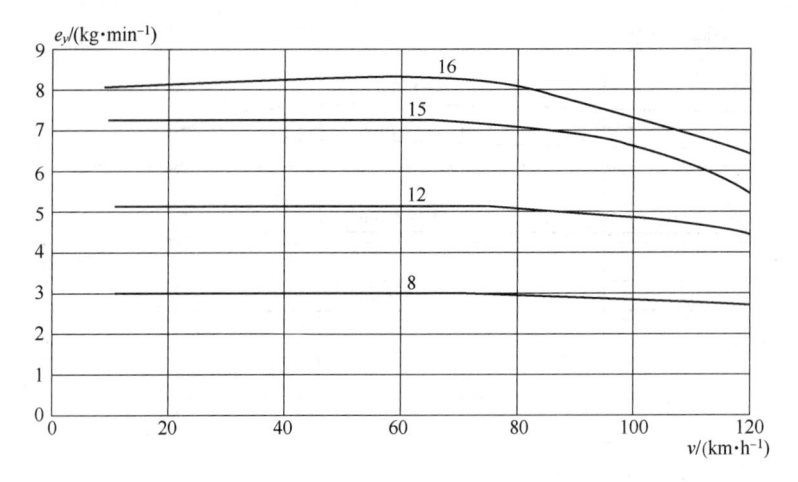

图 8-11　DF$_4$（客）型内燃机车燃油消耗量曲线图

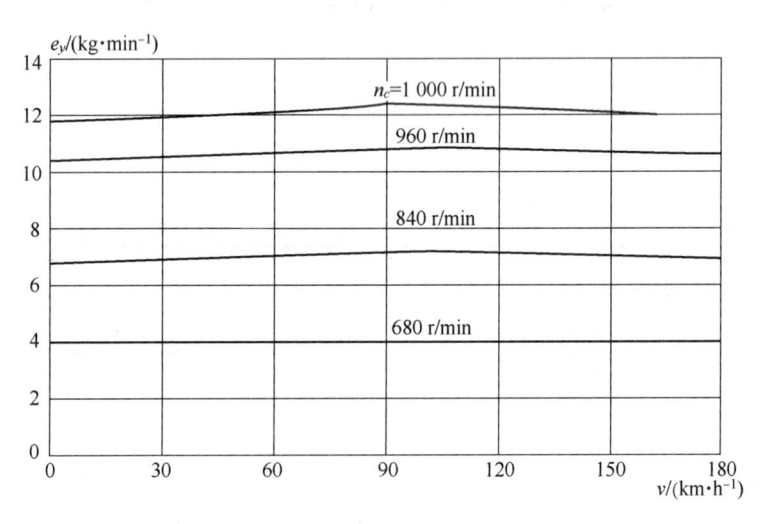

图 8-12　DF$_{11}$型内燃机车燃油消耗量曲线图

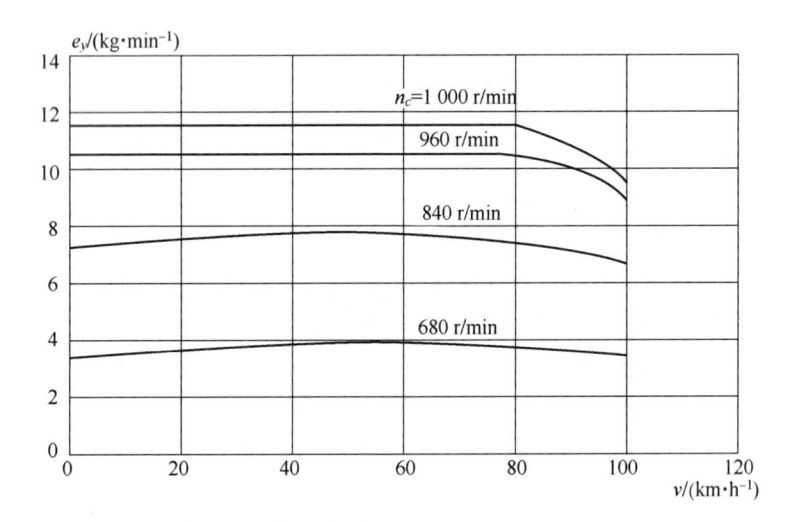

图 8-13　DF$_8$型内燃机车燃油消耗量曲线图

表 8-24　内燃机车柴油机空转第 0、1 手柄位燃油消耗量（kg/min）

机车类型	DF 型	DF_4（货）	DF_{4B}（货）	DF_{4C}（货）	DF_8 型	DF_{11} 型	ND_5 型
燃油消耗量	0.39	0.35	0.35	0.37	0.37	0.37	0.19

注：DF_{4B}（货）与 DF_{4C}（货）是柴油机转速 430 r/min，DF_8 与 DF_{11} 是柴油机转速 400 r/min。

由于燃油消耗特性曲线图是采用离散法输入的，任意点上列车速度对应的取值都需要进行计算。由于《牵规》上对于手柄位的描述也是不连续的，在具体计算燃油消耗量的过程中，需要根据已有数据，对中间手柄位的数据采用线性插值法计算。具体计算公式可参考列车牵引力的插值计算方法。

思考题

1. 影响列车运行能耗的主要因素有哪些？
2. 何谓"万吨公里燃油消耗量""万吨公里电能消耗量"？

第九章 列车运行计算仿真系统综述

> **主要内容**
>
> 本章在介绍列车运行仿真计算特点与仿真方法的基础上，提出了分析列车运行过程的仿真计算模型，并介绍了国内外著名列车运行计算仿真系统的主要模块、功能以及界面。

> **学习重点**
>
> 1. 列车运行仿真的计算方法。
> 2. 列车运行仿真的主要模块。
> 3. 列车运行仿真的主要功能。

9.1 列车运行仿真计算

9.1.1 仿真计算方法

列车运行计算方法是以力学为基础，结合大量实验，整理出若干简单实用且符合实际的图表、曲线、经验公式作为一定时期内的计算标准。该方法虽然在以往的工作中发挥了重要作用，但存在很多不足。

列车运行计算的工作量很大，采用手工计算的方法不仅烦琐、单调，而且费工费时、容易出错。由于计算机系统具有强大的计算能力与逻辑判断能力，特别是随着计算机技术的迅速发展，列车运行计算的许多工作完全可以由计算机完成。由于既有的图解计算方法或分析计算方法主要面对手工计算，提出的往往是一些简化且比较粗略的计算方法，并不能真实反映列车纵向运行的全过程，所以存在计算精度差、工作效率低等局限性，并且不容易熟悉，远远不能满足实际工作的需要。另外，列车运行计算依据的基础数据、图表、经验公式通常是在比较理想的实验环境下根据机车热工实验得出的，在实际列车运行环境下各种因素的影响考虑得还并不完善。

随着高速铁路与城市轨道交通的快速发展，新型机车车辆不断涌现，在运输生产、线路设计和安全、节能等方面不断提出新要求，在这种情况下，既有列车运行计算方法需要进一步改善与创新。列车运行计算也不仅仅是计算出列车运行的速度、距离和时分，而且是能够快速准确地计算分析列车在各种不同条件下的运行过程，准确再现各种类型列车在轨道交通网络上运行的动态行为，并能为铁路工程咨询、设计、运营部门提供分析决策的依据。

自20世纪80年代以来，列车运行计算经历了单质点列车计算模型、多质点系的列车动力学模型到新型列车运行计算仿真系统的发展。在这一发展过程中，计算机仿真起到了举足轻重的作用。

仿真也称为"模拟"，英文是Simulation。仿真就是对真实事情的模仿，是指为了求解问题而人为模拟真实系统的部分或者整个运行过程。系统仿真就是利用模型对实际系统进行实验分析、研究的过程，是通过对系统模型的实验分析去研究一个已存在的或设计中的系统。仿真过程不仅是一个计算求解的过程，而且是一种反复多次运算验证的过程，所以计算机仿真是在计算机上反复多次试验，以取代耗费巨大的人力、物力进行的实物试验，具有投资小、无风险、可重复等优点。20世纪70年代以来，计算机仿真被广泛地应用于航空、航天、制造等许多领域。

在进行系统仿真过程中，为保证仿真持续进行，需要一个机构把仿真时间从一个时间值拨动到下一个时间值。在进行系统仿真的同时，把整个仿真过程分为许多相等的时间间隔，程序按此步长前进的时钟就是仿真时钟，仿真时钟的推进方式有时间步长法和事件步长法两种。

对于时间步长法，仿真时钟按照固定的时间间隔（Δt）进行驱动，在每个时间间隔内，如果该时间步长内无事件发生，则仿真时钟再推进一个单位时间；若该时间步长内有若干个事件发生，则认为这些事件均发生在该时间步长的结束时刻，同时必须规定当出现这种情况时各类事件处理的优先顺序。图9-1描述了时间步长法的驱动机制。

对于事件步长法，仿真时钟不断地从一个事件发生时间推进到下一个最早发生事件的发生时间。以事件发生的时间点相互间隔作为步长，按照时间的推进，一步一步地对系统的行为进行仿真，直到预定的仿真时间为止。图9-2描述了事件步长法的驱动机制。

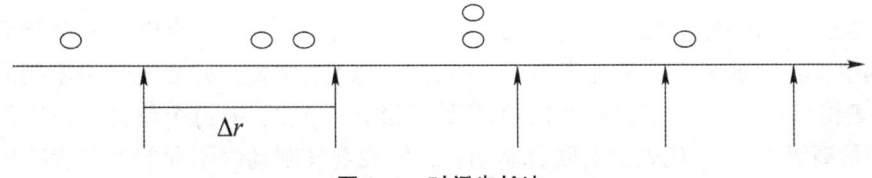

图9-1　时间步长法

图 9-2 事件步长法

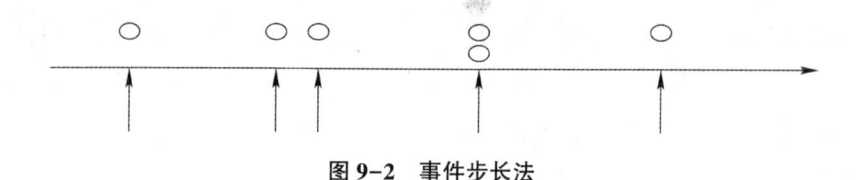

明显，事件步长法适用于事件并不是很多的系统仿真过程，因为事件步长法可以使仿真结果更加精确。但是国内外大多数列车运行仿真系统采用时间步长法，这主要是因为在列车运行过程中，影响列车运行的因素非常复杂，而且列车运行的速度、位置、状态等信息每时每刻都在发生变化，如果采用事件步长法，那么处理起来非常繁杂，计算效率会降低很多。

9.1.2 仿真计算模型

列车在区段运行的目标是安全、节能、准时、平稳地抵达预定停车点。列车运行计算过程涉及两种典型的机车牵引策略，一种是节时策略，即寻求两点间列车运行的最小运行时间，在保证安全的前提下，列车尽可能贴着限速运行；另一种是节能策略，即在给定线路条件、列车参数和两点间运行时分条件下寻求比较节能的机车操纵方式。对于城市轨道交通列车运行计算，还提供一种列车巡航运行策略，即当列车起动后达到某一速度后即以该速度保持运行，直到列车因受到速度限制或停车而需要减速。该模式主要用于地铁系统的工程设计，以检验列车在区间的运行时间和其他指标的消耗量。

计算最小运行时分的基础包括三方面：一是机车牵引功率和线路允许速度是有限制的，这两个限制条件大大缩小了最小运行时分的搜索范围；二是列车运动方程一般为显式，机车牵引与制动力、基本阻力、线路阻力模型为计算最小运行时分提供了可能；三是仿真计算所基于的已知数据为寻求最小运行时分方案提供了可能。由于线路条件已知，它使得正推、反推运动轨迹成为可能。由于列车计划穷行时分一般大于区段内最小区间运行时分，有效地分配富余的运行时分可以实现列车运行后节能的目标，因此，节能运行策略最符合实际列车运行状况。

在给定时分条件下，列车节能运行计算仿真问题可简单描述为：列车以初速度 $v_0=0$ 从始发站出发，要求在给定运行时间 T 到达终点站，运行距离为 S，运行末速度 $v_n=0$，并满足安全、准时、平稳、节能的要求。

1. 定义变量、常量

仿真时间步长：表示时间步长，为一常数。为保证计算精度，通常采用 0.1s 及其以下。

列车运行状态：时间步长列车运行状态 $R_t = \{0,1,2,3,4,5\}$，分别表示区间停车、在站停车、起动、区间运行、进站停车、通过车站。

机车工况及手柄位的定义：

$\Phi = \{q_1, q_2, \cdots, q_i, \cdots, q_k, 0, w_1, w_2, \cdots, w_r, zw, z_1, z_2, \cdots, z_l, \cdots, z_p\}$，为机车工况及手柄位的集合。其中：$q_i$ 表示牵引手柄处于第 $i(i=1,2,\cdots,k)$ 个位置，q_k 表示牵引手柄的最高级位；0 代表惰行；w_j 表示电阻制动时手柄位处于第 $j(j=1,2,\cdots,r)$ 个位置，w_r 表示电阻制动手柄的最高级位；vz_w 代表空电联合制动；z_l 代表空气制动时不同的列车管减压量，$l=1,2,\cdots,p$；z_1 表示列车管减压量为 50 kPa 的空气制动，z_p 为紧急制动。列车在运行过程

中，为了降低司机操纵难度、保持列车运行平稳，机车手柄位的变化不要太频繁。

2. 约束条件

（1）列车运行限速的变化

$$0 \leq v_i \leq v_{max} \tag{9-1}$$

$$v_{max} = \min(v'_{max}, v''_{max}) \tag{9-2}$$

$$v''_{max} = f(Q_i) \tag{9-3}$$

其中，v_i 为列车运行速度；v_{max} 表示列车运行限速，列车运行限速可以分为静态限速 v'_{max} 和动态限速 v''_{max} 两大类。静态限速即在线路选择与列车定义后即可确定的限速，是不随列车位置变化和信号机影响的限速。决定静态限速的主要因素包括线路限速（工程限速）、机车及车辆构造限速、车站限速等。动态限速指在列车运行过程中可能发生变化的限速，在固定闭塞区段，它主要是由列车运行前方信号显示 Q_i 决定的变化限速。列车运行过程中的实际限速是上述两种限速的综合，即最小值。

（2）运行距离的约束条件

$$s_0 = 0, \quad s_n = S, \quad 0 \leq s_i \leq S \tag{9-4}$$

列车从始发站出发时，运行距离 s_0 为 0。列车到达终点站时，运行距离 s_n 为 S。列车在运行途中的运行距离 s_i 也不可能大于 S。

（3）运行时间的约束条件

$$t_0 = 0, \quad 0 \leq s_i \leq T, \quad t_n = T \tag{9-5}$$

列车从始发站出发时，运行时间 t_0 为 0。列车到达终点站时，运行时间 t_n 为 T。若列车运行时间 $t_n > T$，列车晚点到达。列车运行的预定时间为 T，列车从始发站出发时，运行时间为 0；列车到达终点站时，若正点时间为 T，则正点运行时列车在途中的运行时间不应该大于 T。

（4）列车运行状态的变化

$$R_i = f(v_i, s_i, \delta) \tag{9-6}$$

列车在时刻 i 的运行状态取决于列车运行的速度 v_i、位置 s_i 及列车是否在车站停车 δ。

（5）旅客舒适性的约束条件

$$|a_i| < a_{max} \tag{9-7}$$

$$\frac{|a_i - a_{i-1}|}{\Delta t} < \Delta a_{max} \tag{9-8}$$

为了保证旅客的舒适性，要求列车平稳运行，列车在每个时间步长的加减速度 a_i 不能超过规定的最大加速度 a_{max}，加减速度的变化率不能大于规定的标准 Δa_{max}。

（6）停车精度的约束条件

设在第 i 个停车站，列车停车时车辆中心里程为 l_i，车站中心线里程为 L_i，要求：$|L_i - l_i| < L_{max}$，为第 L_i 个停车站列车停车位置误差的最大值。

（7）机车的工况转换与手柄位确定

$$h_{i+1} = f(Q_i, h_i, s_i, t_i, v_i, v_T, T_{zw}, L_c, X) \tag{9-9}$$

列车节能运行仿真过程中，机车在每一时间步长末进行工况转换与手柄位确定，除了根据列车的速度 v_i、工况及手柄位 h_i、运行时间 t_i、距离 s_i、目标速度 v_T、列车种类 L_c、列车是否晚点 T_{zw}、其他因素 X 外，还需要考虑列车运行前方信号显示 Q_i。

3. 目标函数

$$E(C) = \sum_{i=0}^{n} e_i \cdot \Delta t \rightarrow \min i = 0, 1, \cdots, n-1 \quad (9\text{-}10)$$

$$C = \{C_1, C_2, \cdots, C_i, \cdots, C_n\} \quad (9\text{-}11)$$

式 (9-10) 中 $E(C)$ 为目标函数，也是优化指标。e_i 为第 i 个时间步长的单位能耗，它与运行速度、手柄位有关。式 (9-11) 中集合 C 代表了列车整个运行区段的操纵方案，不同的列车操纵方案反映不同的操纵水平。列车操纵方案 C 的差异最终决定列车在整个区段的能耗。

采用等时间步长法的列车运行计算仿真模型是以列车运行计算理论为基础对列车运行过程进行建模计算，每一个时间步长内，最核心的任务是确定机车工况及手柄级位，当机车工况及手柄级位确定后，就可计算出列车在每个时间步长末的速度、距离及能耗。计算模型（以地铁列车运行为例）为：

$$z_i = 1\,000(f(v_i,c_i) - r(v_i) - b(p_i) - l(x_i)) / \left(\sum P + G\right)g \quad (9\text{-}12)$$

$$a_i = 3\,600 z_i g \quad (9\text{-}13)$$

$$v_{i+1} = v_i + a_i \cdot \Delta t \quad (9\text{-}14)$$

$$s_{i+1} = s_i + \left(v_i \cdot \Delta t + \frac{1}{2} a_i \cdot \Delta t^2\right) / 3.6 \quad (9\text{-}15)$$

$$\Delta E_i = U_w \cdot [(I_p(v_i, c_i) + I_{po})] \cdot \Delta t \quad (9\text{-}16)$$

$$E_i = E_{i-1} + \Delta E_i (\text{kW/h}) \quad (9\text{-}17)$$

式中：z_i——列车当前运行单位合力，N/kN；

c_i——当前电动机转速；

$f(v_i, c_i)$——当前速度和当前电动机转速条件下机车牵引力，N；

$I_p(v_i, c_i)$——电力机车对应一定工况（手柄位或者电动机转速）和即时速度下单位时间的电力消耗量，A；

I_{po}——列车自用电牵引电流，A；

U_w——受电电压，V；

$r(v_i)$——当前速度下列车运行的基本阻力，N；

p_i——列车管减压量，kPa；

$b(p_i)$——制动过程中依列车管压量而定的列车制动力大小，N；

x_i——列车运行位置；

$l(x_i)$——当前时刻列车加算坡道阻力，N；

$\sum P$——机车计算质量，t；

G——牵引质量，t；

g——重力加速度。

9.2 国外列车运行计算仿真系统

国外在列车运行仿真计算方面的起步比较早，目前比较成熟的软件有美国 SYSTRA 公司的 RailSim 与 TPC (Train Performance Calculator) 系统；美国 Camegie-Mellon 大学轨道研究中心开发的 TOM（The Train Operations Model）软件；美国铁路协会（AAR）开发的用于研究列车纵向运行仿真的 TOES（The Train Operation and Energy Simulator）和 TEM（Train Energy Model）仿真器；英国 AEA 铁路技术公司开发的 VISION 系统；德国汉诺威大学（University of Hannover）和德国铁路管理咨询公司（RMCon）共同研发的 Railsys 系统；欧洲 ORTHSTAR 公司的 TrainStar 系统；日本的 UTRAS（Universal Train Simulator）系统；瑞士苏黎世联邦研究院开发的 OpenTrack 软件等。

其中应用较多的是 TOM、RailSim、Railsys 和 OpenTrack。

9.2.1　TOM

TOM 是一种多用途的轨道交通分析软件，可用于评估行车时刻表、车辆能耗、供电系统与列车控制系统性能等，已经成功应用于干线铁路、轻重型轨道交通、高速铁路及磁悬浮系统。TOM 主要有列车性能仿真器（TPS，Train Performance Simulator）、电网仿真器（ENS，Electric Network Simulator）、列车运行仿真器（TMS，Train Movement Simulator）3 个主要功能模块。TPS 用于计算特定网压下的单车性能，ENS 用于结合牵引供电参数仿真多车的运行工况，TMS 的功能与 ENS 类似，不同之处在于 TMS 可以仿真多列车在统一控制系统下的运行情况，这有助于发现和解决多车运行时存在的冲突。

9.2.2　RailSim 与 TPC 系统

20 世纪 60 年代，美国铁路开发了 TPC（Train Performance Calculator）程序，根据线路平纵断面和列车编组，计算分析列车运行速度、时分、制动距离以及能耗，评价评估机车、车辆性能以及分析轨道交通线路设计，很多轨道交通仿真系统均加载了 TPC 程序，如 RailSim、RailPlan、OnTrack 和 Rail Traffic Controller（RTC）等。RailSim 是以 TPC 程序为核心的列车操纵与运行仿真系统，主要模块包括列车运行行为计算器（TPC）、路网编辑器、机车车辆库、负载电流分析器、报告生成器、时刻表设计评估以及列车群运行仿真等。

RailSim 能够准确分析计算各种类型列车的运行行为，可以为列车运行仿真选择不同的停站时间和停站模式，也能够研究运输能力分析、列车运行间隔计算、信号设计、列控系统与机车车辆设计、系统能耗计算以及车站客流分布等问题。

9.2.3　OpenTrack

OpenTrack 是由瑞士苏黎世联邦技术研究院基于"铁路网络运营管理系统研究"的项目而开发的铁路网络仿真系统。其主要包括输入、模拟和输出三个子系统，子系统下又包含若干模块。OpenTrack 的特色是基于给定运行时刻表的多列车运行仿真计算，能够根据用户输入的线路数据和列车，按照预定义的时刻表和仿真参数再现列车运行全过程。另外，在一些较为复杂的区域，也可以再现列车的到发、通过、折返，车站的轨道占用、进路排列等现象。

9.2.4　RailSys

RailSys 是由德国汉诺威大学（University of Hannover）和德国铁路管理咨询公司（RMCon）共同研发的基于路网的铁路运输微观模拟仿真系统，该系统主要包括 4 个功能模块：设施管理、时刻表管理、仿真管理及评价管理。通过仿真可以真实地呈现铁路路网全系统运行情况，对分析变化的运输需求对现有铁路运输系统的影响、基础设施的改扩建、信号系统的安全及可用性评价、列车时刻表的制定和优化等起到重要的辅助决策作用。

RailSys 的特色是对铁路既有或新建线路、车站、网络的比较评估，以及有干扰和无干扰条件下运行时刻表的质量与可靠性评价。与 RailSim 内嵌 TPC 程序类似，RailSys 软件中关于列车运行时分的计算是使用 DYNAMIS 内嵌程序完成的。

9.3 国内列车运行计算仿真系统

9.3.1 通用列车运行计算系统

自 1997 年以来，北京交通大学与香港理工大学合作，在北京城建设计院、北京全路通信信号研究设计院、铁三院和铁四院等部门的配合下，采用面向对象的程序设计方法，开发了通用列车运行计算系统。该系统既适用于城市轨道交通列车运行计算，也应用于城市间长距离铁路线路列车运行计算与仿真。图 9-3 描述了系统的整体结构。

通用列车运行计算系统根据列车运动的基本原理，采用多种牵引模式（有级/无级）、不同的机车牵引策略（节时/节能/定时）、多列车下不同的信号闭塞制式等各种列车运行模式，通过自动和手动两种计算方式，计算出列车运行过程中每一时间步长的速度、区间运行时分、能耗等数据，根据用户需求，设计多种列车运行方案，对列车在不同条件下的运行效果进行统计分析与综合评价。系统在进行仿真计算的同时，可通过屏幕输出及打印机/绘图仪两类输出手段为用户提供计算结果，如列车运行的速度-距离曲线、运行时间-距离曲线、运行工况和手柄位曲线，以及电力牵引条件下列车运行的电流电压曲线、牵引变电所的电流电压曲线等。系统既可以应用在交通工程设计规划部门，也可以应用在运输企业运营管理部门及科研教学部门。

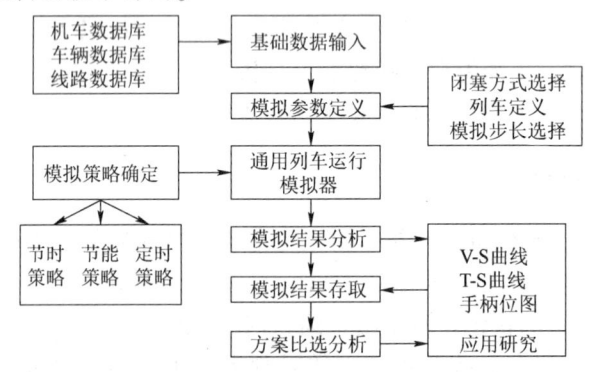

图 9-3 通用列车运行计算系统主体结构

9.3.2 牵引电算程序

该软件是铁道部科学研究院在研究了国内已有的电算程序的基础上，开发出的牵引电算程序。系统利用计算机图形技术，以图形和动画方式将列车运行过程可视化，实时显示列车当前位置的线路状况、机车仿真操纵台各种信息预告等各种数值信息，用弹出窗口的